EDUCATIONAL LEADERSHIP

교육 리더십

이론과 연구

주현준 저

학지사

이 저서는 2022년 대구교육대학교 학술연구비지원
(특별연구 지원금과제)으로 발간한 것임.

서문

처음으로 교육리더십을 공부해야겠다고 마음먹은 것은 1995년이었다. 학부생 시절, 정교사 2급 자격증이나 취득해야겠다는 불순한 의도로 교직과정을 이수하던 중 '교육행정' 과목의 5주차 강좌였던 교육지도성론 강의를 수강한 직후였다. 당시는 학군사관후보생으로 훈련을 받고 있던 터라 '지휘통솔'과 같은 교과목을 통해 어느 정도 리더십 이론을 접하고 있었지만, 일반적으로 말하는 리더십과 달리 교육리더십이라는 단어가 풍기는 묘한 매력에 빠지게 되었다. 그 이후 장소를 불문하고 리더의 자리에 있는 사람들을 관찰하는 습관이 생겼다. 그 습관은 군복무 기간, 서울대학교 교직원 재직 시절, 그리고 서울시 공무원 근무 기간까지 이어지면서 다양한 리더의 군상을 목도하게 되었고, 리더십을 바라보는 관점에 변화가 생겼다. 지나친 환상과 허상, 터무니없이 미화되거나 극단적으로 부정하는 감정을 버리고 차분한 이성과 체계적인 논리로 연구해야겠다는 결심을 하게 되었다.

이 책은 필자가 지금까지 교육리더십 연구에 관심을 두었던 다양한 주제를 총 12장으로 구성한 것이다. 제1장 '교육리더십의 기초'는 재개념화의 시각에서 집필하였다. 다소 엉뚱한 생각인지 모르겠지만, 교육리더십을 뭉뚱그려 표현하는 많은 용어의 의미와 관계를 한 번쯤 정리할 필요가 있다고 판단하였다. 제2장 '교육리더십의 역사'에서는 시대 변화에 따라 달라지는 교육리더십 연구의 사조를 정리하였다. 한 시대의 일반적인 사상의 흐름을 의미하는 사조는 다양한 생각과 자유로운 표현을 제한하기도 한다. 특정 시대에 한쪽 사상으로 쏠리는 현상처럼 교육리더십 연구 또한 유사한 전철을 밟고 있었다. 제3장부터 제5장까지는 교육리더십의 특성으로 양면성, 양가성 및 상관성을 소개하였다. 교육리더십의 여러 특성 가운데 이 세 가지 특성을 별도로 소개한 이유는 좀 더 깊이 있는 후속연구가 필요하다고 생각했기 때문이다. 제6장과 제7장에서는 각각 연구 동향과 연구의 쟁점을 살펴보았다. 연구의 흐름을 살피기 위해 과거부터 현재까지의 연구 동향을 정리하였고, 앞으로 연구해야 할 지점으로 연구의 쟁점을 검토하였다. 제8장과 제9장에서는 양적 · 질적연구 방법론상의 문제를 제기하였다. 선행연구에서 나타난 연구 방법론상의 문제점을 확인하고 이를 개선하기 위한 방안을 제시하였다. 제10장은 교육팔로워십에 초점을 두었다. 교육리더십의 주체와 대상이 다양해지고, 공유와 분산이 강조되는 현시점에서 일반적인 팔로워십이 아닌 교육팔로워십의 관점에서 설명하였다. 제11장에서는 교육리더십의 개발과 훈련에 관한 기초 이론과 국내외 사례를 소개하였다. 마지막 제12장에서는 미래의 교육리더십에 대한 필자의 생각을 정리하였다. 과거와 같이 사회변화에 적응하는 교육이 아닌, 교육을 통한 적극적인 사회변화를 선도하는 교육리더십의 관점에서 집필하였다.

원고를 탈고하고 출판사에 넘길 때마다 겪는 머뭇거림이 이번에는 유독 심했다. 책 출간을 앞두고 처음 가졌던 기대와 포부만큼 만족스럽지 못한 이유도 한몫을 했지만, 마지막 원고 교정에서도 미흡하고 부족한 부분이 계속 눈에 들어왔기 때문이었다. 결국 출간 포기까지 고민하는 지경에 이르렀다. 심각한 고민에 빠진 필자에게 Northouse 교수님은 "You must not expect too much at your first attempt."라고 다독여 주셨고, 박상완 교수님은 '끝날 때가 되어 간다는 신호'라고 격려해 주셨다. 언제나 따뜻한 격려와 응원을 해 주시는 교수님들의 말씀에 용기를 내어 본다. 미흡하고 부족한 점에 대해서 선 · 후배 연구자들과 독자들의 질책과 지적이 있기를 바라며 향후 더 철저하게 수정하고 보완할 것을 약속한다.

감사의 글

이 책은 필자의 두 번째 연구년 기간에 집필되었다. 2015년 첫 번째 연구년의 연구 주제는 '교육리더십의 무엇을, 어떻게 연구할 것인가?'였다. 연구년에 특정한 연구 주제를 탐구하지 않고 새로운 연구 주제와 연구 방법을 고민하겠다는 계획은 다소 아이러니했지만, 필자는 당시 교육리더십 연구가 큰 전환이 필요한 답보 상태라고 판단했기 때문이었다. 언제부터라고 명확하게 말할 수는 없지만 교육리더십 연구에서 흥미롭고 독창적인 연구 주제를 찾아보기 어려웠고, 학계의 비판에도 불구하고 여전히 정형화된 패턴과 타 분야 이론을 차용하는 행태가 반복되고 있었다. 부끄럽게도 필자 또한 이러한 흐름에 부지불식간에 동참하고 있었다. 첫 번째 연구년을 계기로 교육리더십 연구를 다시 조명하는 몇 편의 논문을 발표할 수 있었고, 그 이후 교육리더십의 재개념화, 연구 방법 성찰, 미래 교육리더십 등에 관한 글을 연속해서 발표하였다. 이 모든 것은 대구교육대학교의 연구년 제도가 있었기에 가능하였다. 두 번의 연구년 기간 동안 필자가 담당했던 강의와 학생지도를 동료 교수님들이 대신해 주셨다. 연구와 집필에 집중할 수 있도록 혜택을 베풀어 준 대학과 동료 교수님들께 감사의 인사를 전한다.

이 책을 집필하기 위해서 그동안 모아 두었던 원고 이외에 새로운 자료들이 많이 필요하였다. 새로운 자료가 필요할 때마다 김태연 교수님께 신세를 졌다. 필자의 첫 제자이면서 이제는 학문의 동료가 된 김태연 교수님은 바쁜 학기 중에도 성심껏 자료를 찾아 주었고 세심한 조언까지 해 주었다. 진심으로 감사한 마음을 전한다. 바쁘신 중에도 초안을 읽고 사려 깊게 지적해 주신 김병찬, 박상완, 송경오, 김영식 교수님께도 감사드린다. 그리고 거친 원고를 꼼꼼하게 살피고 함께 고민

해 주신 서울대학교 정설미 선생님과 학지사 편집부 이수연 선생님께 깊이 감사
드린다. 마지막으로, 걱정과 좌절에 빠질 때마다 용기를 주시는 Murphy 교수님께
감사의 인사를 전한다.

2023년 3월
주현준

차례

제1장

교육리더십의 기초

교육리더십이란 무엇인가? 이 질문은 교육리더십의 개념을 묻는 것으로 교육리더십 연구에서 가장 기본적이면서 핵심적인 질문이라고 할 수 있다. 교육리더십의 개념을 어떻게 정의하고, 어떤 관점으로 보는가에 따라 이론과 실제가 달라지기 때문이다. 따라서 교육리더십 연구는 교육리더십의 개념을 정의하는 것에서부터 시작되어야 할 것이다. 제1장 '교육리더십의 기초'에서는 교육리더십의 개념과 성격을 정리하였다. 교육리더십의 개념은 유사용어 비교법과 구성요소 설명법으로 정리하였고, 교육리더십의 성격은 일반적 성격과 독자적 성격으로 구분하여 소개하였다.

1 교육리더십의 개념

1) 교육리더십의 개념 정의

개념(concept)의 어원은 '하나로 모아서(con) 붙잡다(cept)'이다. 즉, 개념은 개별적인 존재에서 확인된 공통적인 성질로 만들어 낸 하나의 관념이다. 이러한 개념의 의미를 보다 쉽게 이해하기 위해서는 '상징-개념-외연'을 함께 살펴보는 것이 좋다. 교육리더십은 영문인 'educational leadership'을 번역한 용어로, 오늘날전 세계 모든 사람이 educational leadership으로 표기하고 [edʒuˈkeɪʃənl liːdəʃɪp]이라고 발음한다. 그러나 동일하게 표기·발음(상징)되는 교육리더십의 실체(외연)는 인식하는 사람에 따라 다르다. 예컨대, 사람들이 인식하는 교육리더십의 실체(외연)는 카리스마 넘치는 모습, 인간미 넘치는 모습 등으로 다양하다. 사람들은 교육리더십이라는 용어를 사용하면서 동시에 실체(외연)를 떠올리는 것이 아니라 대표적인 특징을 추상화한 관념(개념)을 통해 실체(외연)를 인식한다. 이와 관련하여, 주현준, 김민희, 박상완(2014)은 교육리더십을 '의미의 삼각형(Ogden & Richards, 1923)'에 적용하여 설명하였다.

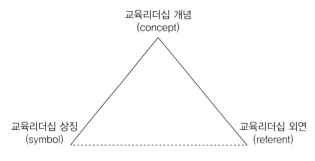

[그림 1-1] 교육리더십의 상징-개념-외연

출처: 주현준 외(2014: 15).

개념연구는 어떤 현상이나 사상을 체계적으로 인지하는 이론적인 탐구활동이다. 개념연구와 대비되는 실증연구(empirical research)는 관찰과 실험으로 가설을 평가하고 검증하는 경험의 과정이다. 오늘날 객관성을 중시하는 연구에서는 개념연구와 실증연구를 이분법적으로 구분하기보다 상호 시너지 관계를 강조한다. 그 이유는 개념연구와 실증연구 중 어느 한쪽에 치중되는 경우 현상을 올바르게 이해하지 못하는 오류를 범할 수 있기 때문이다. 그러나 지금까지 수행된 교육리더십 연구는 개념연구보다 실증연구에 치중된 경향을 보였다. 선행연구에서는 교육리더십과 관련된 변인들의 관계를 가설로 설정하고 이를 증명하는 실증연구가 주로 이루어졌다. 이 과정에서 연구자들은 추상적이고 이론적인 교육리더십 개념을 측정과 관찰이 가능하도록 조작적으로 정의하였다. 올바른 조작적 정의는 충분한 개념적 정의가 뒷받침되어야 한다. 교육리더십 개념에 관한 연구가 충분하지 않은 채 시도되는 실증연구는 현상의 본질에서 멀어진 해석과 결과를 가져올 가능성이 크다.

개념에 접근하는 표준화된 연구 방법은 없다. 다만, 연구자들은 주로 유사한 용어들과 비교하거나, 핵심 구성요소를 기준으로 구체화하고, 또는 시각화된 개념 지도를 활용하기도 한다. 이러한 방법들의 특징을 정리하면 다음과 같다.

① 유사용어 비교법

유사용어 비교법은 설명하고자 하는 용어와 유사한 용어 또는 대립되는 용어 간의 유사점과 차이점을 드러내는 방식이다. 이 방식은 비슷한 의미로 통용되는 용어들과 비교하거나 반대가 되는 용어와의 차이를 설명함으로써 개념을 보다 쉽고 명확하게 제시할 수 있는 장점이 있다.

② 구성요소 설명법

구성요소 설명법은 핵심 구성요소로 개념을 정의하는 방법이다. 기존의 여러 개념 정의에서 공통적으로 언급된 하위 요소를 도출한 후, 이를 중심으로 개념을 구체화하는 방법이다.

③ 개념지도 적용법

개념지도(concept mapping) 적용법은 개념의 체계를 그래픽으로 표현하는 방법이다. 즉, 개념지도는 관련된 관념, 사물, 사건 등을 연결하여 논리적으로 체계화하고 이를 시각화한 것이다. 개념지도는 기존 개념 안에서 새로운 개념을 발견할 수 있는 장점이 있다.

여기서는 교육리더십의 개념 정의에서 자주 활용되는 유사용어 비교법과 구성요소 설명법으로 교육리더십의 개념을 설명하고자 한다.

(1) 교육리더십의 유사용어

교육행정학에서 교육리더십은 다양한 용어로 표현되고 있다. 학교리더십(school leadership), 교장리더십(school principal leadership), 교장론(principalship), 수업리더십(instructional leadership), 교사리더십(teacher leadership) 등이 대표적인 예이다. 21세기에 접어들어서는 분산적 리더십(distributed leadership)과 같은 새로운 용어들이 등장하고 있다. 한편, 교육리더십은 교육행정이나 교육경영과 혼용되기도 한다. 이러한 용어들은 연구자에 따라 교육리더십과 동의어로 사용되거나 구분되는데, 여기서는 교육리더십과 유사용어들의 관계를 살펴본다.

① 교육리더십과 학교리더십

교육리더십 연구자들은 교육리더십과 함께 학교리더십(school leadership)이라는 용어를 자주 사용해 왔다. 공교육을 위한 학교제도가 본격적으로 시작된 이후 '교육=학교'라는 인식이 보편화되면서 연구자들은 교육리더십과 학교리더십을 거의 동일한 개념으로 보았다. 그러나 학교에서의 리더십이 교장 중심에서 학교 구성원으로 대상이 넓어지고, 동시에 교육부, 교육청과 같은 교육행정기관의 교육리더십까지 강조되는 현시점에서 두 용어의 의미를 좀 더 면밀하게 살펴볼 필요가 있다.

교육리더십과 학교리더십의 개념을 파악하기 위해서는 교육과 학교의 개념을 살펴보아야 한다. 교육의 개념은 다양한 관점이 존재하지만 대표적인 세 가지 관점을 요약하면 다음과 같다. 첫째, 주어진 목표를 달성하는 수단과 방법에 초점을 둔 공학적 교육관(정범모, 1968), 둘째, 교육받은 인간의 특징을 강조한 성년식으로서의 교육관(Peters, 1966), 셋째, 사회의 일원이 되어 가는 사회화로서의 교육관(Durkheim, 1956)이다. 한편, 학교는 이러한 교육을 실행하기 위한 대표적인 제도로서 실제 교육이 이루어지는 공간적 의미가 있다. 그러나 모든 교육이 학교에서만 이루어진다(교육=학교)는 전통적인 관점을 비판하는 교육본위론(장상호, 1997)도 존재한다. 교육본위론은 교육이 제도적 공간인 학교 내 교사와 학생의 관계에서만 발생하는 것이 아니라 일정한 조건이 충족되는 인간 삶의 전 공간에서 발생할 수 있는 고유한 활동으로 해석한다. 공교육 제도가 도입된 이후 교육행정학 분야에서는 일선 학교뿐만 아니라 교육행정기관인 교육청, 교육부 차원에서 교육리더십 연구가 수행되고 있으며, 교육리더십 또는 학교리더십은 학교, 교육행정기관, 정부 부처 등 학교의 교육활동에 직·간접적으로 책임이 있는 리더의 역할을 언급할 때 사용되고 있다.

교육리더십은 교육과 학교를 어떻게 인식하는가에 따라 의미가 달라질 수 있다.[1] 교육을 제도적 측면에서 학교로 보면 교육리더십과 학교리더십은 동일한 것(교육리더십=학교리더십)으로 볼 수 있지만, 교육을 이론적 측면에서 보면 두 개념은 구분(교육리더십≠학교리더십)되어야 한다. 또한, 학교를 교육이 발생하는 공간 가운데 하나로 보면 학교리더십은 교육리더십의 하위영역(학교리더십⊂교육리더십)으로 볼 수 있고, 교육이 학교에서 발생하는 여러 현상과 기능 가운데 하나라고 본다

---

1 교육과 학교의 개념 구분은 진동섭, 이윤식, 김재웅(2011)에서 일부 내용을 참고하였음.

면 교육리더십은 학교리더십의 하위영역(학교리더십⊃교육리더십)으로 간주될 수도 있다. 국내외 학자들의 개념 정의에서도 이러한 관점이 혼재되어 있음을 알 수 있다.[2]

- **교육리더십 ≠ 학교리더십**
  - 교육리더십은 교육과 관련된 활동 과정에서 교육의 목적을 달성하기 위해 적용하는 과정이다(조동섭, 1988).
  - 교육리더십은 조직 구성원들이 한 인간으로서 자아를 실현할 수 있도록 환경적 조건을 제공하고, 구성원의 성장과 조직의 목표를 조화시킬 수 있는 능력과 자질이다(윤정일, 2004).

- **교육리더십 = 학교리더십**
  - 교육리더십은 학교장의 리더십이고 교육의 의미를 구현하는 것이다(이홍우, 1994).
  - 교육리더십은 교장에게 절실히 요구되는 자질이고, 학교라는 독특한 조직 구조 속에서 학교효과성을 높일 수 있는 것이다(서정화, 이윤식, 이순형, 정태범, 한상진, 2003).

② 교육리더십과 수업리더십

수업리더십(instructional leadership)은 학교리더십과 매우 근접해 있는데 엄밀하게는 교장리더십(school principal leadership)에 가깝다. 수업리더십은 이미 1960년대 이전부터 학교리더십으로 강조되었던 교장리더십(Erickson, 1967; Gross & Herriott, 1965)과 동일한 개념에서 출발하였다.

1980년대까지 수업리더십은 교장리더십과 동일시(수업리더십＝교장리더십)되었다. 즉, 수업리더십이 바로 교장리더십이고, 교장리더십은 수업리더십을 발휘하는 것으로 인식되었다. 이 시기에는 학교효과성(Bossert, Dwyer, Rowan, & Lee,

---

2　원문의 '지도성'을 '리더십'으로 표기하였음.

1982; Edmonds, 1979; Hawley & Rosenholtz, 1984; Purkey & Smith, 1983)이 부각되면서 이를 실천하는 교장의 역할에 관심이 증가하였다. 학교효과성으로 학생들의 학업성취도가 최우선 과제로 인식되고, 학업성취도를 높이기 위한 교장의 리더십이 강조됨에 따라, 교실 수업의 질을 높이기 위한 교장의 수업리더십에 주목하였다. 수업리더십의 개념은 여러 학자들(Andrews & Soder, 1987; Bossert et al., 1982; Hallinger & Murphy, 1985; Leithwood, Begley, & Cousins, 1990; van de Grift, 1990)이 제안한 바 있는데, 그 핵심은 학교의 미션(목표) 설정, 교사의 성장(장학, 동기부여), 수업 관리(교육과정), 학교 문화(풍토) 조성 등이다.

1990년대의 수업리더십은 대안적 용어들로 대치되었다. 이 시기에는 학교개선(school improvement)이 화두로 등장하면서 특히 변혁적 리더십(transformational leadership)에 주목하였다(Leithwood, 1994; Leithwood, Louis, Anderson, & Wahlstrom, 2004). 그리고 교사의 전문성이 강조되면서 리더로서의 교사와 학교 구성원이 언급되었다(Barth, 1990, 2001; Blase & Blase, 1998; Harris, 2003; Lambert, 2002). 1990년대부터 지속적으로 강조된 교사의 전문성, 교육의 책무성 등으로 인하여 2000년대에 접어들어서는 학교혁신을 실천하는 리더의 역할을 교장에 국한하지 않고 교사를 포함한 여러 학교 구성원으로 확대하는 분산적 리더십(distributed leadership; Gronn, 2002; Spillane, 2006)이 제안되었다.

③ 교육리더십과 교육행정, 교육경영

리더십, 행정, 경영은 조직의 목표달성을 위한 조직관리 기법이라는 공통점이 있다. 그러나 세 가지 기법은 적용되는 조직의 유형, 사용하는 전략의 형태 등에 따라 상이하므로 구체적인 개념과 특징에는 차이점이 있다. 이와 관련하여 Gunter(2004)는 고등교육기관에서 나타난 교육리더십의 변화를 '교육행정(1944~1974년)' '교육경영(1974~1988년)' '교육리더십(1988년~현재)'으로 정리한 바 있다. 이러한 변화는 공공재로서의 교육이 가졌던 한계점을 비판하면서 민간 부문의 전략을 적극적으로 도입하고자 한 노력과 현재의 문제 해결에 안주했던 관리적 경영을 미래지향적이고 혁신적으로 변화시키기 위해 리더십을 도입한 결과로 볼 수 있다.

\<표 1-1\> 교육리더십 용어 변천사

구분	교육행정	교육경영	교육리더십
시기	1944~1974년	1974~1988년	1988년~현재
주요 개념	개발	문제 해결	혁신
관련 분야	공공 부문, 사회과학	민간 부문, 경영학	다양한 부문

출처: Gunter(2004: 25)를 이 책에 맞게 수정하였음.

• 교육행정과 교육경영

　교육행정과 교육경영의 차이를 이해하기 위해서는 먼저 행정과 경영의 차이를 살펴보아야 한다. 행정과 경영은 조직의 목적 달성을 위한 수단이라는 공통점이 있지만, 활동 주체, 목표, 권력, 성격 여부 등에서 차이가 있다(김윤태, 2001). 이러한 차이로 인해 '행정'의 성격이 강한 교육 분야에서는 변화의 속도가 느리고, 경쟁력이 떨어지며, 비효율적이라는 비판이 일었다. 이에 따라 정부 기관에도 '민간 분야의 경영적 요소를 적용해야 한다.'는 주장이 제기되었다. 대표적인 공공재인 교육도 사회변화에 빠르게 대응하고, 학생, 학부모, 지역사회 등의 요구를 적극적으로 반영하는 경영적 마인드를 요구받게 되었다.

\<표 1-2\> 행정과 경영

구분	행정	경영
주체	정부	민간
목적	공익	이윤
권력성	강제성이 강함	강제성이 약함
성격	독점성	경쟁성
성과 측정	모호	분명
변화 대응	둔감	민감
윤리성	강함	약함
규제	객관적 합법성	주관적 융통성

출처: 김윤태(2001)를 이 책에 맞게 수정하였음.

• 교육경영과 교육리더십

교육경영과 교육리더십의 차이를 이해하기 위해서는 관리와 리더십을 비교해야 한다. Kotter(1990)는 관리와 리더십을 동일한 개념으로 볼 수 없는 이유를 다음과 같이 설명하였다. 〈표 1-3〉에 정리한 것과 같이, 관리는 질서와 안정을 중시하는 반면, 리더십은 변화와 혁신을 추구하는 것으로 요약된다. 그러나 리더십은 항상 세련되고 바람직한 것으로, 관리는 진부하고 부족한 것으로 이해해서는 안 된다. 리더십이 부족한 관리는 지나치게 안정만을 추구하고, 관리가 부재한 리더십은 규범과 효율성이 무너지는 결과를 초래할 수도 있기 때문에 균형적인 조화가 이루어져야 한다(Kotter, 1990). 앞서 설명한 바와 같이, 교육 분야에서도 관리적 요소를 받아들여 교육경영(educational management)이라는 용어를 사용한 이후 리더십이 가진 장점을 적용한 교육리더십이라는 용어가 사용되었다.

〈표 1-3〉 관리와 리더십

관리	리더십
목표 설정	비전 창조
계획 수립	방향 설정
자원 배분	전략 수립
조직	네트워크 형성
인사	동기 부여
규칙과 절차	헌신 유도
문제 해결	권한 부여

(2) 교육리더십의 구성요소

연구자들은 리더십 개념을 필수불가결한 구성요소로 설명하는 방법을 자주 사용하였다. 대표적으로 Northouse(2016)는 리더십의 개념을 구체화하기 위해서 리더십 과정, 영향력, 집단, 목표를 핵심 요소로 설정한 바 있다. 리더십 과정은 리더의 개인 특성이 아닌 리더와 구성원 간 상호작용으로, 영향력은 리더가 구성원에게 영향을 주는 방식을 의미한다. 또한, 집단은 공동의 목표를 가진 구성원 집단(개인, 소규모, 전체)에 영향력을 행사하는 것을 말하고, 목표는 리더와 구성원이 함께 달성하고자 하는 조직의 공통 목표를 의미한다. Northouse(2016)는 이러한 네 가지 구성요소를 기초로 리더십의 개념을 '공동의 목적을 달성하기 위한 집단 내 개인에게 영향을 미치는 과정'으로 정의하였다. 교육리더십에 관한 개념 정의에서도 공통적으로 언급되는 구성요소들을 다음에서 확인할 수 있다.

- 교육목적을 달성하기 위하여 사려 깊게 고려되는 모든 것이다(Hodgkinson, 1991).
- 효과적인 교수-학습, 교육 프로그램 개발, 임상장학 등 교육에 대한 전문적 지식에서 나오는 것이다(Sergiovanni, 1999).
- 학교 교육목표를 달성하기 위해 교사, 교직원, 학생, 학부모, 지역사회 인사 등을 움직이는 상호작용 또는 민주적 영향력이다(Reinhartz & Beach, 2003).
- 학교가 추구하는 바람직한 목표를 성취하기 위해 영향력을 행사하는 것으로 학교 구성원과 전문적 가치에 기반한 비전을 설정하고 공유하면서 이를 달성하기 위해 학교의 철학, 구조, 활동을 갖추어 가는 것이다(National College for School Leadership, 2003).
- 학생의 학업과 관련한 수업의 변화 및 동료의 영향과 직접적으로 연관된 것이다(Sirinides, 2009).
- 교육리더십의 의미는 교육에 있어서 일차적인 조직이 학교이고, 교육조직의 목적이 달성되는 일차적인 장소도 학교이기 때문에, 흔히 어떤 지역이나 단위 학교의 지도자가 행하는 리더십의 영향력을 의미한다(이병진, 2003).
- 변화하는 교육 요구와 상황에 적합한 교육조직의 목표와 비전을 설정 및 공유하고, 사회적 관계와 의사소통을 기반으로 구성원에게 적합한 권한을 부여하고 지원하며 전문성 신장을 도모함으로써, 교육조직의 지속적인 발전과 교사와 학생의 성장을 견인하는 리더의 역할이다(이평구 외, 2021).

여기서는 교육리더십의 개념 정의에서 공통적으로 언급된 목적, 주체-대상, 과정을 핵심 구성요소로 설명하고자 한다.

① 목적
교육리더십은 공통의 목적을 달성하기 위해 존재한다. 교육의 목적은 교육리더와 구성원들의 공통의 목표이다. 국가 수준에서 공통의 목적이라 함은 '교육 이념'을 기초로 설정한 '교육 비전'일 것이다. 이러한 국가의 '교육 비전'을 토대로 각 지역, 단위학교, 교실에서는 여건과 실정에 맞는 교육목표가 설정된다. 교육리더는 각자 자신의 위치에서 목적을 달성하기 위해 구성원들에게 영향력을 미친다.

② 주체-대상

교육리더십의 주체와 대상은 학교 교육과의 직·간접적인 관련성에 따라 설정된다. 교육리더십의 주체와 대상은 정부 부처, 교육행정기관, 학교, 교실에 이르기까지 광범위하다. 이는 전통적으로 교장을 핵심으로 관련 교육행정가를 교육리더십의 주체로 보던 관점이 교사를 포함한 다양한 구성원으로 확장된 것과 관련된다.

③ 과정

교육리더십은 리더와 구성원 간 상호작용의 과정이다. 교육리더가 구성원들에게 어떤 방식으로 영향력을 주고, 동시에 구성원들에게 어떻게 영향을 받는가는 교육리더십 개념을 설명하는 데 매우 중요하다. 앞서 교육리더십의 주체와 대상에서 살펴본 바와 같이, 교육리더십이 발휘되는 맥락은 '정부-지역-학교-교실' 등으로 광범위하고 각각의 상황이 다양하다.

2 교육리더십의 성격

교육리더십은 다른 분야의 리더십 이론으로부터 많은 영향을 받았다. 실제로 교육 분야에서는 경영학의 리더십 이론을 더 적극적으로 적용하였다(Northouse & Lee, 2016). 따라서 교육리더십의 성격에서 타 분야 리더십의 성격이 확인되는 것은 자연스러운 현상이라고 할 수 있다. 그러나 다른 분야와 구별되는 교육리더십만의 고유한 성격이 없는 것은 아니다. 여기서는 교육리더십의 성격을 일반적 성격과 독자적 성격으로 구분하여 설명한다. 일반적 성격은 교육리더십에 국한된 것이 아닌 모든 분야의 리더십에서 확인되는 보편적인 특성이고, 독자적 성격은 다른 분야와 구별되는 교육리더십만의 특성이다.

1) 일반적 성격

교육리더십의 일반적 특성은 추상성, 상관성, 양면성, 양가성 등이 있다. 이러한 특성은 교육리더십뿐 아니라 일반적인 리더십에서도 공통적으로 나타나는 성격이다.

(1) 추상성

추상성(abstractness)은 교육리더십 개념의 모호함(ambiguity)을 의미한다. 일반적인 리더십의 개념과 마찬가지로 교육리더십 개념도 합의된 바 없이 모호한 상태에 있다. '리더십은 개념을 정의하는 사람들의 수만큼 존재한다(Stogdill, 1974).' 또는 '리더십을 정의하는 것은 미인을 정의하는 것과 같다(Bennis, 1989).'는 표현이 리더십 개념의 추상성을 잘 설명해 준다.

(2) 상관성

상관성(correlativity)은 교육리더십이 관련 변수들과 맺는 관계를 의미한다. 선행연구를 통해서 교육리더십이 관련 변수에 직접 또는 간접적으로 관련되어 있다는 연구 결과가 보고되고 있다. 교육리더십은 직접효과, 간접효과, 매개효과, 선행효과 등 다양한 모형으로 설명된다.

(3) 양면성

모든 리더십에는 긍정적 측면과 부정적 측면이 있다. 긍정적 리더십이 항상 높은 성과로 이어지는 것은 아니며, 때로는 부정적인 리더십이 성과를 내기도 한다. 교육리더십 연구에서도 이러한 양면성(double sideness)에 대한 연구 결과가 보고되고 있다.

(4) 양가성

양가성(ambivalence)은 상반된 가치가 병존하는 현상이다. 교육리더십이 발휘되는 과정에서도 상호 대립되거나 모순되는 가치, 목표, 감정 등이 공존한다. 예컨대, 자율성 확대와 책무성 증가 상황, 관례적인 방식 고수와 새로운 방식 도입 상황, 전체와 개인의 충돌 상황 등이 있다.

2) 독자적 성격

일반적으로 리더십은 구성원의 사고와 행동에 변화를 가져오는 과정이고, 교육은 피교육자의 사고와 행동에 긍정적인 변화를 가져오게 하는 과정으로 설명된다. 즉, 조직의 목표를 달성하기 위해 구성원에게 영향을 주는 과정으로서 리더십은 '가르치고 배우는 과정을 통해 구성원이 성장하는 것'을 목표로 하는 교육의 의미와 매우 근접하다. 이러한 점에서 리더십과 교육의 본질은 개념적으로 유사하다고 볼 수 있다(Northouse & Lee, 2016). 이와 관련하여 정범모(2004: 274)는 '모든 교육자는 교육자인 동시에 리더가 되어야 하며, 리더 역시 리더인 동시에 교육자가 되어야 한다.'고 주장하였다. 한편, 타 분야의 리더십과 구별되는 교육리더십만의 고유한 특성을 강조하는 입장(윤정일, 2004; 주현준 외, 2014; Sergiovanni, 1987)에서 전문성, 교육성, 연계성과 같은 독자적 성격을 찾을 수 있다.

(1) 전문성

교육리더십은 교육에 관한 고도의 지식과 풍부한 경험을 필요로 한다. 교육리더십은 다른 분야의 리더가 대신할 수 없는 전문화된 영역이다. 즉, 교육에 대한 이해와 전문성 없이 교육리더십을 발휘하는 것은 불가능하다. 타 분야와 비교되는 교육리더십의 전문적 성격을 강조한 Sergiovanni(1999)는 학교리더십으로 교장의 리더십을 설명하면서, 기술적 리더십, 인간적 리더십, 교육적 리더십, 상징적 리더십, 문화적 리더십을 제시한 바 있다. 기술적 리더십은 교육계획, 효율적인 시간관리 등이고, 인간적 리더십은 학교 구성원의 사기 진작과 동기 유발 등이다. 교육적 리더십은 교육문제를 진단하고 해결하는 임상장학의 전문가를 의미하고, 상징적 리더십은 구성원을 응집하게 하는 것이며, 문화적 리더십은 독특한 학교 조직의 문화를 형성하는 것이다. Sergiovanni(1999)는 기술적 리더십과 인간적 리더십은 학교 교육의 목표를 달성하기 위한 하나의 수단으로 일반적인 조직의 리더십과 크게 다르지 않은 것으로 보았다. 반면, 교육적 리더십, 상징적 리더십, 문화적 리더십은 교육의 사명을 규정하고 교육의 본질을 교육하는 것으로 학교 상황과 특성에 따라 다르게 나타나는 것으로 보았다. 즉, 교육적·상징적·문화적 리더십은 타 분야의 리더십과 구별된 특성으로 볼 수 있다.

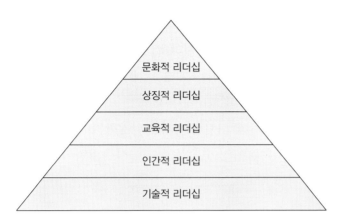

[그림 1-2] 리더십 동인 모형

출처: Sergiovanni(1999)를 이 책에 맞게 수정하였음.

(2) 교육성

교육리더십의 교육성은 교육의 본질을 의미한다. 교육리더십은 리더와 구성원이 상호작용을 통해 함께 성장하는 교육적 관계에 있다. 교육의 고유한 본질 차원에서 교육리더십을 전통적 리더십과 구별한 윤정일(2004: 27-28)은 교육리더십을 좀 더 명확하게 이해하기 위해 전통적 리더십과 교육리더십의 차이점을 관점, 관계, 전략의 차원에서 다음과 같이 제시하였다(〈표 1-4〉 참조). 관점의 측면에서 전통적 리더십은 탁월한 리더와 무능한 추종자를 전제로 한 리더 중심의 의사결정을 부각한 반면, 교육리더십은 리더와 구성원 사이에 의사결정의 분산을 강조한다. 관계적 측면에서 전통적 리더십은 생산성을 높이기 위한 거래적 관계를 형성한다. 그러나 교육리더십은 구성원의 성장을 중시하는 신뢰 관계에 토대를 둔다. 전략적 측면에서 전통적 리더십은 지휘, 지배와 같은 강압적이고 강제적인 방법을 사용하지만 교육리더십은 모범과 감동으로 구성원의 자발적 행동을 끌어낸다.

〈표 1-4〉 전통적 리더십과 교육리더십

구분	전통적 리더십	교육리더십
관점	영웅적	민주적
관계	거래적	신뢰적
전략	지배와 지휘	모범과 감동

출처: 윤정일(2004)을 이 책에 맞게 수정하였음.

(3) 연계성

　교육리더십은 다양한 분야와 광범위하게 연계되어 있다. 교육리더십은 복잡한 내부의 맥락뿐 아니라 정치, 경제, 사회 등 방대한 외부 맥락과 교호작용을 한다. 교육리더십을 다양한 맥락과의 연계성 측면에서 설명한 주현준 등(2014)은 목적, 관계, 맥락의 측면에서 교육리더십의 성격을 규정하였다. 첫째, 교육리더십은 교육의 목적을 달성하기 위한 과정이다. 교육의 목적은 국가와 지역의 '교육 비전'에서부터 '효과적인 학교 교육'을 위한 학교와 학급의 교육목적에 이르기까지 매우 광범위하다. 교육의 직접적인 목적은 학생의 지적·사회적·정서적 발달에 있지만, 학생의 성장에 영향을 주는 교직원의 전문성, 헌신, 직무만족 등도 간접적인 목적이 된다. 이러한 교육의 목적 달성 정도는 다른 분야와 다르게 측정하기 어려운 측면이 있다. 둘째, 교육리더십은 영향력 행사 과정에서 주체와 대상의 역할과 기능에 따라 다양한 관계를 형성한다. 정부 부처의 교육부 장관, 지역의 교육감, 학교의 교장 그리고 일선 학교의 교사들은 중층 구조 속에서 각자의 역할에 따라 교육리더십의 주체가 되기도 하고 대상이 되기도 한다. 교육리더십의 주체로서 역할을 수행하기 위해서는 교육에 대한 충분한 이해와 경험이 필수적으로 요구된다. 셋째, 교육리더십은 내부와 외부의 상황적 맥락과 밀접하게 관련된다. 교육은 외부 맥락과 서로 영향을 주고받는다. 사회제도 중 하나인 교육제도는 여러 기능을 수행하기 때문에 정치, 사회, 문화, 경제, 행정, 법 등 사회제도를 형성하는 대부분의 맥락과 상호작용을 할 수밖에 없다. 또한 교육의 여러 내부 맥락에 따라 다양한 양상을 보이기도 한다. 내부 맥락으로는 문화, 풍토, 규모, 구성원 등이 있다. 이러한 내부와 외부 맥락은 충족시켜야 할 요구가 다양하여 갈등이 발생하기도 한다. 교육리더십은 이러한 갈등을 최소화하기 위해 노력해야 한다.

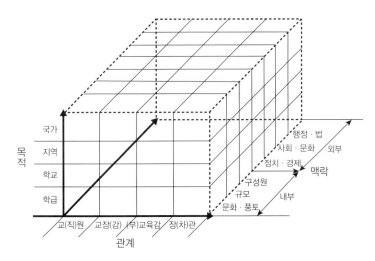

[그림 1-3] 교육리더십의 연계성

출처: 주현준 외(2014: 17).

요약

리더십은 전 세계적인 공통의 관심사로서 정치, 경영, 경제 등 분야를 막론하고 많은 이론가와 실천가의 관심을 받고 있다. 교육 분야도 예외일 수 없다. 특히 교육행정학에서 교육리더십은 가장 중요하게 다루어진 연구 주제 중 하나이다.

지난 60년 가까이 교육리더십의 개념은 다양한 관점으로 정의되었다. 초기의 연구자들은 교육리더십을 전적으로 교육행정가인 교장의 리더십으로 개념화하였지만 오늘날에는 교사를 포함한 다양한 구성원으로 재개념화하고 있다. 이러한 노력에도 불구하고 교육리더십의 개념은 여전히 모호하고 추상적이다. 또한 선행연구는 교육리더십의 개념을 충분하게 논의하지 않은 채 조작적 정의를 바탕으로 실증연구에 편향된 경향을 보이고 있다.

개념연구와 실증연구는 상보적 관계에 있다. 개념연구와 실증연구 중 어느 한쪽에 치우치게 될 경우 교육리더십 현상을 명확하게 설명할 수 없다. 이러한 맥락에서 제1장 '교육리더십의 기초'에서는 교육리더십의 개념과 성격을 정리하였다. 교육리더십의 개념은 유사용어 비교법과 구성요소 설명법으로 제시하였다. 유사용어 비교법에서는 교육리더십, 학교리더십, 수업리더십과 교육행정, 교육경영, 교육리더십을 비교하였다. 구성요소 설명법에서는 목적, 주체–대상, 과정으로 설명하였다.

한편, 교육리더십의 성격은 일반적 성격과 독자적 성격으로 구분하였다. 일반적 성격은 교육리더십뿐만 아니라 다른 분야 리더십에서도 공통적으로 나타나는 성격으로 추상성, 상관성, 양면성, 양가성을 소개하였다. 독자적 성격은 다른 분야 리더십과 구별되는 교육리더십의 독특한 성질로 전문성, 교육성, 연계성을 제시하였다.

논의 및 연구 문제

- 교육리더십의 합의된 개념은 도출될 수 있는가?

- 교육리더십의 개념이 변화되는 동인은 무엇이고, 미래의 교육리더십 개념은 어떻게 변화될 것인가?

- 교육리더십의 개념에 관한 선행연구의 한계점은 무엇이고, 어떤 방향으로 개선되어야 하는가?

- 교육리더십의 개념을 정립하기 위한 가장 유용한 접근 방법은 무엇인가?

- 교육리더십의 개념은 타 분야 리더십과 구분되어야 하는가? 또는 구분될 수 있는가?

📖 **참고문헌**

김윤태(2001). 교육행정·경영의 이해. 서울: 동문사.

서정화, 이윤식, 이순형, 정태범, 한상진(2003). 교장론. 교육행정학전문서 14. 한국교육행정학회.

이병진(2003). 새로운 교육의 패러다임 교육리더십. 서울: 학지사.

이평구, 조지혜, 서지현, 정영현, 황정훈, 엄문영(2021). 교육리더십 개념 탐색을 위한 체계적 문헌분석: Walker & Avant 개념분석 방법을 중심으로. 교육행정학연구, 39(4), 265-293.

이홍우(1994). 교육학개론. 경기: 교육과학사.

윤정일(2004). 리더십이란?. 교육리더십(윤정일, 이훈구, 주철안 엮음). 서울: 교육과학사.

장상호(1997). 학문과 교육(상): 학문이란 무엇인가. 서울: 서울대학교출판부.

정범모(1968). 교육과 교육학. 서울: 배영사.

정범모(2004). 21세기 교육리더십. 교육리더십(윤정일, 이훈구, 주철안 엮음). 서울: 교육과학사.

조동섭(1988). 교육의 의미에 비추어 본 교육지도성의 탐색. 서울대학교 대학원 석사학위논문.

주현준, 김민희, 박상완(2014). 교육지도성. 경기: 양서원.

진동섭, 이윤식, 김재웅(2011). 교육행정 및 학교경영의 이해. 경기: 교육과학사.

Andrews, R., & Soder, R. (1987). Principal instructional leadership and school achievement. *Educational Leadership, 44*(6), 9-11.

Barth, R. (1990). *Improving schools from within: Teachers, parents, and principals can make the difference.* San Francisco, CA: Jossey-Bass.

Barth, R. (2001). Teacher leader. *Phi Delta Kappan, 82*(6), 443-449.

Bennis, W. G. (1989). *On becoming a leader.* New York: Basic Books.

Blase, J., & Blase, J. (1998). *Handbook of instructional leadership: How really good principals promote teaching and learning*. Thousand Oaks, CA: Corwin Press.

Bossert, S., Dwyer, D., Rowan, B., & Lee, G. (1982). The instructional management role of the principal. *Educational Administration Quarterly, 18*(3), 34−64.

Durkheim, É. (1956). *Education and sociology*. New York: Free Press.

Edmonds, R. (1979). Effective schools for the urban poor. *Educational Leadership, 37*(1), 15−24.

Erickson, D. (1967). The school administrator. *Review of Educational Research, 37*(4), 417−432.

Gronn, P. (2002). Distributed leadership as a unit of analysis. *Leadership Quarterly, 13*(4), 423−451.

Gross, N., & Herriott, R. (1965). *Staff leadership in public schools: A sociological inquiry*. New York: Wiley.

Gunter, H. (2004). Labels and labelling in the field of educational leadership. *Studies in Cultural Politics of Education, 25*(1), 21−41.

Hallinger, P., & Murphy, J. (1985). Assessing the instructional leadership behavior of principals. *Elementary School Journal, 86*(2), 217−247.

Harris, A. (2003). Teacher leadership and school improvement. In A. Harris, C. Day, D. Hopkins, M. Hadfield, A. Hargreaves, & C. Chapman (Eds.), *Effective leadership for school improvement* (pp. 72−82). London: Routledge/Falmer.

Hawley, W., & Rosenholtz, S. (1984). Good schools: What research says about improving school achievement. *Peabody Journal of Education, 61*(4), 117−124.

Hodgkinson, C. (1991). *Educational leadership: The moral art*. Albany, NJ: State University of New York Press.

Kotter, J. P. (1990). *A force for change: How leadership differs from management*. New York: Free Press.

Lambert, L. (2002). A framework for shared leadership. *Educational Leadership, 59*(8), 37−40.

Leithwood, K. (1992). The move towards transformational leadership. *Educational Leadership, 49*(5), 8−12.

Leithwood, K., Begley, P., & Cousins, B. (1990). The nature, causes, and consequences of principals' practices: An agenda for future research. *Journal of Educational Administration, 28*(4), 5−31.

Leithwood, K., Louis, K. S., Anderson, S., & Wahlstrom, K. (2004). *How leadership influences student learning*. New York: The Wallace Foundation.

National College for School Leadership. (2003). *School leadership: Concepts and evidence*. NCSL.

Northouse, P. G. (2016). *Leadership: theory and practice* (7th ed.). CA: Sage.

Northouse, P. G., & Lee, M. (2016). *Leadership case studies in education*. CA: Sage.

Ogden, C. K., & Richards, I. A. (1923). *The meaning of meaning*. London: Kegan Paul, Trench, Trubner & Co.

Peters, R. S. (1966). *Ethics and Education*. London: Allen & Unwin.

Purkey, S., & Smith, M. (1983). Effective schools: A review. *Elementary School Journal, 83*(4), 427–452.

Reinhartz, J., & Beach, D. M. (2003). *Educational leadership: Changing schools, changing roles*. New York: Pearson.

Sergiovanni, T. J. (1982). Ten principles of quality leadership. *Educational Leadership, 39*(5), 330–336.

Sergiovanni, T. J. (1987). The theoretical basis for culture leadership. In L. T. Sheive & M. B. Scholmheit (Eds.), *Leadership: Examining the elusive*. Alexandria: ABSD.

Sergiovanni, T. J. (1999). *Rethinking leadership: A collection of articles*. Arlington Heights, IL: SkyLight Training and Publishing Inc.

Sirinides, P. M. (2009). Educational leadership and student achievement: Pathways of instructional influence. unpublished doctoral dissertation. PA: University of Pennsylvania.

Spillane, J. (2006). *Distributed leadership*. San Francisco, CA: Jossey–Bass.

Stogdill, R. M. (1974). *Handbook of leadership: A survey of theory and research*. NY: The Free Press.

van de Grift, W. (1990). Educational leadership and academic achievement in elementary education. *School Effectiveness and School Improvement, 1*(1), 26–40.

교육리더십의 역사[*]

역사는 현재의 상황을 일깨우고 미래 방향을 제시해 주는 중요한 단서가 된다. 시대의 변화에 따른 연구의 흐름을 면밀하게 파악하는 것은 더 나은 연구를 위해 반드시 필요하다. 제2장 '교육리더십의 역사'에서는 교육리더십 연구에 영향을 준 이론과 사상적 변화인 연구 사조를 정리하였다. 교육리더십에 관련된 이론으로는 특성론, 행동론, 상황론과 상황론 이후 다양한 이론을 소개하였고, 연구 사조는 주관주의, 객관주의, 다원주의로 구분하여 설명하였다.

---

[*] 제2장은 '주현준, 김민희, 박상완(2014). 교육지도성. 경기: 양서원.'과 '주현준(2016). 교육리더십 연구의 재조명. 교육행정학연구, 34(1), 25-45.'를 참고하여 작성하였음.

1 교육리더십의 이론

이론은 완벽하게 증명되지 않은 상태를 말한다. 따라서 교육리더십에 관한 여러 이론들도 완전하다고 볼 수 없다. 교육리더십 이론은 경영학, 행정학, 조직심리학 등 다른 분야의 리더십 이론으로부터 영향을 받으면서 여러 차례 변화의 과정을 거쳐 왔다. 우리나라의 교육행정학에서는 전통적으로 교육리더십의 흐름을 특성론(1900~1950년대), 행동론(1950~1960년대), 상황론(1960~1970년대), 새로운 이론(1970년 이후)으로 설명한다. 그러나 이러한 구분은 주요 이론이 해당 시기에 출현하여 현재는 소멸된 것으로 오해할 소지가 있다. 특히 새로운 이론은 상황론 이후 등장했던 다양한 이론을 의미하는 것으로 현재 시점에서는 적합한 용어라고 할수 없다. 이 장에서는 편의상 특성론, 행동론, 상황론을 전통적 이론으로, 상황론 이후 등장한 이론들을 다양한 이론으로 구분하고 주요 내용을 간략히 요약하였다.

1) 전통적 이론

(1) 특성론

특성론은 리더십 연구에서 처음으로 시도된 체계적 접근 방법이다(Northouse, 2016). 20세기 초에 등장한 특성론 연구자들은 사회, 정치, 군사 등 각 분야에서 두각을 나타낸 리더의 내적 특성을 확인하는 데 집중하였다. 즉, '리더십은 선천적으로 타고난다.'고 가정하여 평범한 구성원들과 구별되는 비범한 리더들의 특성을 찾는 데 주력하였다(Bass, 1990; Jago, 1982). 이런 이유로 이 시기는 '위인(great man) 이론의 시기'라고 불린다.

초기 특성론 연구를 대표하는 연구자는 Stogdill(1948, 1974)이다. Stogdill은 1948년과 1974년에 특성적 접근에 기초한 연구 결과를 발표하였다. Stogdill(1948)은 1904년부터 1948년 사이에 수행된 리더의 특성에 관한 124편의 연구 결과를 검토하여 리더십과 연관된 리더의 내적 특성을 능력, 성취, 책임, 참여, 지위로 제시하였다. 능력은 지능, 기민성, 언어의 유창성, 독창성, 판단력으로, 성취는 학문, 지식, 운동경기 성취로, 책임은 신뢰, 솔선수범, 인내력, 적극성, 자신감, 성취욕으로, 참여는 활동성, 사교성, 협동성, 적응성, 유머로, 지위는 사회 · 경제적 지위와 인기로 구분하였다. 또한, Stogdill(1974)은 1949년부터 1970년까지 리더의 특성에 관한 163편의 연구 결과를 정리한 후 1948년 연구 결과와 비교하였다. 이 연구에서는 리더십을 신체적 특성, 사회적 배경, 지능과 능력, 인성, 과업과 관련된 특성, 사회적 특성으로 제시하였다. 특성론 연구는 Stogdill(1948, 1974) 이외에도 Mann(1959), Lord, DeVader와 Alliger(1986), Kirkpatrick과 Locke(1991), Zaccaro, Kemp와 Bader(2004)로 지속되고 있다.

특성론은 체계적인 리더십 연구 방법의 토대를 형성하였고, 리더십에 대한 막연한 생각을 구체화하는 데 기여하였다. 그러나 이러한 장점에도 불구하고 특성론은 많은 약점을 노출하였다. 첫째, 연구 결과의 일반화에 실패하였다. 연구 결과로 제시된 특성들은 확정적인 범위가 정해지지 않았다. 지난 100년간 지속된 연구에서 리더의 특성은 계속 추가되고 있다. 둘째, 연구 결과의 주관성이라는 한계를 극복하지 못하였다. 연구자의 주관적 경험이나 관찰에 의존하여 동일한 리더의 특성을 다르게 해석하는 경우가 발생하였다. 셋째, 리더십 관련 변인을 간과하였다. 특성론은 오로지 리더에게만 관심을 두어 리더가 놓인 상황이나 구성원을 전혀 고려하지 않았다. 또한 리더의 특성과 리더십의 결과 간 관계를 규명하는 데에도 소홀하였다.

그럼에도 불구하고 특성론은 교육리더십 연구에 상당한 영향을 주었다. 대표적으로는 성공적인, 우수한, 효과적인 교육리더의 특성을 분석한 연구를 들 수 있다. 특성론 연구가 '비범한 리더'를 분석한 것과 같이 교육리더십 연구에서는 '우수한 교육리더'의 특성을 분석하였다. 교육리더의 특성은 카리스마 리더십, 윤리적 리더십, 도덕적 리더십, 변혁적 리더십, 감성적 리더십 등을 통해 지속적으로 탐구되고 있다.

(2) 행동론

행동론은 특성론과 구별되는 접근 방법이다. 행동론의 초점은 특성론에서 강조한 '리더란 무엇을 하는가?'에서 벗어나 '리더는 어떻게 하는가?'로 이동하였다. 즉, 행동론은 리더와 구성원의 관계에 초점을 두고 효과적인 리더의 행동 유형을 분석하는 데 주력하였다.

행동론 연구는 상반되는 두 가지 리더십 행동인 직무지향 행동과 관계지향 행동을 기반으로 한다. 직무지향 행동은 조직의 목표를 달성하는 데 집중된 행동이고, 관계지향 행동은 구성원이 편하게 느끼도록 돕는 행동이다. 행동론 연구에서는 주로 리더가 직무지향 행동과 관계지향 행동을 어떤 방식으로 조합하는가를 설명하였다.

초기 행동론을 대표하는 연구자는 Lewin, Lippitt와 White(1939), 오하이오주립대학교(The Ohio State University, 1945), 미시간대학교(The University of Michigan, 1947), McMurry(1958), Blake와 Mouton(1964) 등이 있다. Lewin 등(1939)은 '리더십 집단 활동에 관한 실험 연구'에서 리더의 행동 유형을 전제형, 민주형, 방임형으로 구분하고, 이 가운데 민주형 행동이 가장 효과적이라는 결론을 얻었다.

1945년 오하이오주립대학교의 연구자들은 리더 개인이 조직을 이끌 때 어떻게 행동하는가를 분석하였다. 이 연구에서 주목할 점은 행동분석을 위해 리더십 행동의 범주를 확인하고 리더의 행동을 측정하기 위한 도구인 리더행동기술질문지(Leadership Behavior Description Questionnaire: LBDQ)[1]를 활용했다는 점이다. 리더행동기술질문지는 약 1,800개 이상의 리더의 행동 목록을 엮은 후에 리더십의 좋은 예시를 나타내는 150개 항목으로 축소하였다. 그리고 구성원들이 지각한 리더의 행동을 구조성(initiating structure)과 배려성(consideration)의 요인으로 구분하였다. 구조성은 직무수행에 관심을 두는 리더의 행동으로서 목표달성을 위해 자신의 역할과 구성원의 역할을 구조화하는 것이다. 즉, 구조성은 과업수행을 위한 관리를 중시하는 리더의 행동으로 설명된다. 반면, 배려성은 구성원에 대한 관심과 관계를 중시하는 리더의 행동을 의미한다. 이것은 구성원의 욕구, 관심, 만족 등

---

1 〈부록 2-1〉 참고.

에 관심을 두고 지원하는 것이다. 따라서 배려성은 인간을 위한 관리를 중시하는 리더의 행동이다. 이러한 구조성과 배려성에 대한 구성원의 반응을 측정하기 위한 도구가 리더행동기술질문지이다. Hemphill과 Coons(1950)가 최초로 개발한 LBDQ는 Halpin과 Winer(1952)에 의해 더 정교화되었고, Stogdill(1963)에 의해 다듬어졌다. 그 이후 LBDQ XII이 개발되어 널리 활용되었다. 또한, LBDQ와 유사한 측정도구인 SBDQ(Supervisor Behavior Description Questionnaire), LOQ(Leader Opinion Questionnaire) 등이 개발되기도 하였다. 우리나라에서는 노종희(1988)가 LBDQ-KOR[2]을 개발한 바 있다.

	낮음(-)	**구조성**	높음(+)
높음(+)		II 인화지향적 유형	I 효과적인 유형
배려성			
낮음(-)		III 비효과적인 유형	IV 과업지향적 유형

[그림 2-1] 구조성과 배려성 차원에 의한 리더십 유형

출처: 송미섭, 나동환, 주현준(2008: 320).

한편, 미시간대학교의 연구자들은 오하이오주립대학교 연구와 거의 같은 시기인 1947년에 연구를 수행하였다. 이 연구는 대학 내 사회조사연구소의 소장이었던 Rensis Likert 교수를 중심으로 이루어졌다. Likert 소장은 관료제적인 기업조직이 인간의 소질이나 가능성을 상실시키고 있다는 비판에 주목하여 좀 더 효과적인 조직관리 방법을 찾고자 하였다. 이러한 관심은 구성원들의 생산성에 관한 연구로 이어졌다. 특히 미시간대학교의 연구는 리더의 특별한 행동이 소규모 집단의 업무수행에 주는 영향에 주목하였다(Katz & Kahn, 1951; Likert, 1961, 1967; Raven, Cartwright, & Zander, 1960). 주요 연구 대상은 대규모 제조 회사의 감독자

---

2 〈부록 2-2〉 참고.

(Katz, Maccoby, & Morse, 1950)와 철도회사 감독자(Katz & Kahn, 1952)였고, 설문조사와 면담을 통해 관리행동에 대한 정보를 수집하였다. 연구 결과에 따르면 구성원들이 같은 일을 하고 있음에도 생산성이 높은 부서와 그렇지 않은 부서가 존재한다는 사실이 발견되었고 그 이유는 감독자의 관리 방식의 차이에 있음을 확인하였다. 미시간대학교의 연구에서는 감독자의 리더십을 의미하는 관리 방식을 직무중심(job-centered, production oriented, task oriented)과 구성원중심(employee-centered, relations-oriented)으로 구분하였다.

	직무중심 감독자 수	구성원중심 감독자 수
생산성이 높은 부서	1	6
생산성이 낮은 부서	7	3

[그림 2-2] 리더십 유형과 생산성의 관계 비교

출처: 송미섭 외(2008: 325).

Blake와 Mouton이 개발한 관리망(The Managerial Grid) 모형은 리더의 행동 유형을 설명하는 대표적인 모형 중 하나이다. 관리망 모형은 최초로 개발된 1960년대 이후에 여러 차례 수정되면서 조직개발과 관리자의 리더십 개발을 위한 각종 프로그램에 널리 활용되었다(Blake & McCanse, 1991; Blake & Mouton, 1964, 1978, 1985). 관리망은 리더의 역할을 생산성에 대한 관심(concern for production)과 구성원에 대한 관심(concern for people)의 두 차원으로 구분하였는데, 이는 리더 행동 유형을 분석한 오하이오주립대학교의 구조성 및 배려성과 유사하다. 성과에 대한 관심은 조직목표 달성을 위해 노력하는 리더의 행동을 의미하고, 구성원에 대한 관심은 조직목표를 달성하기 위해 노력하는 구성원에 대한 행동을 의미한다. 관리망은 수평축을 생산성에 대한 관심으로, 수직축을 구성원에 대한 관심으로 설정하고 각각의 관심 정도에 따라 1~9단계로 구분한다. 따라서 관리망으로 설명되는 리더십 행동 유형은 최대 81개를 나타낼 수 있지만 방임형(impoverished management, 1.1), 중도형(middle of the road management, 5.5), 팀형(team management, 9.9), 권위형(authority compliance management, 9.1), 사교형(country club management, 1.9)으로 제시되었다.

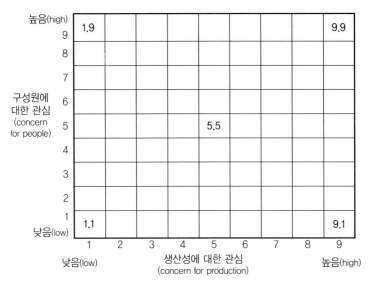

[그림 2-3] 관리망 모형

출처: 송미섭 외(2008: 327).

행동론은 특성론이 가졌던 제한적 시각에서 벗어나는 계기를 마련하였고, 보다 객관적인 연구 방법을 도입함으로써 리더십 연구의 발전에 기여하였다. 그러나 행동론의 연구 결과도 일반화에는 실패하였다. 효과적인 리더의 행동으로 분류되었던 유형은 조직의 상황에 따라 예외적인 결과가 나타났기 때문이다. 즉, 행동론 연구는 리더, 구성원, 조직 내·외부 상황을 충분히 고려하지 않은 한계를 노정하였다.

행동론 연구도 교육리더십 연구에 상당한 영향을 주었다. 특히 행동론 연구에서 개발된 리더행동기술질문지 등과 같은 측정도구는 최근까지도 교육리더십 연구에 활용되고 있다. 한국의 교육리더십 연구에서는 행동론 연구 시기에 개발된 리더십 측정도구를 활용하여 교사의 리더십 행동 유형(전제형, 민주형, 방임형)에 따른 학생의 만족도 차이 분석, 교장의 리더십 행동 유형(과업지향성과 인간관계지향성)과 교사변인(헌신, 직무만족, 직무 스트레스, 조직 적응 등), 학생변인(학업성취도 등), 학교변인(학교 조직 풍토, 학교 조직 문화, 학교 조직 건강도 등) 간 관계 분석 등 많은 연구가 수행되었다.

(3) 상황론

상황론 연구자들은 리더십이 발휘되는 조직의 여러 상황에 초점을 두었다. 상황론 연구는 '상황에 따라 적합한 리더십은 다르다.'는 기본 가정에서 출발한다. 상황론은 앞서 제시한 특성론과 행동론에서 확인된 한계를 극복하기 위해 상황적 매개변인에 초점을 두고, 리더십의 효과를 설명하고자 하였다. 상황론에서는 제반 상황 조건을 구체화하고 리더변인(특성 또는 행동)과 조직변인(조직성과 또는 조직구성원 만족감) 간 관계를 중심으로 분석하였다. 상황 조건은 조직구성원의 인성적 특성, 과업의 구조화 정도, 공식적인 권위체계 수준, 역할기대, 구성원의 성숙도 등으로 매우 다양한데, 효과적인 리더십은 복잡한 상황 조건과 리더의 특성 및 행동이 적절하게 조합되어야 함을 강조하였다.

상황론을 대표하는 연구자로는 Fiedler(1967), Reddin(1970), Evans(1970), House(1971), Hersey와 Blanchard(1982) 등이 있다. Fiedler(1967)는 리더십의 유형과 리더의 상황통제력 및 영향 관계의 상호작용을 기초로, 이들의 적합성에 따라 서로 다른 리더십 효과를 기대할 수 있다고 보았다. 리더십 유형은 측정도구인 LPC(Least Preferred Co-worker)[3]에 의하여 과업주도형과 관계지향형으로 판별하고, 상황변인인 리더와 구성원의 관계, 과업구조, 지위 권력에 따라 달라지는 리더십 효과를 검증하였다. 즉, 세 가지 상황 요소들이 호의적인 경우와 비호의적인 경우에 따라 적합한 리더십 효과에 차이가 있다는 주장이다. LPC는 리더가 작업 상대로서 함께 일하기에 가장 어렵다고 느끼는 사람의 지수를 나타낸다. LPC 점수는 8점 척도로 구성되어 극단 점에서 다른 쪽의 극단 점으로 그 정도에 따라 순서대로 구분된다. LPC 점수의 합이 낮은 리더(63점 이하)는 과업주도형이고, 높은 리더(73점 이상)는 관계지향형으로 판별된다. Fiedler는 리더십 유형 측정을 위한 LPC 점수와 세 가지 상황 요소의 상관성을 제시하였다.

---

3 〈부록 2-3〉 참고.

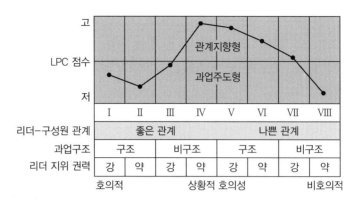

[그림 2-4] Fiedler의 모형

출처: 신상명 외(2014: 206).

Reddin(1970)은 과업지향형과 관계지향형에 효과성 측면을 추가하여 3차원 이론을 발전시켰다. 그리고 높은 과업지향성과 높은 관계지향성을 통합형(integrated), 낮은 과업지향성과 낮은 관계지향성을 분리형(separated), 낮은 과업지향성과 높은 관계지향성을 관계형(related), 높은 과업지향성과 낮은 관계지향성을 헌신형(dedicated)으로 구분하여 기본 유형으로 삼았다. 그리고 이 기본 유형을 효과성과 결부시켜 총 여덟 가지의 유형을 제시하였다.

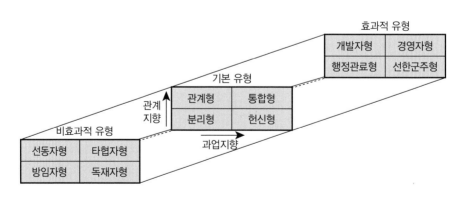

[그림 2-5] Reddin의 모형

출처: 신상명 외(2014: 209).

House(1971)의 경로-목표 이론은 Evans(1970)에 의해 개발된 초기 모형에 상황변인을 포함시킴으로써 더 정교해졌다. 이 모형은 이후에도 House와 Dessler

(1974), House와 Mitchell(1974) 등 여러 학자에 의해 수정되었다. 경로-목표 이론은 구성원이 과업 목적, 개인 목적, 목표 달성을 위한 경로를 지각하는 데 있어서 리더와의 영향 관계에 초점을 두었다. 즉, 리더 행동의 효율성은 구성원이 개인의 목적을 달성하는 것을 리더의 행동을 통해 촉진할 수 있는가와 기대되는 보상의 효과에 의해서 결정되는 것으로 보았다. 이러한 리더의 행동은 두 가지 전제조건으로 설명된다(Hersey & Stinson, 1983: 84). 첫째, 리더의 행동은 구성원들이 효과적인 업적을 수행하는 데 필요한 코치, 지도, 비난 및 보상을 제공함으로써 구성원에게 일하고 싶은 동기를 부여한다. 둘째, 구성원이 리더의 행동을 얼마만큼 현재의 만족 또는 미래의 만족 수단으로 보는가에 따라 리더의 행동을 수용하게 된다. 한편, 리더의 행동은 구성원의 개인적 특성과 환경적 압력 및 과업상의 요구 등 상황적 요소에 의하여 결정된다고 보았다.

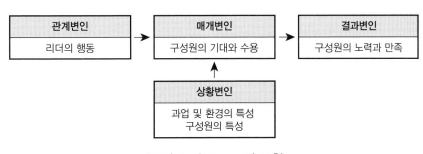

[그림 2-6] House의 모형

출처: 신상명 외(2014: 208).

Hersey와 Blanchard(1982)는 리더의 행동과 구성원의 성숙도를 조합한 모형을 개발하였다. 이 모형에서는 구성원의 성숙 수준을 직무적 측면과 심리적 측면을 포함하여 총 4단계로 구분하였다. 그리고 각 단계에 적합한 리더십 유형으로 지시형(directing), 지도형(coaching), 지원형(supporting), 위임형(delegating)을 제시하였다.

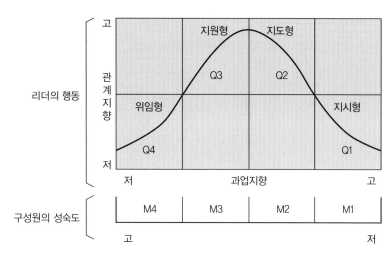

[그림 2-7] Hersey와 Blanchard의 모형

출처: 신상명 외(2014: 211).

　　상황론은 특성론과 행동론의 한계를 극복하고 리더십 연구의 지평을 넓혀 주었
다. 또한, 상황론을 통해 도출된 모형들은 리더십 교육훈련에서 유용하게 활용되
었다. 그러나 이러한 장점에도 불구하고 상황론은 여러 문제점을 노출하였다. 가
장 심각한 문제는 연구 결과의 불일치이다. 예컨대, Fielder의 LPC와 상황 요소에
관한 모형은 여러 대상(제조 회사 직원들, 육군 사관생도들, 실험실 학생들)에 적용하
여 검증되었는데, 각각의 결과가 Fiedler의 모형과 일치한 경우도 있었지만 상이
한 결과도 나타났다(Graen, Alvares, Orris, & Martella, 1970; McMahon, 1972; Paula,
1983; Peters, Hartke, & Pohlmann, 1985; Vecchio, 1983). 또한, 상황 조건을 명확하게
한정 지을 수 없고, 한 명의 리더가 '여러 상황을 고려한 리더십을 발휘할 수 있는
가'라는 의문과 '상황에 따라 다른 리더십을 발휘해야 하는가'라는 비판을 받았다.

　　그럼에도 상황론 연구는 교육리더십 연구에 많은 영향을 주었다. 상황론 연구
자들이 제시한 모형과 측정도구를 활용하여 교사의 성숙 정도에 따라 적합한 교
장의 리더십 유형을 분석하거나, 학교 조직의 과업 구조, 교장의 지위 권력 사용,
교장과 교사의 관계, 학교 조직의 풍토 등 여러 상황 조건에 따라 적합한 교육리더
십이 연구되었다.

2) 다양한 이론

1970년 이후에는 다양한 리더십 이론들이 소개되었다. 예를 들어, 리더-구성원 교환(Leader-Member Exchange: LMX) 이론(Dansereau, Graen, & Haga, 1975; Graen & Scandura, 1987; Graen & Uhl-Bien, 1995[4]), 대체 이론(Kerr & Jermier, 1978; Podsakoff, MacKenzie, & Bommer, 1996), 귀인 이론(Calder, 1977; Lord & Maher, 1991; Phillips & Lord, 1986), 카리스마 리더십(Conger & Kanungo, 1987; House, 1977; Shamir, House, & Arthur, 1993), 변혁적 리더십(Bass, 1985, 1998; Burns, 1978), 슈퍼 리더십(Manz & Sims, 1989), 셀프 리더십(Manz, 1992), 서번트 리더십(Greenleaf, 1977), 윤리적 리더십(Aronson, 2001; Ciulla, 1998; Johnson, 2005), 감성적 리더십(Goleman, 1998), 진정성 리더십(George, 2003; Terry, 1993), 분산적 리더십(Gronn, 2000; Spillane, 2006) 등이 있다. 여기서는 최근까지 교육리더십 연구에 자주 등장하는 변혁적 리더십, 감성적 리더십, 분산적 리더십을 소개한다.

(1) 변혁적 리더십

변혁적 리더십이라는 개념을 처음으로 만들어 낸 학자는 Downton(1973)이지만, Burns(1978)를 통해 구체화되었다. 정치·사회학자였던 Burns는 리더십과 팔로워십(followership)의 역할을 연결하려고 노력했다. 특히 리더를 조직의 목표에 더 잘 도달하도록 구성원의 동기를 자극하는 사람으로 묘사하면서 리더십이 단순한 권력과 매우 다르다는 사실을 강조하였다.

한편, Bass(1985)는 변혁적 리더십과 거래적 리더십을 구분하였다. 즉, 변혁적 리더십은 구성원이 리더를 신뢰하고 존경하도록 하며, 기대받은 것 이상으로 노력하도록 동기를 부여하는 반면, 거래적 리더십은 리더의 요구에 구성원이 순응하는 결과를 낳는 교환의 과정으로 직무 목적에 대한 열정과 헌신을 발생시키지는 못한다. 그러나 변혁적 리더십과 거래적 리더십이 완전히 이질적인 것은 아니다(Bass, 1985). 변혁적 리더십은 거래적 리더십보다 구성원의 동기와 수행을 증가시킬 수 있지만, 효과적인 리더는 두 가지를 적절하게 조합해야 한다(Bass, 1996).

---

4 〈부록 2-4〉 참고.

변혁적 리더십에 관한 연구는 Bass(1985, 1996) 이후에도 Bennis와 Nanus(1985), Howell과 Avolio(1993), Kouzes와 Posner(1987, 2002) 등으로 지속되었다.

<표 2-1> 변혁적 리더십과 거래적 리더십

변혁적 리더십	거래적 리더십
이상화된 영향력(카리스마) 영감적 동기 지적 자극 개인적 배려	보상/거래 통제/관리

출처: Northouse(2016)를 이 책에 맞게 수정하였음.

변혁적 리더십은 리더십 연구의 수준을 한 차원 높여 주었다. 기존 리더십 연구가 갖고 있던 리더십의 성과를 넘어 구성원의 성장과 가치까지 주목하게 하였다. 그러나 변혁적 리더십의 개념은 지나치게 모호하고, 측정이 어려우며, 교육 훈련 프로그램으로 구현하기 어렵다는 비판을 받았다. 이와 관련하여, Tracey 와 Hinkin(1998)은 변혁적 리더십의 핵심 구성요소인 4I's(Idealized influence, Inspirational motivation, Intellectual stimulation, Individualized consideration)의 개념이 불분명한 점을 지적하였다. 또한, Bryman(1992)은 변혁적 리더십을 리더의 구체적인 행동으로 확인할 수 없는 개인의 내적 특성에 가까운 개념으로 보았다.

다양한 이론 가운데 변혁적 리더십은 최근까지 교육리더십 연구에 가장 많이 적용되고 있다. 국내외를 막론하고 많은 연구자들이 변혁적 리더십 이론을 토대로 교육리더십을 연구하였다. 대표적인 연구 주제로는 '변혁적 리더십의 교장리더십 적용'(노종희, 1996)[5], '교장의 변혁적 리더십이 학교 구성원과 학교 조직에 미치는 영향'(류민영, 2014; 박균열, 2009; 오순문, 2010; Leithwood, 1992; Roberts, 1985; Short & Spencer, 1990), '교사의 변혁적 리더십이 학생에 미치는 영향'(고현국, 권동택, 2020; 이고운, 2017) 등이 있다.

---

5 〈부록 2-5〉 참고.

(2) 감성적 리더십

감성적 리더십은 감성 지능(emotional intelligence)에 기반을 둔다. Goleman, Boyatzis와 Mckee(2002)는 감정을 배제하고 지성만 강조하던 기존 리더십의 통념을 무너뜨리고, 리더 스스로 자신의 감정을 인식하고 관리하면서 동시에 구성원의 감성을 이해하고 관리하는 능력인 감성적 리더십 개념을 정립하였다. Goleman 등(2002)은 감성적 리더십의 구성요소로 개인역량과 사회적 역량을 제시하였다. 개인역량의 세부 요인으로는 리더의 자기인식과 자기관리를 제시하였고, 사회적 역량의 세부 요인으로는 사회적 인식과 관계관리를 설정하였다. 개인역량에서 자기인식은 자신의 감성, 능력, 한계, 가치, 목적 등에 대한 깊은 이해를 의미하고, 자기관리는 자신의 감정을 다스리는 능력을 뜻한다. 사회적 역량에서 사회적 인식은 다른 사람의 감정에 이입하는 능력이다. 관계관리는 타인의 감정을 잘 다루는 능력을 말한다. 앞서 소개한 네 가지 요소를 종합해 보면, 감성적 리더는 구성원의 감정을 이해하고 그것을 대변함으로써 서로 같은 감정을 느끼는 공감대를 형성한다.

\<표 2-2\> 감성적 리더십의 구성요인 및 개념

구성요인	세부요인	개념 정의	특성	
개인역량	자기인식	자신의 감성을 비롯하여 정서와 욕구 등을 이해하고 그 영향을 인지하는 능력	• 감성적 자기인식 • 정확한 자기평가 • 자신감	
	자기관리	자신의 감성을 통제하는 능력	• 감정적 자기통제 • 적응력 • 주도성	• 투명성 • 성취지향성 • 긍정주의
사회적 역량	사회적 인식	다른 사람의 감성을 이해하는 능력	• 감정이입 • 조직인식	• 봉사성
	관계관리	다른 사람의 감성을 관리하는 능력	• 영감 • 개발지원 • 변화촉진 • 팀워크와 협동	• 영향력 • 의사소통 • 갈등관리

출처: Goleman et al. (2002).

국내외 연구자들은 감성적 리더십 이론을 교육리더십 연구에 적용하였다. 교육 리더십 연구에서는 감성적 리더십 개념 탐구와 측정도구 개발(이석열, 2006[6]; Bar-On, 1997; Goleman et al., 2000)을 비롯하여 교장의 감성적 리더십과 관련 변인 간의 관계 분석(강경석, 김철구, 2007; 신동한, 2008; 신재흡, 2010; 신중식, 김현진, 김상돈, 2009; 이상미, 2008), 교사의 감성적 리더십과 관련 변인 간의 관계 분석(노경훈, 주철안, 2015; 추승희, 고재천, 2013) 등 다양한 주제가 탐구되었다.

(3) 분산적 리더십

분산적 리더십은 탁월한 리더의 특성과 행동을 강조하던 기존 리더십 관점에서 벗어나 모든 구성원과 인공도구물의 사회적 영향력과 역동적 관계에 초점을 둔 이론이다(박선형, 2018). 분산적 리더십은 21세기 초반에 교육학 분야에서 등장하였는데, 이는 교육학자에 의한 최초의 리더십 이론 발달이라는 의의가 있다. 교육 리더십 연구가 타 분야 리더십 이론을 차용해 왔던 관행에서 탈피하여 역으로 다른 학문에 영향을 주는 일종의 '상호 역전현상'이 나타나고 있기 때문이다.

분산적 리더십을 대표하는 학자는 Gronn(2000), Spillane, Halverson과 Diamond(2001), Harris(2004)를 들 수 있다. Gronn(2000, 2002)이 제안한 분산적 리더십 개념은 네트워크를 기초로 한다. 즉, 학교업무에서 리더는 집중과 분산 여부를 판단하고 각 주체는 협력적 거버넌스에 참여해야 함을 강조한다. Spillane 등(2001)의 분산적 리더십은 소위 리더-플러스 개념을 핵심으로 한다. 이는 역동적인 학교 상황에서 공식적 리더뿐 아니라 비공식적인 리더가 상호협력하는 것을 의미한다. Harris(2004)의 분산적 리더십은 공유된 학습조직에서 출발한다. 특히 전문적 학습공동체가 형성된 학습조직으로서의 학교 조직을 강조하였다.

<표 2-3> 분산적 리더십 유형

연구자	분산적 리더십 유형
Gronn (2002)	• 자발적 협동(spontaneous collaboration): 상이한 기능과 지식 및 능력을 갖춘 개인들이 모인 집단들이 특정한 과제/프로젝트를 완수하기 위하여 합쳐졌다가 해산됨. • 직관적 근무 관계(intuitive working relations): 최소 2명의 개인이 상호의존하는 공유된 역할 공간에서 오랜 시간 동안 밀접한 관계를 발전시킴. • 제도화된 실행(institutionalized practice): 개인들 간의 협동을 촉진하기 위하여 고정되어 있는 영속적인 조직구조(예: 위원회, 팀).
Spillane (2006)	• 협동적 분산(collaborated distribution): 2인 또는 그 이상의 개인들이 동일한 리더십 일과를 실행하기 위하여 언제 어디서든지 함께 일함. • 집단적 분산(collective distribution): 2인 또는 그 이상의 개인들이 리더십 일과를 실행하기 위하여 독립적이지만 상호의존적으로 작업함. • 조정적 분산(coordinated distribution): 2인 또는 그 이상의 개인들이 리더십 일과를 완수하기 위하여 순서대로 작업함.
Harris (2009)	• 임시방편 분산(ad hoc distribution): 보다 유연하고, 수평적이며 이완된 조직구조가 창조됨. 그러나 분산적 리더십 실제는 조정되지 않고 무작위적임. 그 결과 조직에 대한 혜택은 제한됨. • 독재적 분산(autocratic distribution): 조직구조들은 상대적으로 바뀌지 않고 남음. 현재 개발 진행 중인 작업은 격려되지만 기존 구조에 의해 제한되고 영향력은 제약됨. • 추가적 분산(additive distribution): 조직구조들은 상대적으로 변경되지 않고 남음. 제한된 형태의 개발적이고 혁신적인 작업을 위해 기회들이 의도적으로 창조됨. 이러한 작업은 조율이 되지만 조직에 대한 영향력은 변혁적이기보다는 추가적임. • 자발적 분산(autonomous distribution): 혁신과 변화생성을 주요 목적으로 하는 유연하고 수평적이며 이완된 조직구조들이 의도적으로 창조됨. 리더십 작업은 조직과 타 조직에 긍정적인 영향력을 주는 방식으로 조정되고 전파됨. 공동구축과 변혁적 과정에 대한 명료한 참여가 있음.

출처: 박선형(2018: 11-12)을 이 책에 맞게 수정하였음.

　　최근 국내 교육리더십 연구에서도 분산적 리더십 이론에 대한 관심이 높다. 분산적 리더십 개념과 이론 탐색(김규태, 주영효, 2009; 박선형, 2003)을 시작으로 관련 변인들과의 관계 분석(강경석, 박찬, 2013; 김이경, 민수빈, 김현정, 2016; 김희규, 류춘근, 2015; 박희경, 이성은, 2014; 전수빈, 이동엽, 김진원, 2019; 조성구, 한유경, 민윤정, 김애신, 주철안, 2011), 사례연구(라연재, 2009; 이영내, 주철안, 2015), 진단도구 개발(문성윤, 2013[7]; 이석열, 2013) 등 다양한 연구가 시도되고 있다.

3) 종합

이 장에서는 교육리더십에 영향을 준 이론을 소개하면서 편의상 전통적 이론과 다양한 이론으로 구분하였다. 〈표 2-4〉는 전통적 이론과 다양한 이론의 차이점을 연구의 초점과 내용 측면에서 가치, 관계, 권한, 구조를 기준으로 정리한 것이다. 가치(value)의 측면에서 보면 전통적 이론은 지나치게 합리적이고 현재의 목표 달성에 치중하여 리더십을 오직 리더에 의한 것으로 설명하였다. 그러나 다양한 이론은 현재에 국한되지 않는 미래의 비전을 창출하는 것과 구성원의 주체적인 변화 및 혁신을 강조한다. 가치에 대한 두 이론의 차이는 관계(relation)와 권한(authority)에 영향을 주었다. 전통적 이론은 리더를 중심으로 하여 수직과 직위 관계를 논의하였지만, 다양한 이론은 리더와 구성원이 함께 만들어 가는 수평과 신뢰의 관계에 관심이 있다. 전통적 이론은 권한을 리더에 의한 독점적이고 일방적인 영향력 행사로 보았으나, 다양한 이론에서는 권한이 구성원에게 분산되고 양방향의 소통에 초점을 둔다. 또한, 구조(structure)에서는 표면적이고 집단적 구조와 심층적·개별적 구조가 대조를 이룬다. 이와 같은 차이로 인하여 리더십 연구는 보편성에서 개별성으로, 가시적 변수에서 비가시적 맥락으로, 제한된 산출에서 무한한 생성으로, 지배-결속에서 자율-신뢰로 관점이 옮겨지고 있다.

〈표 2-4〉 전통적 이론과 다양한 이론 비교

기준	전통적 이론	다양한 이론
가치(value)	• 합리적 가치 • 현재적 가치	• 정서적 가치 • 미래적 가치

---

7 〈부록 2-7〉 참고.

관계(relation)	• 수직 관계 • 직위 관계	• 수평 관계 • 신뢰 관계
권한(authority)	• 독점적 권한 • 일방적 권한	• 분산적 권한 • 상호적 권한
구조(structure)	• 표면적 구조 • 집단적 구조	• 심층적 구조 • 개별적 구조

출처: 주현준 등(2014: 50)을 이 책에 맞게 수정하였음.

　앞서 살펴본 바와 같이, 전통적 이론과 다양한 이론은 교육리더십 연구에 상당한 영향을 주었다. 국내외를 막론하고 교육리더십 연구자들은 당대 주목받던 타 분야의 이론을 활용해 왔다. 이러한 이론의 차용 현상은 교육리더십의 정체성을 혼란시키고, 고유한 이론 정립에 부정적인 결과를 초래할 가능성이 높다. 21세기에 등장한 분산적 리더십은 일방향적인 이론 차용과 독점적인 관점 수입의 문제(박선형, 2018)를 해소하는 데 기여할 것으로 기대된다. 그러나 분산적 리더십도 기존 리더십 연구에서 논의된 것으로 완전히 새로운 개념은 아니다(Gronn, 2002). 따라서 타 분야의 리더십 이론이 교육리더십 연구에 유입되는 과정과 그에 따른 부작용 등을 면밀하게 검토하고 학교와 교육의 본질에 충실한 독자적인 교육리더십 이론 체계를 구축할 필요가 있다(주현준, 2016).

2　교육리더십 연구의 사조

　교육리더십의 역사적 기원에 대한 학자들의 주장은 다양하다. 대표적으로 공교육의 급격한 팽창과 변화(Bogotch, 2011), 전문적인 교육행정가의 출현(Rousmaniere, 2009), 공식적인 교육리더십 준비 프로그램의 시작(Murphy, 2006) 등이 있다. 주목할 점은 이러한 주장들이 공통적으로 1800년대 초반을 시작점으로 한다는 것이다. 지난 19세기부터 현재까지 교육리더십 연구는 일관되게 성공적인 학교를 만드는 교육리더십에 집중하였다. 그런데 시대별로 교육리더십을 이해하는 방식에는 차이가 있었다. 즉, 교육리더십 연구에는 각 시대를 관통하는 사상의 흐름이 내재되어 있다.

1) Murphy의 구분

Murphy(2006)는 학교 교육에 직·간접적으로 영향을 주었던 역사적 사건, 학계의 움직임, 학술적 논쟁 등을 기초로 교육리더십의 사조를 이데올로기 시기(ideological era: 1820~1899년), 처방적 시기(prescriptive era: 1900~1946년), 과학적 시기(scientific era: 1947~1985년), 변증법적 시기(dialectic era: 1986~2000년대 초반)로 구분하였다. Murphy(2006)는 각 시기가 전환되는 과정에 영향을 준 중요한 흐름을 격동기로 표현하였다.

(1) 이데올로기 시기

20세기 이전 연구자들은 학교행정가에 주목하면서도 리더십이라는 주제를 직접 언급하지는 않았다. 이 시기에는 교육리더의 특성을 기질(Tyack & Hansot, 1982)과 이데올로기(Glass, 1986)로 규정하였다. 이데올로기 시기(ideological era: 1820~1899년)에 학교행정가는 교육철학자(Callahan & Button, 1964) 또는 교사의 교사(Button, 1966)로 명명되었다. 이러한 이데올로기 시기는 제1격동기(1900~1915년)를 거치면서 처방적 시기로 접어든다. 제1격동기를 이끈 핵심은 바로 산업 전반에 영향을 주었던 과학적 관리기법이었다.

(2) 처방적 시기

교육리더십 연구는 20세기에 접어들어 처방적 시기(prescriptive era: 1900~1946년)가 시작되었고 이후 50년 가까이 지속되었다. 미국에서는 1900년까지 교육리더십에 관한 체계적인 연구가 수행되지 못하였지만, 제2차 세계대전 후인 1946년에는 125개 기관에서 학교행정가 양성을 위한 프로그램이 제공되었다(Silver, 1982). 또한, 많은 주정부에서 교육감, 교장 등과 같은 교육행정직을 위한 교육리더십 과정을 공식화하고 의무화하였다. 이 시기 교육리더십 연구는 초반에는 제1격동기를 이끈 과학적 관리기법에 강한 영향을 받았고, 후반에는 인간관계론에 영향을 받았다. 처방적 시기는 제2격동기(1947~1957년)를 겪으면서 과학적 시기로 접어든다. 제2격동기는 사회과학의 등장에 따른 교육행정의 이론화 운동이 주도하였다.

(3) 과학적 시기

과학적 시기(scientific era: 1947~1985년)에는 제2격동기를 주도한 사회과학으로 인하여 이론적이고 개념적인 교육리더십 연구가 활발하게 논의되었다. 교육행정의 이론화 운동으로 이데올로기 시기와 처방적 시기에 주목받았던 주요 원리들은 비과학적이고 비개념적이라는 비판을 받게 되면서 빛을 잃었다. 이 시기에는 이론과 연구를 핵심으로 하는 국가 수준의 학술 모임과 단체가 활성화되었다. 또한, 1946년 125개 기관에 불과했던 교육리더십 프로그램 운영 기관 수가 500개 이상으로 확대되는 등 전성기를 맞게 되었다. 그러나 과학적 시기는 제3격동기(1986~2000년)를 지나면서 변증법적 시기로 이동하였다. 제3격동기는 후기산업사회의 도래로 시작되었고, 과학적 시기에 대한 강한 비판을 동반하였다.

(4) 변증법적 시기

변증법적 시기(dialectic era: 1986~2000년대 초반)는 과학적 시기에 집착했던 이론에 대한 강한 비판에서 비롯되었다. 교육행정과 교육리더십 프로그램에 관한 거센 비판이 쏟아졌고, 대안을 찾기 위한 다양한 논의가 본격화되었다. 그 배경에는 산업사회가 후기산업사회로 전환되는 경제적 요인이 가장 크게 작용하였다. 또한, 지식, 정보, 기술의 발전과 글로벌 정치 환경의 급격한 변화 등은 교육리더십 연구에도 상당한 영향을 주었다.

2) 주현준의 구분

주현준(2016)은 역사적 사건, 타 학문의 이론과 원리, 교육행정학계의 운동과 논쟁 등에 영향을 받으면서 변화된 교육리더십 연구 사조의 제1기를 주관주의(subjectivism), 제2기를 객관주의(objectivism), 제3기를 다원주의(pluralism)로 구분하였다.

<표 2-5> 교육리더십 연구의 사조

연대	19세기	1900년대	1930년대	1950년대	1960~1970년대	1990년대~현재
교육 리더십 연구 사조	제1기			제2기	제3기	
	주관주의			객관주의	대안적 다원주의	구성적 다원주의
사건/이론	산업혁명	과학적 관리론 행정과정론 관료제론	인간관계론	행동과학론	체제이론, 비판이론, 포스트모더니즘, 대체이론, 사회문화이론 등	
교육 행정학	차용·적용			이론화 운동	Griffiths- Greenfield- Willover 논쟁	학교 재구조화

출처: 주현준(2016: 28).

(1) 제1기: 주관주의

제1기는 대략 19세기부터 1900년대 중반까지로 교육리더십의 속성을 개인적 감각, 감정, 의지로 해석한 주관주의가 사상적 흐름을 지배한 시기이다. 이 시기에는 효과적인 교육리더십을 실증적으로 검증하는 방식이 아닌 수사적인 표현 또는 처방적인 묘사로 설명하였다. 당대의 문헌에서는 사상적 믿음, 개인적인 경험, 전임자의 선례 등에 기초하여 교육리더십을 교육철학자 또는 관련 정치인 등이 보여 준 언행으로 묘사하였는데(Bogotch, 2011), 이는 주관주의 사조를 뒷받침하는 근거로 볼 수 있다.

(2) 제2기: 객관주의

제2기는 객관주의가 연구의 기저를 형성한 시기이다. 이 시기에는 객관적인 법칙과 타당한 경험적 지식을 산출하기 위해 실험, 분석, 종합, 통계와 같은 방법이 사용되었다. 1950년대부터 시작된 교육행정의 이론화 운동을 계기로 교육리더십 연구는 경험적 증거, 논리적 설명, 과학적 분석에 기초한 연구가 주를 이루었다. 특히 양적 데이터를 활용한 실증적인 연구 방법은 교육행정가의 리더십 효과뿐 아니라 교육리더십 준비, 개발, 평가에 이르는 광범위한 영역에 적용되었다. 실증적 연구(Berman & McLaughlin, 1978; Bridges, 1982; Edmonds, 1979; Hallinger & Heck, 1996; Leithwood, Louis, Anderson, & Wahlstrom, 2004; Pinter, 1988)는 정교한 분석 방법을 사용하여 교육리더십과 학교효과와의 관련성을 증명하기 위해 노력하였다.

(3) 제3기: 다원주의

제3기는 다원주의가 교육리더십 연구의 흐름을 주도한 시기인데, 이 시기는 다시 대안적 다원주의(alternative pluralism)와 구성적 다원주의(constructive pluralism)로 구분할 수 있다. 전자인 대안적 다원주의는 Griffiths-Greenfield-Willover 논쟁[8] 이후 나타난 흐름이다. 논리실증주의 중심의 연구 패러다임을 비판하는 대안적 시각이 확장되면서 교육리더십 연구에도 변화가 나타났다. 예컨대, 실증적 연구 방법론에 대한 비판적 논의가 가속화되면서 비판이론, 포스트모더니즘, 페미니즘 등이 주목을 받았고, 교육리더십 연구는 인과관계 분석 일변도에서 벗어나 교육의 상황과 맥락, 교육행정가의 윤리와 도덕, 젠더 이슈(gender issue)에도 관심을 두게 되었다(Heck & Hallinger, 2005).

한편, 후자인 구성적 다원주의는 1990년대 전후 학교 재구조화가 논의되면서 절대적 가치로 인식되었던 헤게모니의 대안을 모색하는 수준을 넘어서 교육리더십의 근본적인 수정과 변화의 재해석을 강조한 흐름이다. 이 시기에 교육리더십 연구는 분산과 공유의 가치를 주창하는 새로운 패러다임으로 전환되었다. 효과적인 리더십을 보는 관점이 리더 중심에서 구성원으로 옮겨졌고, 조직 리더십보다 공동체 리더십이 중시되었다. Sergiovanni(1992)는 학교를 조직이 아닌 공동체로 대체하고 학교 내에서의 공유, 협력, 참여의 가치를 주장하였다. 즉, 리더를 바라보는 시선이 비범한 리더에서 평범한 조력자로, 수직적인 상위 관료에서 수평적인 봉사자로, 절대적 이성에서 인간적 감성으로 이동하게 된 것이다. 구성적 다

---

8 Griffiths-Greenfield-Willover 논쟁은 1950년대 이론화 운동 이후 교육행정연구를 둘러싼 인식론에 대한 이론적 논쟁으로, Griffiths, Willover 등이 주장한 논리실증주의와 Greenfield 등이 주장한 주관주의에 관한 것이다.

원주의는 체제 리더십, 분산적 리더십, 참여 리더십의 등장으로 정점에 이른다. 2000년에 접어들어서는 분산적 리더십을 중심으로 활발한 논의가 진행되고 있다. 분산적 리더십은 리더십 대체 이론(Jermier & Kerr, 1977), 제도 이론(Ogawa & Bossert, 1995) 등에 토대를 둔 것으로 리더십의 공유를 강조한다. 교육행정학에서 분산적 리더십은 이론적 측면뿐 아니라 실제 효과를 검증하는 연구(김희규, 2012; 조성구 외, 2011; Gronn, 2002; Harris, 2004; Heck & Hallinger, 2010; Leithwood et al., 2004; Spillane, 2006)로 확산되고 있다.

지금까지의 교육리더십 연구 사조는 리더 중심과 구성원 중심이라는 두 축 사이에서 변화해 왔다. 초기 사조가 전적으로 리더에 집중된 흐름이었다면 오늘날에는 구성원과의 공유와 분산으로 변화되었다. 향후 이러한 연구 사조가 어떤 방향으로 변화할지 예단하는 것은 매우 어렵다. 사조는 가시적인 성과 여부, 시대적 상황 등에 따라 변화하기 때문이다. 따라서 현재 진행 중인 구성원과의 공유와 분산이 더욱 심화될 것인지 아니면 과거와 같이 리더 중심으로 되돌아갈지는 미지수이다. 전자와 같이 현재의 흐름이 지속될 경우에는 학교단위책임경영제(school-based management)를 넘어서 학급단위리더십(classroom-based leadership)으로 이어질 가능성을 배제할 수 없다. 학급단위리더십은 교육계획, 교육과정, 예산 등이 교사 중심으로 이루어지는 것을 의미한다. 그러나 공유와 분산의 사조가 무질서와 비능률적인 것으로 평가될 경우에는 과거와 같이 특정한 리더 중심으로 다시 회귀해야 한다는 주장이 설득력을 얻을 수도 있다.

📎 **요약**

교육리더십의 역사를 이해하는 것은 향후 교육리더십 연구의 발전을 위해 매우 중요하다. 지금까지 교육리더십 연구는 타 분야에서 주목받은 리더십 이론을 여과 없이 차용한 역사를 가지고 있다. 특히 경영학 분야의 리더십 이론들이 교육리더십에 적용되면서 정체성을 확보하지 못한 채 오늘에 이르고 있다.

제2장 '교육리더십의 역사'에서는 교육리더십에 영향을 준 이론과 연구 흐름의 사조를 정리하였다. 교육리더십 연구에 영향을 준 이론은 전통적 이론과 다양한 이론으로 구분하였다. 한국 교육행정학에서는 교육리더십을 보편적으로 특성론, 행동론, 상황론, 새로운 이론으로 구분하여 설명해 왔다. 그러나 이 장에서는 특성론, 행동론, 상황론을 전통적 이론으로, 새로운 이론을 다양한 이론으로 구분하였다.

전통적 이론은 특성론, 행동론, 상황론의 주요 내용, 대표적인 학자, 장점과 단점 그리고 교육리더십에 적용된 연구 사례를 간략하게 정리하였다. 다양한 이론은 교육리더십 연구에 적용 빈도가 높은 변혁적 리더십, 감성적 리더십, 분산적 리더십의 주요 내용과 선행연구를 소개하였다.

한편, 교육리더십 연구의 사조는 역사적 사건, 타 학문의 이론과 원리, 교육행정학계의 운동과 논쟁 등을 토대로 주관주의, 객관주의, 다원주의로 구분하고 각 사조의 특징을 정리하였다.

🗒 **논의 및 연구 문제**

● 교육리더십의 역사적 기원은 무엇이고, 미래 교육리더십 연구의 흐름과 방향은 어떻게 전개될 것인가?

● 타 분야 리더십 이론을 차용한 교육리더십 연구의 문제와 이를 극복하기 위한 과제는 무엇인가?

● 서구의 교육리더십 이론에 영향을 받은 우리나라 교육리더십 연구의 한계는 무엇이고, 한국의 교육리더십 토착화는 가능한가?

● 교육학 분야의 이론으로 분산적 리더십의 가치는 무엇이고, 타 분야에 어떤 영향을 주고 있는가?

참고문헌

강경석, 김철구(2007). 학교장의 감성리더십과 교사의 학교조직몰입과의 관계 연구. 교육행정학연구, 25(4), 1-24.

강경석, 박찬(2013). 학교조직에서의 분산적 리더십과 교사효능감 및 학습조직화 간의 관계. 중등교육연구, 61(2), 309-337.

고현국, 권동택(2020). 초등학생이 인식하는 담임교사의 변혁적리더십, 학생의 팔로워십, 학교생활만족도 간의 구조적 관계: 교사-학생 교환관계의 조절효과를 중심으로. 초등교육학연구, 27(1), 27-52.

김규태, 주영효(2009). 분산적 지도성 실행의 평가영역 및 준거 개발. 교육행정학연구, 27(3), 351-374.

김이경, 민수빈, 김현정(2016). 학교장의 분산적 지도성과 교사만족도 관계에서 교사 및 학교 특성의 조절효과. 한국교원교육연구, 33(2), 209-232.

김희규(2012). 교장의 분산적 지도성과 교사의 교직 헌신과의 관계. 교육종합연구, 10(3), 123-144.

김희규, 류춘근(2015). 홀리스틱교육 관점에서 학교장의 분산적 리더십이 전문가학습공동체에 미치는 영향. 홀리스틱융합교육연구, 19(3), 17-40.

노경훈, 주철안(2015). 초등학생이 인식한 담임교사의 감성적 리더십이 학교공동체의식과 학교폭력허용도에 미치는 영향. 교육행정학연구, 33(1), 151-171.

노종희(1988). 학교행정가의 지도성행동의 개념화 및 측정에 관한 연구. 교육학연구, 26(1), 1-13.

노종희(1996). 학교행정가의 변혁지향적 리더십의 진단 및 육성방안 연구. 교육행정학연구, 14(3), 265-284.

라연재(2009). 디자인순환분석모델을 통한 지도성 실행에 대한 이해. 교육행정학연구, 27(1), 303-326.

류민영(2014). 교장의 변혁적 지도성과 학생의 학업성취 및 정의적 성장의 관계에서 교사 변인 네트워크의 특성 탐색. 한국교원교육연구, 31(2), 285-314.

문성윤(2013). 분산적 리더십 진단 도구 개발 연구: 학교조직을 중심으로. 교육행정학연구, 31(1), 159−181.

박균열(2009). 학교장의 변혁적 지도성과 학교풍토 및 교사 직무만족 간의 인과관계 분석. 교육행정학연구, 27(3), 205−228.

박선형(2003). 변혁적 지도성에 대한 비판적 고찰: 분산적 지도성을 중심으로. 교육행정학연구, 21(4), 179−196.

박선형(2018). 분산적 지도성: 학문토대와 개념정의 및 국내 연구동향 분석. 교육행정학연구, 36(3), 1−35.

박희경, 이성은(2014). 초등학교의 분산적 지도성, 교사 임파워먼트, 학교조직 효과성 간의 구조관계. 열린교육연구, 22(2), 145−163.

신동한(2008). 학교장의 감성리더십과 교사의 교직헌신도 및 학교조직 효과성 간의 관계. 교육행정학연구, 26(3), 125−149.

신상명, 김민희, 김갑성, 주현준, 정제영, 이희숙, 정성수(2014). 교육과 행정. 서울: 가람문화사.

신재흡(2010). 학교장의 감성적 리더십과 임파워먼트가 학교 조직효과성에 미치는 영향 분석. 한국교원교육연구, 27(4), 47−50.

신중식, 김현진, 김상돈(2009). 학교장의 감성적 지도성과 학교조직 개방성이 학교조직 효과성에 미치는 영향. 교육행정학연구, 27(4), 199−224.

송미섭, 나동환, 주현준(2008). 교육행정 및 교육경영. 서울: 형설출판사.

오순문(2010). 학교장의 변혁적 지도성과 학교 조직 효과성의 관계에 관한 메타분석. 한국교원교육연구, 27(3), 327−347.

이고운(2017). 초등학생이 지각한 담임교사의 변혁적 리더십이 학생의 자기주도적 학습 태도 및 학교생활만족도에 미치는 영향. 초등교육학연구, 24(1), 53−73.

이상미(2008). 학교장의 수업지도성과 감성지도성이 교사 효능감과 교사헌신에 미치는 영향. 인천대학교 대학원 박사학위논문.

이석열(2006). 교장의 감성리더십 진단척도 개발. 교육행정학연구, 24(3), 51−77.

이석열(2013). 대학 학장의 직무수행 및 분산적 지도성 실행 설계 및 분석에 관한 연구. 교육행정학연구, 31(1), 1−29.

이영내, 주철안(2015). 보건교사의 분산적 지도성 경험과 의미 탐색. 교육행정학연구, 33(4), 103−124.

전수빈, 이동엽, 김진원(2019). 학교장의 분산적 리더십이 교사의 직무만족에 미치는 영향. 교육행정학연구, 37(2), 249−269.

조성구, 한유경, 민윤정, 김애신, 주철안(2011). 분산적 지도성이 학교조직효과성에 미치는 영향. 교사교육연구, 50(3), 13-28.

주현준(2016). 교육리더십 연구의 재조명. 교육행정학연구, 34(1), 25-45.

주현준, 김민희, 박상완(2014). 교육지도성. 경기: 양서원.

추승희, 고재천(2013). 초등학교 부장교사의 감성적 리더십이 동학년 교사의 직무만족에 미치는 영향. 초등교육학회, 20(1), 107-127.

Aronson, E. (2001). Integrating leadership styles and ethical perspectives. *Canadian Journal of Administrative Sciences/Revue Canadienne des Sciences de l'Administration, 18*(4), 244-256.

Bar-On, R. (1997). *The emotional intelligence inventory (EQ-i): Technical manual*. Toronto: Multi-Health System.

Bass, B. M. (1985). *Leadership and performance beyond expectations*. New York: The Free Press.

Bass, B. M. (1990). From transactional to transformational leadership: Learning to share the vision. *Organizational Dynamics, 18*(3), 19-31.

Bass, B. M. (1996). A *new paradigm of leadership: An inquiry into transformational leadership*. Alexandria, VA: U.S. Army Research Institute for the Behavioral and Social Sciences.

Bass, B. M. (1998). *Transformational leadership: Industrial, military, and educational impact*. London: Lawrence Erlbaum.

Bennis, W. G. (1989). *On becoming a leader*. New York: Addison-Wesley.

Beniss, W. G., & Nanus, B. (1985). *Leaders: The strategy for taking charge*. New York: Harper & Row.

Berman, P., & McLaughlin, M. (1978). *Rethinking the federal role in education*. The Rand Corporation.

Blake, R. R., & McCanse, A. A. (1991). *Leadership dilemmas: Grid solutions*. Houston, TX: Gulf Publishing Company.

Blake, R. R., & Mouton, J. S. (1964). *The managerial grid: The key to leadership excellence*. Houston, TX: Gulf Publishing.

Blake, R. R., & Mouton, J. S. (1978). *The new managerial grid*. Houston, TX: Gulf Publishing.

Blake, R. R., & Mouton, J. S. (1985). *The managerial grid III*. Houston, TX: Gulf Publishing.

Bogotch, I. E. (2011). A history of public school leadership: The first century, 1837–1942. In W. E. Fenwick (Ed.), *The SAGE handbook of educational leadership: Advances in theory, research, and practice* (pp. 3–26). London: Sage.

Boyatzis, R. E., Goleman, D., & Rhee, K. S. (2000). Clustering competence in emotional intelligence: Insights from the emotional competence inventory. In R. Bar-On & J. D. A. Parker (Eds.), *The handbook of emotional intelligence: Theory, development, assessment, and application at home, school, and in the workplace* (pp. 343–362). Jossey-Bass.

Bridges, E. (1982). Research on the school administration: The state of the art, 1967–1980. *Educational Administration Quarterly, 18*(3), 12–33.

Bryman, A. (1992). *Charisma and leadership in organizations*. London: Sage.

Burns, J. M. (1978). *Leadership*. New York: Harper & Row.

Button, H. W. (1966). Doctrines of administration: A brief history. *Educational Administration Quarterly, 2*(3), 216–224.

Calder, B. J. (1977). An attribution theory of leadership. In B. M. Staw, & G. R. Salancik (Eds.), *New directions in organizational behavior* (pp. 179–204). Chicago: St Clair Press.

Callahan, R. E., & Button, H. W. (1964). Historical change of the role of the man in the organization: 1865–1950. *Teachers College Record, 65*(10), 73–92.

Ciulla, J. (1998). *Ethics, The Heart of Leadership*. London: Praeger.

Conger, J. A., & Kanungo, R. N. (1987). Toward a behavioral theory of charismatic leadership in organizational settings. *Academy of Management Review, 12*(4), 637–647.

Dansereau, F., Graen, G. B., & Haga, W. (1975). A vertical dyad linkage approach to leadership within formal organizations. *Organizational Behavior and Human Performance, 13*, 46–78.

Downton, J. V. (1973). *Rebel leadership: Commitment and charisma in the revolutionary process*. New York: Free Press.

Edmonds, R. (1979). Effective schools for the urban poor. *Educational Leadership, 37*(1), 15–24.

Evans, M. G. (1970). The effects of supervisory behavior on the path−goal relationship. *Organizational Behavior and Human Performance, 5*(3), 277−298.

Fiedler, F. E. (1967). *A theory of leadership effectiveness.* New York: McGraw−Hill.

George, B. (2003). *Authentic leadership: Rediscovering the secrets to creating lasting value* (Vol. 18). Jossey−Bass.

Glass, T. E. (1986). *An analysis of tests on school administration.* Danville: Interstate Press.

Goleman, D. (1998). *Working with emotional intelligence.* Bantam Books.

Goleman, D., Boyatzis, R., & McKee, A. (2002). *Primal leadership: Learning to lead with emotional intelligence.* Harvard Business School Press.

Graen, G., Alvares, K. M., Orris, J. B., & Martella, J. A. (1970). Contingency model of leadership effectiveness: Antecedent and evidential results. *Psychological Bulletin, 74*(4), 285−296.

Graen, G. B., & Scandura, T. A. (1987). Toward a psychology of dyadic organizing. *Research in Organizational Behavior, 9*, 175−208.

Graen, G. B., & Uhl−Bien, M. (1995). Relationship−based approach to leadership: Development of leader-member exchange (LMX) theory of leadership over 25 years: Applying a multi-level multi-domain perspective. *The Leadership Quarterly, 6*(2), 219−247.

Greenleaf, R. K. (1977). *Servant−leadership: A journey into the nature of legitimate power and greatness.* New Jersey: Paulist Press.

Gronn, P. (2000). Distributed properties: A new architecture for leadership. *Educational Management Administration & Leadership, 28*(3), 317−338.

Gronn, P. (2002). Distributed leadership as a unit of analysis. *The Leadership Quarterly, 13*(4), 423−451.

Hallinger, P., & Heck, R. H. (1996). Reassessing the principal's role in school effectiveness: A review of empirical research, 1980−1995. *Educational Administration Quarterly, 32*(1), 5−44.

Halpin, A. W., & Winer, B. J. (1952). *The leadership behavior of the airplane commander.* Columbus: Ohio State University, Bureau of Business Research.

Harris, A. (2004). Distributed leadership and school improvement: Leading or misleading?. *Educational Management Administration & Leadership, 32*(1), 11−24.

Harris, A. (2009). Distributed leadership and knowledge creation. In K. Leithwood, B.

Mascall, & T. Strauss (Eds.), *Distributed leadership according to the evidence* (pp. 253–266). London: Routledge.

Heck, R. H., & Hallinger, P. (2005). The study of educational leadership and management: Where does the field stand today?. *Educational Management Administration & Leadership, 33*(2), 229–244.

Heck, R. H., & Hallinger, P. (2010). Collaborative leadership effects on school improvement: Integrating unidirectional and reciprocal effects models. *The Elementary School Journal, 111*(2), 226–252.

Hemphill, J. K., & Coons, A. E. (1950). *Leader behavior description on questionnaire.* Columbus: Personnel Research Board. Ohio State University.

Hersey, P. S., & Blanchard, K. H. (1982). Leadership style: Attitudes and behaviors. *Training & Development Journal, 36*(5), 50–52.

Hersey, P. S., & Stinson, J. E. (1983, Eds.). *Perspectives in leader effectiveness.* Athens, OH: Ohio University Press.

House, R. J. (1971). A path-goal theory of leader effectiveness. *Administrative Science Quarterly, 16*(3), 321–339.

House, R. J. (1977). A 1976 theory of charismatic leadership. In Hunt, J. G. & Larson, L. L, (Eds.), *Leadership: The cutting edge* (pp. 189–207). Carbondale: Southern Illinois University Press.

House, R. J., & Dessler, G. (1974). The path–goal theory of leadership: Some post hoc and a priori tests. In J. Hunt & L. Larson (Eds.), *Contingency approaches to leadership* (pp. 29–55). Carbondale: Southern Illinois University Press.

House, R. J., & Mitchell, T. R. (1974). Path-goal theory of leadership. *Journal of Contemporary Business, 3*(4), 81–98.

Howell, J. M., & Avolio, B. J. (1992). The ethics of charismatic leadership: Submission or liberation?. *Academy of Management Executive, 6*(2), 43–54.

Jago, A. G. (1982). Leadership: Perspectives in theory and research. *Management Science, 28*(3), 315–336.

Jermier. J. M., & Kerr, S. (1997). Substitutes for leadership: Their meaning and measurement–contextual recollections and current observations. *The Leadership Quarterly, 8*(2), 95–101.

Johnson, K. W. (2005). The role of leadership in organizational integrity and five modes of ethical leadership. *Ethical Leadership, 20*(June), 1−9.

Katz, D., & Kahn, R. L. (1951). Human organization and worker motivation. In L. R. Tripp (Ed.), *Industrial productivity* (pp. 146−171). Madison, WI: Industrial Relations Research Association.

Katz, D., & Kahn, R. L. (1952). Some recent findings in human−relationships research in industry (pp. 650−665). In E. Swanson, T. Newcomb, & E. Hartley (Eds.). *Readings in social psychology*. New York: Holt.

Katz, D., Maccoby, N., & Morse, N. (1950). *Productivity, supervision, and morale in an office situation*. Ann Arbor, MI: Institute for Social Research.

Kerr, S., & Jermier, J. M. (1978). Substitutes for leadership: Their meaning and measurement. *Organizational Behavior and Human Performance, 22*(3), 375−403.

Kirkpatrick, S. A., & Locke, E. A. (1991). Do traits matter. *Academy of Management Executive, 5*(2), 48−60.

Kouzes, J. M., & Posner, B. Z. (1987). *The leadership challenge: How to get extraordinary things done in organizations*. San Francisco, CA: Jossey−Bass.

Kouzes, J. M., & Posner, B. Z. (2002). *The leadership challenge* (3rd ed.). San Francisco: Jossey−Bass.

Leithwood, K. (1992). The move toward transformational leadership. *Educational Leadership, 49*(February), 9−10.

Leithwood, K., Louis, S. K., Anderson, S., & Wahlstrom, K. (2004). *Review research how leadership influences student learning*. The Wallace Foundation.

Lewin, K., Lippitt, R., & White, R. K. (1939). Patterns of aggressive behavior in experimentally created 'social climate'. *Journal of Social Psychology, 10*(2), 19−39.

Likert, R. (1961). *New patterns of management*. New York: McGraw−Hill.

Likert, R. (1967). *The human organization: Its management and value*. New York: McGraw−Hill.

Lord, R. G., DeVader, C. L., & Alliger, G. M. (1986). A meta−analysis of the relation between personality traits and leadership: An application of validity generalization procedures. *Journal of Applied Psychology, 71*(3), 402−410.

Lord, R. G., & Maher, K. J. (1991). Cognitive theory in industrial and organizational psychology. In M. D. Dunnette & L. M. Hough (Eds.), *Handbook of industrial organizational psychology* (2nd ed.). Palo Alto, CA: Consulting Psychological

Press.

Mann, R. D. (1959). A review of the relationship between personality and performance in small groups. *Psychological Bulletin, 56*(4), 241−270.

Manz, C. C. (1992). *Mastering self−leadership: Empowering yourself for personal excellence.* New York: Prentice−Hall.

Manz, C. C., & Sims, H. P., Jr. (1989). *SuperLeadership: Leading others to lead themselves.* New York: Berkeley Books.

McMahon, J. T. (1972). The contingency theory: Logic and method revisited. *Personnel Psychology, 25*(4), 697−711.

McMurry, R. N. (1958). The case for benevolent autocracy. *Harvard Business Review, 36*(1), 82−90.

Murphy, J. (1992). *The landscape of leadership preparation: Reframing the education of school administrators.* Corwin Press, Inc.

Murphy, J. (2006). Preparing school leaders. University Council for Education Administration and the Stanford Educational Leadership Institute.

Northouse, P. G. (2016). *Leadership: Theory and practice* (7th ed.). California: Sage.

Ogawa, R. T., & Bossert, S. T. (1995). Leadership as an organizational quality. *Educational Administration Quarterly, 31*(2), 224−243.

Paula, F. S. (1983). *Educational administration: Theoretical perspectives on practice and research.* New York: Harper & Row.

Peters, L. H., Hartke, D. D., & Pohlmann, J. T. (1985). Fiedler's contingency theory of leadership: An application of the meta−analysis procedures of Schmidt and Hunter. *Psychological Bulletin, 97*(2), 274−285.

Phillips, J. S., & Lord, R. G. (1986). Notes on the practical and theoretical consequences of implicit leadership theories for the future of leadership measurement. *Journal of Management, 12*(1), 31−41.

Pinter, N. (1988). The study of administrator effects and effectiveness. In N. Boyan (Ed.), *Handbook of research in educational administration.* New York: Longman.

Podsakoff, P. M., MacKenzie, S. B., & Bommer, W. H. (1996). Transformational leader behaviors and substitutes for leadership as determinants of employee satisfaction, commitment, trust, and organizational citizenship behaviors. *Journal of Management, 22*(2), 259−298.

Raven, B., Cartwright, D., & Zander, A. (1960). *Group dynamics: Research and theory*. New York: Harper & Row.

Reddin, W. (1970). *Managerial effectiveness*. New York: McGraw−Hill.

Roberts, N. (1985). Transforming leadership: A process of collective action. *Human Relations, 38*(11), 1023−1046.

Rousmaniere, K. (2009). Historical perspectives on the principalship. *Journal of Educational Administration and History, 41*(3), 215−221.

Sergiovanni, T. J. (1992). Why we should seek substitutes for leadership. *Educational Leadership, 49*(5), 41−45.

Shamir, B., House, R. J., & Arthur, M. B. (1993). The motivational effects of charismatic leadership: A self−concept based theory. *Organization Science, 4*(4), 577−594.

Short, P., & Spencer, W. (1990). Principal instructional leadership. *Journal of Research and Development in Education, 23*(2), 117−122.

Silver, P. F. (1982). Synthesis of research on teacher motivation. *Educational Leadership, 39*(7), 551−554.

Spillane, J. P. (2006). *Distributed leadership*. San Francisco: Jossey−Bass.

Spillane, J. P., Halverson, R., & Diamond, J. B. (2001). Investigating school leadership practice: A distributed perspective. *Educational Researcher, 30*(3), 23−28.

Spillane, J. P., Halverson, R., & Diamond, J. B. (2004). Towards a theory of school leadership practice: A distributed perspective. *Journal of Curriculum Studies, 36*(1), 3−34.

Stogdill, R. M. (1948). Personal factors associated with leadership: A survey of the literature. *Journal of Psychology, 25*(1), 35−71.

Stogdill, R. M. (1963). *Manual for the leader behavior description questionnaire from VII*. Columbus: Ohio State University, Bureau of Business Research.

Stogdill, R. M. (1974). *Handbook of leadership: A survey of theory and research*. Free Press.

Terry, R. W. (1993). *Authentic leadership: Courage in action*. San Francisco, CA: Jossey−Bass.

Tracey, J. B., & Hinkin, T. R. (1998). Transformational leadership or effective managerial practices?. *Group Organization Management, 23*(3), 220−236.

Tyack, D., & Hansot, E. (1982). Hard times, hard choices: The case for coherence in public school leadership. *The Phi Delta Kappan, 63*(8), 511–515.

Vecchio, R. P. (1983). Assessing the validity of Fiedler's contingency model of leadership effectiveness: A closer look at Strube and Garcia. *Psychological Bulletin, 93*(2), 404–408.

Zaccaro, S. J., Kemp, C., & Bader, P. (2004). Leader traits and attributes. In J. Antonakis, A. T. Cianciolo & R. J. Sternberg (Eds.), *The nature of leadership* (pp. 101–124). Thousand Oks, CA: Sage.

<부록 2-1> 리더행동기술질문지(Leadership Behavior Description Questionnaire)

Key: A = 항상 그렇다, B = 종종 그렇다, C = 보통이다, D = 그렇지 않다, E = 전혀 그렇지 않다	
1. 구성원에게 개인적인 호의를 베푼다.	A B C D E
2. 구성원에게 자신의 태도를 분명히 한다.	A B C D E
3. 구성원이 기쁨을 느낄 수 있는 일이라면 사소한 일이라도 챙긴다.	A B C D E
4. 구성원과 함께 새로운 아이디어를 시도한다.	A B C D E
5. 실질적으로 리더의 역할을 수행한다.	A B C D E
6. 구성원을 잘 이해한다.	A B C D E
7. 구성원을 엄하게 지휘한다.	A B C D E
8. 구성원의 의견에 귀 기울이기 위해 시간을 할애한다.	A B C D E
9. 잘못한 과업을 질책한다.	A B C D E
10. 변경 사항을 사전에 통지한다.	A B C D E
11. 일방적으로 말한다.	A B C D E
12. 구성원은 모르게 자신만 알고 있다.	A B C D E
13. 구성원 개인의 복지에 관심을 갖고 돌본다.	A B C D E
14. 특정 과업을 분담시킨다.	A B C D E
15. 구성원의 대변인처럼 행동한다.	A B C D E
16. 업무 일정에 대한 계획을 수립하고 시행한다.	A B C D E
17. 업무 성과에 대한 명확한 기준을 수립하고 유지한다.	A B C D E
18. 자신의 행동에 대한 이유를 설명하지 않는다.	A B C D E
19. 구성원에게 지속적으로 정보를 제공한다.	A B C D E
20. 구성원과 상의하지 않고 행동한다.	A B C D E
21. 구성원의 행동을 지원한다.	A B C D E
22. 업무 기한을 지키도록 강조한다.	A B C D E
23. 모두 구성원을 동등하게 대한다.	A B C D E
24. 업무 절차의 일관성을 유지하도록 독려한다.	A B C D E
25. 상사로부터 요구한 것을 얻어 낸다.	A B C D E
26. 변화를 기꺼이 수용한다.	A B C D E
27. 자신의 역할을 구성원들이 명확하게 이해할 수 있도록 한다.	A B C D E
28. 친근하고 다가가기 쉽다.	A B C D E
29. 구성원들에게 규정과 규칙을 준수하도록 요구한다.	A B C D E
30. 필요한 조치를 취하지 않는다.	A B C D E
31. 구성원과 대화할 때 편안한 분위기를 조성한다.	A B C D E
32. 구성원에게 기대하는 바를 명확하게 인식시킨다.	A B C D E
33. 구성원의 대표로서 말한다.	A B C D E
34. 구성원에 의해 제안된 일을 실행에 옮긴다.	A B C D E
35. 구성원이 각자의 능력을 최대한 발휘하도록 한다.	A B C D E
36. 자신의 리더십을 다른 사람에게 허용한다.	A B C D E
37. 상사가 구성원의 복지를 위해 행동하도록 한다.	A B C D E
38. 중요한 일을 진행하기 전에 구성원의 동의를 구한다.	A B C D E
39. 구성원의 업무가 잘 조정되도록 한다.	A B C D E
40. 구성원이 한 팀으로 함께 일하도록 한다.	A B C D E

출처: 'Hemphill, J. K., & Coons, A. E. (1950). *Leader behavior description on questionnaire*. Columbus: Personnel Research Board. Ohio State University.'를 이 책에 맞게 번역하였음.

〈원문〉

Key: A = Always, B = Often, C = Occasionally, D = Seldom, E = Never	
1. Does personal favors for group members.	A B C D E
2. Makes his/her attitudes clear to the group.	A B C D E
3. Does little things to make it pleasant to be a member of the group.	A B C D E
4. Tries out his/her new ideas with the group.	A B C D E
5. Acts as the real leader of the group.	A B C D E
6. Is easy to understand.	A B C D E
7. Rules with an iron hand.	A B C D E
8. Finds time to listen to group members.	A B C D E
9. Criticizes poor work.	A B C D E
10. Gives advance notice of changes.	A B C D E
11. Speaks in a manner not to be questioned.	A B C D E
12. Keeps to himself/herself.	A B C D E
13. Looks out for the personal welfare of individual group members.	A B C D E
14. Assigns group members to particular tasks.	A B C D E
15. Is the spokesperson of the group.	A B C D E
16. Schedules the work to be done.	A B C D E
17. Maintains definite standards of performance.	A B C D E
18. Refuses to explain his/her action.	A B C D E
19. Keeps the group informed.	A B C D E
20. Acts without consulting the group.	A B C D E
21. Backs up the members in their actions.	A B C D E
22. Emphasizes the meeting of deadlines.	A B C D E
23. Treats all group members as his/her equals.	A B C D E
24. Encourages the use of uniform procedures.	A B C D E
25. Gets what he/she asks for from his/her superiors.	A B C D E
26. Is willing to make changes.	A B C D E
27. Makes sure that his/her part in the organization is understood by group members.	A B C D E
28. Is friendly and approachable.	A B C D E
29. Asks that group members follow standard rules and regulations.	A B C D E
30. Fails to take necessary action.	A B C D E
31. Makes group members feel at ease when talking with them.	A B C D E
32. Lets group members know what is expected of them.	A B C D E
33. Speaks as the representative of the group.	A B C D E
34. Puts suggestions made by the group into operation.	A B C D E
35. Sees to it that group members are working up to capacity.	A B C D E
36. Lets other people take away his/her leadership in the group.	A B C D E
37. Gets his/her superiors to act for the welfare of the group members.	A B C D E
38. Gets group approval in important matters before going ahead.	A B C D E
39. Sees to it that the work of group members is coordinated.	A B C D E
40. Keeps the group working together as a team.	A B C D E

출처: Hemphill, J. K., & Coons, A. E. (1950). *Leader behavior description on questionnaire*. Columbus: Personnel Research Board. Ohio State University.

<부록 2-2> Leadership Behavior Description Questionnaire-Korea(LBDQ-KOR)

하위척도	관련문항(우리 학교 교장은…)
인간 지향성	1. 교사들의 애경사에 관심을 갖는다. 2. 교사들과 거리감 없이 지낸다. 3. 교사들과 동고동락한다. 4. 격의 없이 대화에 응한다. 5. 교사들 간의 상호친목에 힘쓴다. 6. 교사 개개인의 신상에 관심을 갖는다. 7. 다정다감하다. 8. 교사들의 고충을 이해한다. 9. 교사들의 노고에 칭찬을 아끼지 않는다. 10. 교사들의 장점을 인정해 준다.
목표 지향성	11. 교사들의 업무수행을 확인 · 점검한다. 12. 학교경영방침을 분명하게 밝힌다. 13. 교사들의 실수를 잡아 준다. 14. 치밀하게 계획을 세워 일을 수행한다. 15. 계획된 일의 결과를 반드시 확인한다. 16. 교사들이 새로운 학습지도방법을 활용하도록 권장한다. 17. 소신 있게 직무를 수행한다. 18. 학교경영개선에 적극적이다. 19. 공사구분이 뚜렷하다. 20. 원리원칙을 중시한다.
관료 지향성	21. 지나치게 일의 성과를 강조한다. 22. 교사들을 혹사시킨다. 23. 내실보다 겉치레를 중시한다. 24. 각종 행사를 통한 학교홍보에 힘쓴다. 25. 행사교육에 치중한다. 26. 교사들을 부하처럼 다룬다. 27. 모든 일이 자기 뜻대로 행해지기를 원한다. 28. 계획된 일을 자기 마음대로 변경시킨다. 29. 자기 방식대로 교사들이 따라오기를 강요한다. 30. 혼자서 중요한 결정을 내린다.

출처: 노종희(1988). 학교행정가의 지도성행동의 개념화 및 측정에 관한 연구. 교육학연구, 26(1), 1-12.

<부록 2-3> Least Preferred Co-worker(LPC) Scale

즐겁다 (Pleasant)	8	7	6	5	4	3	2	1	즐겁지 않다 (Unpleasant)
우호적이다 (Friendly)	8	7	6	5	4	3	2	1	우호적이지 않다 (Unfriendly)
거절적이다 (Rejecting)	1	2	3	4	5	6	7	8	수용적이다 (Accepting)
긴장되어 있다 (Tense)	1	2	3	4	5	6	7	8	여유가 있다 (Relaxed)
소원하다 (Distant)	1	2	3	4	5	6	7	8	친근하다 (Close)
차갑다 (Cold)	1	2	3	4	5	6	7	8	따뜻하다 (Warm)
지지적이다 (Supportive)	8	7	6	5	4	3	2	1	적대적이다 (Hostile)
지루하다 (Boring)	1	2	3	4	5	6	7	8	흥미롭다 (Interesting)
호전적이다 (Quarrelsome)	1	2	3	4	5	6	7	8	조화롭다 (Harmonious)
침울하다 (Gloomy)	1	2	3	4	5	6	7	8	명랑하다 (Cheerful)
개방적이다 (Open)	8	7	6	5	4	3	2	1	폐쇄적이다 (Closed)
험담을 한다 (Backbiting)	1	2	3	4	5	6	7	8	진실되다 (Loyal)
신뢰할 수 없다 (Untrustworthy)	1	2	3	4	5	6	7	8	신뢰할 수 있다 (Trustworthy)
동정적이다 (Considerate)	8	7	6	5	4	3	2	1	냉정하다 (Inconsiderate)
비열하다 (Nasty)	1	2	3	4	5	6	7	8	비열하지 않다 (Nice)
친밀감이 있다 (Agreeable)	8	7	6	5	4	3	2	1	괴팍스럽다 (Disagreeable)
불성실하다 (Insincere)	1	2	3	4	5	6	7	8	성실하다 (Sincere)
친절하다 (Kind)	8	7	6	5	4	3	2	1	불친절하다 (Unkind)

출처: Fiedler, F. E. (1967). *A theory of leadership effectiveness*. NY: McGraw-Hill.

<부록 2-4> Leader-Member Exchange Questionnaire(LMX 7 Questionnaire)

1. 당신은 리더가 당신이 하는 일에 대해 얼마나 만족하고 있는지 알고 있습니까?

　　전혀 그렇지 않다 －－ 그렇지 않다 －－ 보통이다 －－ 그렇다 －－ 매우 그렇다

2. 당신의 리더(팔로워)는 당신의 직무상 어려움과 요구를 잘 이해하고 있습니까?

　　전혀 그렇지 않다 －－ 그렇지 않다 －－ 보통이다 －－ 그렇다 －－ 매우 그렇다

3. 당신의 리더(팔로워)는 당신의 잠재력을 얼마나 잘 알고 있습니까?

　　전혀 그렇지 않다 －－ 그렇지 않다 －－ 보통이다 －－ 그렇다 －－ 매우 그렇다

4. 리더(팔로워)의 공식적인 권한에 관계없이, 리더(팔로워)가 당신의 업무에서 발생한 문제를 해결하는 데 그들의 권한을 사용할 가능성을 어느 정도 된다고 생각하십니까?

　　전혀 그렇지 않다 －－ 그렇지 않다 －－ 보통이다 －－ 그렇다 －－ 매우 그렇다

5. 당신의 리더(팔로워)가 가진 공식적인 권한의 크기와 상관없이, 리더(팔로워)가 자신을 희생하여 당신을 구제할 가능성은 얼마나 됩니까?

　　전혀 그렇지 않다 －－ 그렇지 않다 －－ 보통이다 －－ 그렇다 －－ 매우 그렇다

6. 나는 리더(팔로워)가 부재한 경우에도, 리더(팔로워)의 결정을 옹호하고 정당화할 만큼 충분한 확신을 갖고 있다.

　　전혀 그렇지 않다 －－ 그렇지 않다 －－ 보통이다 －－ 그렇다 －－ 매우 그렇다

7. 리더(팔로워)와의 업무 관계를 어떻게 설명하겠습니까?

매우 비효율적임 －－ 평균보다 낮음 －－ 평균 정도 －－ 평균보다 높음 －－ 매우 효과적임

출처: 'Graen, G. B., & Uhl-Bien, M. (1995). Relationship-based approach to leadership: Development of leader-member exchange (LMX) theory of leadership over 25 years: Applying a multi-level multi-domain approach. *Leadership Quarterly, 6*(2), 219-247.'를 이 책에 맞게 번역하였음.

〈원문〉

Please indicate the degree to which each item below is true for you, by circling one of the responses.

1. Do you know where you stand with your leader(follower)… do you usually know how satisfied your leader is with what you do?

    Rarely −− Occasionally −− Sometimes −− Fairly often −− Very often

2. How well does your leader(follower) understand your job problems and needs?

    Not a bit −− A little −− A fair amount −− Quite a bit −− A great deal

3. How well does your leader(follower) recognize your potential?

    Not at all −− A little −− Moderately −− Mostly −− Fully

4. Regardless of how much formal authority your leader(follower) has built into his/her position, what are the chances that your leader(follower) would use his/her power to help you solve problems in your work?

    None −− Small −− Moderate −− High −− Very high

5. Again, regardless of the amount of formal authority your leader(follower) has, what are the chances that he/she would "bail you out" at his/her expense?

    None −− Small −− Moderate −− High −− Very high

6. I have enough confidence in my leader(follower) that I would defend and justify his/her decision if he/she were not present to do so.

    Strongly disagree −− Disagree −− Neutral −− Agree −− Strongly agree

7. How would you characterize your working relationship with your leader(follower)?

| Extremely ineffective | −− | Worse than average | −− | Average | −− | Better than average | −− | Extremely effective |

출처: Graen, G. B., & Uhl−Bien, M. (1995). Relationship−based approach to leadership: Development of leader−member exchange (LMX) theory of leadership over 25 years: Applying a multi−level multi−domain approach. *The Leadership Quarterly, 6*(2), 219−247.

<부록 2-5> Principal's Transformational Leadership Questionnaire(PTLQ)

Key: 5 = 항상 그렇다, 4 = 자주 그렇다, 3 = 보통이다, 2 = 거의 그렇지 않다, 1 = 전혀 그렇지 않다

학교장의 행동특성(우리 학교 교장은…)					
1. 교사들을 동등하게 대우한다.	5	4	3	2	1
2. 교사들의 능력개발을 위해 힘쓴다.	5	4	3	2	1
3. 교사들에게 권한을 위임한다.	5	4	3	2	1
4. 교사들의 의견을 존중한다.	5	4	3	2	1
5. 교사들을 신뢰한다.	5	4	3	2	1
6. 성공과 성취의 상징이다.	5	4	3	2	1
7. 교사들이 따라야 할 모델이다.	5	4	3	2	1
8. 언행이 일치한다.	5	4	3	2	1
9. 사심 없이 의사결정을 한다.	5	4	3	2	1
10. 직무수행에 헌신적이다.	5	4	3	2	1
11. 문제의식을 가지고 교육현장을 본다.	5	4	3	2	1
12. 미래지향적인 목표를 추구한다.	5	4	3	2	1
13. 교사들에게 도전적인 과업을 부과한다.	5	4	3	2	1
14. 창의적인 사고와 발상을 한다.	5	4	3	2	1
15. 수업방법을 활용하도록 한다.	5	4	3	2	1

출처: 노종희(1996). 학교행정가의 변혁지향적 리더십의 진단 및 육성방안 연구. 교육행정학연구, 14(3), 265-284.

<부록 2-6> 학교장의 감성지도성 진단척도

Key: 5=확실히 그렇다, 4=비교적 그렇다, 3=보통이다, 2=별로 그렇지 않다, 1=전혀 그렇지 않다

학교장의 행동특성					
1. 추구하려는 가치나 목표가 분명하다.	5	4	3	2	1
2. 평소에 밝게 행동하려고 한다.	5	4	3	2	1
3. 자신의 장점과 약점을 잘 알고 있다.	5	4	3	2	1
4. 새로운 접근을 위한 계속적인 학습과 자기계발에 관심을 갖는다.	5	4	3	2	1
5. 바람직한 의사결정을 내릴 수 있다는 자신이 있다.	5	4	3	2	1
6. 자신의 가치나 능력에 대해 긍정적으로 생각한다.	5	4	3	2	1
7. 다른 사람에게 확신에 찬 인상을 심어 주는 편이다.	5	4	3	2	1
8. 여러 사람으로부터 참신한 아이디어를 찾아낸다.	5	4	3	2	1
9. 문제의 본질적인 해결책을 찾으려고 노력한다.	5	4	3	2	1
10. 문제 해결을 위해 먼저 새로운 해결방법을 찾으려고 한다.	5	4	3	2	1
11. 자신의 목표를 성취하기 위해 노력하는 결과 지향적이다.	5	4	3	2	1
12. 일에 추진력이 있다.	5	4	3	2	1
13. 자신의 성과를 개선하기 위한 방법을 학습한다.	5	4	3	2	1
14. 더 큰 학교 목표를 충족하기 위해 개인적인 희생을 감수한다.	5	4	3	2	1
15. 학교 조직의 사명을 달성하기 위해서 여러 가지 기회를 적극적으로 모색한다.	5	4	3	2	1
16. 학교 조직이 구체적인 목표를 달성하기 위해 헌신한다.	5	4	3	2	1
17. 요구되거나 기대되는 일 이상의 목표를 추구한다.	5	4	3	2	1
18. 색다르고 모험적인 노력으로 다른 사람들을 움직인다.	5	4	3	2	1
19. 항상 새로운 일에 도전한다.	5	4	3	2	1
20. 다른 사람의 요구와 감정에 맞게 도와주려고 한다.	5	4	3	2	1
21. 다른 사람의 입장을 내 자신의 입장처럼 공감하는 편이다.	5	4	3	2	1
22. 다른 사람의 어려운 처지를 도와주려고 노력한다.	5	4	3	2	1
23. 다른 사람의 말에 귀 기울이고, 상대방의 요구를 충족시켜 주기 위해 노력한다.	5	4	3	2	1
24. 다른 사람의 장점이나 성취 그리고 발전 등을 인정해 주고 그것에 대한 보상을 해 준다.	5	4	3	2	1
25. 학교에서 편견이나 편협함을 해결하기 위해 노력한다.	5	4	3	2	1

26.	학교에서 구성원의 다양성을 존중하고 가치 있게 여긴다.	5	4	3	2	1
27.	무엇인가를 발표할 때 청중에게 잘 어필하는 편이다.	5	4	3	2	1
28.	자신의 메시지를 전달할 때에는 감정적인 단서를 효과적으로 사용한다.	5	4	3	2	1
29.	잘 듣고, 상호 이해를 추구하며, 충분하게 정보를 공유하는 것을 좋아한다.	5	4	3	2	1
30.	학교의 비전과 사명을 교직원, 학부모, 학생, 그리고 지역사회에 효과적으로 알린다.	5	4	3	2	1
31.	조직 내의 공유하는 비전이나 임무를 성취하기 위한 열정을 자극하고 분명히 전달한다.	5	4	3	2	1
32.	다른 사람이 책임감을 가지고 성취를 이룰 수 있도록 안내한다.	5	4	3	2	1
33.	다른 사람으로 하여금 더 높은 수준의 직무수행을 하도록 격려하는 가치나 신념 그리고 태도를 보여 준다.	5	4	3	2	1
34.	학교 변화를 위해서 불필요한 장애 요인을 없앤다.	5	4	3	2	1
35.	변화를 옹호하고, 다른 사람이 변화를 추구하는 데 참여한다.	5	4	3	2	1
36.	다른 사람이 기대하고 있는 변화의 모델이 된다.	5	4	3	2	1
37.	조직 갈등들을 찾아내고 서로의 입장을 이해할 수 있도록 도와준다.	5	4	3	2	1
38.	상호간에 이익을 얻을 수 있는 관계를 찾아낸다.	5	4	3	2	1
39.	조직 구성원들 간의 토론이나 토의를 장려한다.	5	4	3	2	1
40.	다른 사람과의 친근한 래포를 형성하고 있다.	5	4	3	2	1
41.	동료와 개인적인 친교를 만들고 유지하고 있다.	5	4	3	2	1
42.	교사들과 대화를 하는 것을 즐겁게 생각한다.	5	4	3	2	1
43.	계획, 정보, 자원을 공유하는 데 협력한다.	5	4	3	2	1
44.	친밀하고 협력적인 풍토를 만들기 위해 노력한다.	5	4	3	2	1
45.	동료 교사를 믿고 편하게 상의하고 함께 일을 한다.	5	4	3	2	1
46.	모든 구성원이 적극적이고 활동적으로 참여하도록 유도한다.	5	4	3	2	1
47.	팀의 정체성, 가치, 헌신을 강조하여 동료의식을 형성한다.	5	4	3	2	1
48.	학생과 교직원을 가치 있게 생각하고, 함께 하는 것을 보람 있게 여긴다.	5	4	3	2	1

출처: 이석열(2006). 교장의 감성리더십 진단척도 개발. 교육행정학연구, 24(3), 51−78.

\<부록 2-7\> 분산적 리더십 진단도구-학교 조직을 중심으로

※ 학교 상황

번호	질문 내용 우리 학교는…	전혀 그렇지 않다	그렇지 않다	보통 이다	그렇다	매우 그렇다
1	학교비전과 목표가 공유되고 있다.					
2	변화를 위해 새로운 학교의 교육정책을 제시한다.					
3	학기 초부터 교육목표를 설정해서 제시한다.					
4	교사들과의 의사결정에서 파트너십을 강조한다.					
5	교사 상호간에 자유롭게 의견교환이 이루어진다.					
6	각 부서(학년) 간의 업무 활동이 유기적으로 이루어진다.					
7	반대 의견도 존중한다.					
8	교사들이 학교에 대한 소속감과 자부심을 가진다.					
9	근무하기에 최적의 환경이다.					
10	창의적이고 혁신적인 조직이다.					
11	학교의 중요한 지표는 행정부서(학년) 간의 결속력이다.					
12	교무행정 조직만을 운영한다.					
13	직위에 따른 차별이 심하다.					
14	교무행정 조직에 의해서만 업무를 결정한다.					
15	업무분장을 중심으로 학교가 운영된다.					

※ 학교장

번호	질문 내용 우리 학교 교장선생님은…	전혀 그렇지 않다	그렇지 않다	보통 이다	그렇다	매우 그렇다
1	교사들에게 책임 있는 업무 수행을 요구한다.					
2	교사들에게 책임을 위임한다.					
3	교사들의 높은 업무 수행을 요구한다.					
4	교사들의 잘 못한 일을 들추어내기보다는 잘한 일을 찾아내려고 한다.					
5	자율적인 교수–학습 방법을 부여한다.					
6	교사들에게 자율적인 교육과정 운영권을 부여한다.					

7	교사들의 능동적 참여와 의견제시를 인정하고 지원한다.					
8	교무행정 조직의 지도자(부장교사)들만을 신뢰한다.					
9	교무행정 조직의 지도자(부장교사)들만의 능력을 인정한다.					
10	교무행정 조직 이외의 지도자(연구회, 동문회, 동호회 등)들을 신뢰한다.					
11	비공식적 책임과 권한 위임을 통해 업무를 수행한다.					
12	교사들의 업무 수행을 확인 · 점검한다.					
13	교사들의 지도자들과 공동업무를 수행한다.					
14	팀워크를 활용하여 업무를 수행한다.					
15	각 부서 간에 긴밀한 협력을 취할 수 있도록 수시로 협의회를 개최한다.					

※ 교사

번호	질문 내용 나는…	전혀 그렇지 않다	그렇지 않다	보통 이다	그렇다	매우 그렇다
1	스스로가 학교의 공동 지도자란 인식을 가진다.					
2	학교의 공동 지도자로서 새로운 비전과 목표를 제시한다.					
3	새로운 업무처리 방식을 제시하고 실행한다.					
4	학교에 창의적인 교육 프로그램 아이디어를 제시한다.					
5	업무에 관한 결과물에 대해 분명한 책임을 진다.					
6	우리 학교에서 공식적인 책임을 가진다.					
7	업무 결과를 평가하여 다음 업무에 반영한다.					
8	능력과 책임소재 하에 있다고 생각되는 업무를 수행한다.					
9	학교 비전과 목표에 영향을 준다.					
10	교무행정 조직의 지도자(부장교사)들만을 신뢰한다.					
11	학교 운영에 비공식적인 영향을 행사하고 있다.					
12	교무행정 조직에서 결정권이 있다.					

13	교무행정 조직이외에서 결정권이 있다.					
14	학교의 교무행정 조직에서 권한이 있다.					
15	학교의 교무행정 조직이외에서 권한이 있다.					

※ 교사의 상호작용

번호	질문 내용 우리 학교의 교사들은…	전혀 그렇지 않다	그렇지 않다	보통 이다	그렇다	매우 그렇다
1	업무에 관련된 자료를 상호 공유한다.					
2	동료 교사들 간 의견을 존중한다.					
3	동료 교사와 협력을 잘한다.					
4	학교 교육 활동과 업무에 관하여 동료 교사의 도움을 쉽게 받을 수 있다.					
5	수업평가를 통해 자기계발 기회에 활용한다.					
6	교과연구회 활동을 한다.					
7	다양하고 새로운 교수방법을 적용한다.					
8	자기 발전을 위한 기회가 많다.					
9	다른 교사의 업무에 관심이 없다.					
10	다른 부서에서 계획, 변화가 추진되고 있는지 모른다.					
11	동료 교사나 다른 사람에게 관심을 갖지 않고 자신의 일을 한다.					
12	특정 분야에 자신이 전문가이면 해당 담당자가 있을 지라도 업무를 수행한다.					
13	교사들의 개인 비전과 목표를 공유한다.					
14	학교 비전과 목표 달성을 위해 자발적으로 참여한다.					
15	개인적인 사정이나 어려움에 대해 서로 도와준다.					

출처: 문성윤(2013). 분산적 리더십 진단 도구 개발 연구: 학교조직을 중심으로. 교육행정학연구,
31(1), 159-181.

교육리더십의 양면성[*]

교육리더십은 긍정적 측면과 부정적 측면이 공존한다. 교육리더십 현상을 보다 객관적으로 분석하고 설명하기 위해서는 이 두 가지 측면을 균형 있게 확인해야 한다. 제3장 '교육리더십의 양면성'에서는 교육리더십의 긍정적 측면과 부정적 측면을 정리하였다. 긍정적 측면은 성공을 예측하게 하는 역량의 개념을 토대로 설명하고, 부정적 측면은 역량의 반대 개념인 어두운 면(dark side)으로 설명하였다.

---

[*] 제3장은 '주현준(2007). 학교장 리더십 역량의 상대적 중요도 분석. 교육행정학연구, 25(3), 85-105.' '주현준(2012). 학교장 역량의 명과 암. 한국교육행정학회 소식지 112호. 한국교육행정학회.' '주현준(2014). 학교장의 부정적 리더십 연구에 관한 탐색적 고찰. 한국교원교육연구, 31(2), 29-52.'를 참고하여 작성하였음.

1 리더십의 긍정적 측면과 부정적 측면

리더십은 고대 그리스의 플라톤(Plato)부터 20세기 사회과학에 이르기까지 항상 긍정적인 것으로 인식되었다(Hogan & Kaiser, 2005; Kellerman, 2004; Padilla, Hogan, & Kaiser, 2007). 특히 리더십이 조직의 목적 달성에 영향을 주는 핵심 변인이라는 연구 결과가 지속적으로 보고되면서 리더십의 긍정적 측면이 더욱 부각되었다. 그러나 리더십을 항상 좋은 의미로 단정 짓는 것은 바람직하지 않다(Kellerman, 2004: 12). 그 이유는 현실 속에서 다수의 사람이 부정적인 리더십을 자주 경험하기 때문이다. 여기서는 우수한 성과를 예측하게 하는 역량(competency)과 역효과를 초래하는 어두운 면(dark side)을 토대로 리더십의 양면성을 소개한다.

1) 리더십의 긍정적 측면

제1장에서 소개한 바와 같이, 교육리더십은 교육행정과 교육경영(관리)이 가진 한계를 넘어서는 대안으로 관심을 받았다. 행정과 경영(관리)이 다소 진부하고 부정적인 의미로 비춰진 반면, 리더십은 세련되고 긍정적인 것으로 인식된 것이다. 이러한 분위기에서 초기연구자들은 교육리더십을 모든 문제를 해결할 수 있는 만병통치약처럼 호도하였고, 교육리더십이 항상 성공적인 결과를 가져올 것이라는 강한 기대감을 갖게 만들었다. 여기서 성공적인 결과란 교육리더십 개념의 구성요소 중 하나인 목적 달성을 의미한다. 즉, 교육리더십이 학생의 학업성취도 향상, 교원의 직무만족도와 사기 증진, 학교의 교육목표 달성, 지역이나 국가의 교육비전 실현 등에 효과적으로 작용한다는 것이다.

선행연구의 결과에 따르면, 교육리더십은 성공적으로 목적을 달성하는 데 기여하는 핵심 변인이다. 이는 성공을 예측하는 요인인 역량의 개념과 일맥상통한다. 잘 알려진 바와 같이, 역량은 높은 성과를 달성하는 사람과 낮은 성과 또는 평균적인 성과에 머무르는 사람을 구별해 준다(McClelland & Boyatzis, 1982). 높은 성과를 달성하는 사람들이 공통적으로 가진 역량은 성공을 예측하게 하는 요인으로 선발, 배치, 교육 훈련, 평가, 승진 등 인사행정 전반에 활용되고 있다. 또한, 오늘날 역량의 개념은 교육행정학을 포함한 교육학 전반에서 널리 사용되고 있다. 교육리더십 연구에서는 효과적이고, 성공적이며, 우수한 교육리더십에 주목하여 교장을 비롯한 교감, 부장교사, 수석교사 등 다양한 대상으로 역량 연구를 확대하고 있다. 여기서는 최근까지 교육리더십 연구에서 주목받고 있는 역량의 개념을 간략하게 살펴본다.

역량의 개념은 McClelland(1973)에 의해 본격적으로 논의되었다. McClelland(1973)는 인사관리에 있어서 대학 학점, 지능검사 결과, 자격증 등에 의존했던 기존 채용 기준의 효능을 비판하면서 상급자, 동료, 고객으로부터 높은 성과를 달성하였다고 평가받는 사람들과 평균적인 성과를 달성하였다고 평가받는 사람들 간의 차이점에 관심을 두었다. 이에 높은 성과를 달성한 사람들의 사고와 행동방식을 분석하여 우수한 성과를 창출할 수 있는 사람을 찾아내는 방법을 제시하였는데 이것이 역량의 기원이 되었다. 그 이후 Boyatzis(1982)는 미국 내 12개 조직, 41개 직무에 종사하는 약 1,800명의 우수한 관리자를 대상으로 역량을 분석하고 그 결과를 모델로 제시하면서 역량모델이 본격화되었다. 1990년대에 접어들어, Spencer와 Spencer(1993)는 역량의 구성요인으로 내적 특성과 인과 관계, 준거 기준 등을 제시하면서 역량의 예측 가능성을 높였다. 이러한 역량연구는 신규 채용, 선발, 배치, 교육 훈련, 평가, 승진 등 인사관리 전반에 활용되고 있다.

21세기에는 교육 분야에서도 역량의 개념이 본격적으로 활용되고 있다. OECD는 경제 성장에도 불구하고 여전히 사회적 불평등이 증가하고 있는 21세기의 현실에서 교육의 역할을 중요하게 인식하였다. 그리고 각국의 교육과정 및 교과목을 기준으로 하는 국제학업성취도평가(Programme for International Student Assessment: PISA)와 같은 기존 평가 결과가 개인의 성공적인 삶과 사회적 순기능을 예측하는 데 도움을 주지 못한다는 사실을 발견하였다. 따라서 읽기, 쓰기, 컴퓨터 활용 기술 이상의 핵심역량을 정의할 필요가 있다고 판단하였다. 이러한 맥락에서 각국의 전문가 및 관련 집단과 함께 DeSeCo(Definition and Selection of Competencies: Theoretical and conceptual foundations) 프로젝트를 시작하였고, 3대 범주(여러 도구를 상호작용적으로 활용하는 능력/사회적으로 이질적인 집단에서의 상호작용 능력/자율적으로 행동하는 능력)별 각각 3개의 핵심역량(언어·상징·텍스트를 상호교감하며 사용하기, 지식과 정보를 상호교감하며 사용하기, 기술을 상호교감하며 사용하기/타인과 원만한 관계 맺기, 팀으로 일하며 협력하기, 갈등관리 및 해결하기/전체적인 조망 속에서 행동하기, 생애계획을 세우고 실천하기, 권리·이익·한계·요구를 주장하고 지키기)을 제시하였다(Rychen & Salganik, 2003). 그 이후 OECD는 Education 2030 프로젝트를 통해 DeSeCo를 현재화하고 미래 지향적인 교육과정 개혁의 토대를 마련하기 위한 새로운 시도를 추진하였으며, 이에 대한 다각적인 국제 협력을 모색하고 있다.

한편, 국내에서도 역량개념을 교육에 적극 도입하였다. 2009 개정 교육과정부터 역량의 중요성을 강조하였으며, 2015 개정 교육과정에 처음으로 역량개념을 도입하였다. 2015 개정 교육과정에서는 6개의 핵심역량(자기관리 역량, 지식정보처리 역량, 창의적 사고 역량, 심미적 감성 역량, 의사소통 역량, 공동체 역량)과 교과의 특성을 반영한 교과 역량을 도입하였으며, 교과 교육과정을 핵심역량 중심으로 재구조화하는 변화를 시도하였다(교육부, 2015). 교육행정 분야에서도 교장을 비롯한 교직원의 역량을 도출하고 이를 연수, 평가 등 다양한 교육인사행정에 활용하고 있다. 특히 교원의 교육리더십 개발을 위한 각종 연수 프로그램은 핵심역량을 기반으로 설계되고 운영된다.

2) 리더십의 부정적 측면

리더십은 긍정적 측면이 실제보다 과장되면서 상대적으로 부정적 측면이 간과되었다. 그러나 현실에서 다수의 사람들이 부정적인 리더십을 자주 경험하게 되면서 점차 리더십의 이면에 관심을 갖게 되었다. 연구 결과에 따르면, 조직 내 구성원이 좋은 리더보다 나쁜 리더를 경험하는 비율이 약 7배 정도 높고, 피고용자들의 65~75%는 직장 내 최악의 근무조건으로 직속상관과 관리자를 지목하였다(Bentz, 1985; DeVries & Kaiser, 2003; Dotlich & Cairo, 2003). 이는 대부분의 조직에서 부정적 리더십이 존재한다는 사실을 뒷받침한다(Aasland, Skogstad, Notelaers,

Nielsen, & Einarsen, 2010; Lubit, 2004).

국외 연구자들은 리더십의 부정적인 측면을 비열한 폭군(Ashforth, 1994), 허구의 거래적 리더십(Bass, 1998), 사유화된 카리스마(O'Connor, Mumford, Clifton, Gessner, & Connelly, 1995), 독성의 리더십(Lipman-Blumen, 2005), 파괴적 리더십(Einarsen, Aasland, & Skogstad, 2007), 난폭한 감독(Tepper, 2000), 전략적 괴롭힘(Ferris, Zinko, Brouer, Buckley, & Harvey, 2007), 비인격적 감독(박오수, 고동운, 2009), 리더십 탈락(임창현, 이희수, 2010), 모욕적 행동(손승연, 박희태, 이수진, 윤석화, 2009) 등으로 다양하게 묘사하였다. Kellerman(2004)은 이러한 리더십의 부정적 측면을 종합하여 나쁜 리더십(bad leadership)으로 명명하고, 그 개념을 〈표 3-1〉과 같이 정리하였다.

〈표 3-1〉 나쁜 리더십의 개념

용어	개념
무능(incompetent)	조직의 목표 달성에 필요한 핵심적인 요소를 갖추지 못하고 있는 것으로 긍정적인 변화를 어렵게 만든다.
융통성 없는(rigid)	자신의 생각을 지나치게 고집하는 것으로 양보하지 않는다.
무절제한(intemperate)	자신을 통제하지 못하고 다른 사람에게 도움을 받는다.
냉담한(callous)	구성원을 돌보지 않고 친절하게 대하지도 않는다.
타락한(corrupt)	공공의 이익보다 자신의 이익을 위해 조직의 규범을 쉽게 어긴다.
편협한(insular)	자신에게 호의적이거나 자신이 좋아하는 일부 사람 또는 집단을 편애한다.
사악한(evil)	구성원에게 신체적·정신적으로 피해를 입힌다.

출처: Kellerman(2004)을 이 책에 맞게 수정하였음.

부정적인 리더십은 경제적·비경제적 손실을 초래한다(Einarsen et al., 2007; Ferris et al., 2007; Harris, Kacmar, & Zivnuska, 2007; Harvey, Stoner, Hochwarter, & Kacmar, 2007; Hogan & Hogan, 2001). 비경제적 손실에는 1차적으로 구성원에게 발생하는 정신적·신체적 질병과 2차적으로 구성원의 가족에게 초래되는 피해가 있다. 그리고 구성원의 이탈(derailment) 행위를 유발하기도 한다. 이러한 비경제적 손실에 대한 비용과 성과 달성 실패에 따른 비용이 더해지면서 결국 부정적인 리더십은 경제적 손실을 초래하게 된다. Hogan과 Hogan(2001)이 추산한 경제적 손실은 무려 1인당 100만 달러 이상인 것으로 나타났다. 즉, 나쁜 리더십은 구성원에게 정신적·신체적 피해를 주고, 결국 목표 달성에 역효과를 가져온다.

3) 종합

모든 리더십에는 좋은 면과 나쁜 면이 있다. 그런데 좋은 리더십이 항상 성과로 이어지는 것은 아니며, 때로는 나쁜 리더십이 성과를 내기도 한다. [그림 3-1]과 같이 리더십은 그 과정과 결과를 기준으로 네 가지 유형으로 구별할 수 있다. I영역은 리더십을 발휘하는 과정에서 바람직한 행위, 태도, 능력 등으로 영향력을 주고, 그 결과 성공적으로 목적을 달성한 경우이다. IV영역은 리더십을 발휘하는 과정에서 바람직하지 않은 태도, 행위, 능력을 사용한 경우이다. 이 경우 목표 달성에는 성공하였지만, 구성원에게 육체적·정신적 피해를 줄 가능성이 있다. III영역은 리더십의 과정과 결과 모두 부정적인 경우이다. II영역은 바람직한 과정을 거쳤지만, 결과적으로 목표 달성에 실패한 경우이다.

한편, 긍정적인 방법이지만 실패한 결과를 초래한 II유형과 부정적인 방법으로 성공한 결과를 만든 IV유형을 좋은 리더십과 나쁜 리더십 중 어느 영역으로 분류해야 하는지 판단하기는 어렵다. 이는 일종의 윤리적 딜레마 상황과 유사한 것으로 결과주의 이론과 원칙주의 이론이 결합된 행태로 설명될 수 있다. 전자인 결과주의는 결과의 측면에서 행위의 옳고 그름을 판단하는 공리주의적 입장을 취하는 반면, 후자인 원칙주의는 결과와는 무관하게 행위 자체의 옳고 그름을 판단하는 보편직 도덕률을 강조한다(Strike & Soltis, 2009).

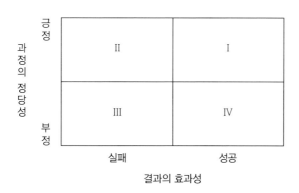

[그림 3-1] 과정과 결과에 따른 리더십 유형

출처: 주현준(2016: 225).

2 교육리더십의 연구 사례

전통적으로 교육리더십 연구는 설문조사를 기반으로 한 통계 분석을 비롯하여 사례연구, 문헌 분석이 주를 이룬다. 다수의 연구가 교육리더십의 긍정적 측면에 초점을 두고 성공적, 효과적, 우수한 리더십(김이경, 김도기, 김갑성, 2008; 박영호, 2012; 이정열, 2007; 조경원, 서경혜, 조정아, 이지은, 한유경, 2006; 주현준, 2007; Day, 2005; Erickson, 1967; Gurr, Drysdale, & Mulford, 2005; Hallinger & Heck, 1996, 1998, 2011; Heck & Hallinger, 2009, 2010; Leithwood & Riehl, 2003; Leithwood, Day, Sammons, Harris, & Hopkins, 2006; Leithwood, Louis, Anderson, & Wahlsttom, 2004; Leithwood et al., 2010; Witziers, Bosker, & Krager, 2003)을 보고하였다. 그러나 최근에는 교육리더십의 부정적 측면에 관한 연구가 나타나고 있다.

1) 교육리더십 연구 사례: 긍정적 측면

(1) 국외 연구 사례

① Gurr, Drysdale과 Mulford의 연구

Gurr 등(2005)은 '성공적인 교장의 국제비교(International Successful School Principalship Project: ISSPP)'[1] 프로젝트의 일환으로 호주 교장의 사례를 연구하였다. 이 연구에서는 태즈메이니아 지역과 빅토리아 지역의 학교 가운데 각 5개교와 9개교를 연구 대상으로 하였다. 연구 대상은 학교 평판도, 구성원의 교장 인정, 학생 학업성취도 결과를 기준으로 선정하였다. 그 밖에 학생 출석률, 취업률, 학부모 및 교직원 의견 등과 지역, 규모, 사회·경제적 배경 등을 종합적으로 고려하였다. 그리고 연구 대상 학교의 교장, 학교운영위원회, 교사, 학생, 학부모 등을 대상으로 심층면담을 실시하였다. 연구 결과, 2개 지역의 우수한 교장리더십 사례는 유사한 결과가 도출되었다. 태즈메이니아 지역 사례에서는 교장의 교육적 신념, 가치 인식, 정직, 열정, 헌신 등이 확인되었다. 또한, 우수한 교장은 구성원들의 개인적 성장을 지원하고, 학교의 조직역량을 구축하며, 비전 공유, 증거 기반 성과

---

1 8개국(호주, 캐나다, 중국, 덴마크, 영국, 노르웨이, 스웨덴, 미국)의 성공적인 교장 사례를 비교 분석한 프로젝트임. 자세한 내용은 Gurr 등(2005)을 참고할 것.

모니터링, 평가, 성찰, 혁신 추구 등의 리더십 행동을 보였다. 빅토리아 지역 사례에서는 교장의 교육적 신념과 가치, 공헌, 열정, 구성원 존중 등의 특성이 확인되었고, 맥락과 상황에 대한 이해와 교수–학습에 적절한 개입, 학교 조직역량 구축 등이 나타났다.

② Leithwood의 연구

Leithwood(2021)는 통계 분석을 사용한 실증연구 63편을 종합적으로 검토하여 성공적인 교장리더십의 전형을 다음과 같이 5개 영역으로 제시하였다. 첫째, 분명한 방향을 설정한다. 성공적인 교장은 설정된 비전을 구성원과 공유하고, 다양한 목표를 명확하게 설정함으로써 높은 성과기대를 만들어 낸다. 둘째, 구성원과의 관계 형성 및 성장을 도모한다. 우수한 교장은 구성원의 성장 의지를 자극하고, 개인적으로 배려하며, 가치 모델을 만들고, 신뢰 관계를 만들었다. 셋째, 조직을 디자인한다. 성공적인 교장은 협력적인 조직 문화와 구조를 형성하고, 생산적인 관계를 구축하였다. 넷째, 수업의 질 향상을 도모한다. 우수한 교장은 수업을 지원하고, 성과를 모니터링하며, 구성원의 스트레스를 최소화하였다. 다섯째, 책무성 기반의 도전과 기회를 제공한다. 우수한 교장은 대내적으로는 구성원의 책무성에 대한 인식을 제고시키고, 대외적으로는 책무성 요구에 적극 대응한다. 이러한 연구 결과는 관련 선행연구인 Leithwood와 Riehl(2003)과 Leithwood, Harris와 Hopkins(2008) 등의 연구 결과와 일치한다.

<표 3-2> 국외 연구 사례

구분	Gurr 등(2005)	Leithwood(2021)
연구 대상	(호주) 초·중등학교 교장	(전 세계) 선행연구 결과
연구 방법	문헌 분석/심층면담	문헌 분석
연구 결과	2개 지역 전형성 도출	5가지 영역 전형성 도출

(2) 국내 연구 사례
① 김이경, 김도기, 김갑성의 연구

김이경 등(2008)은 선행연구 고찰을 통해 우수한 교장의 개념과 분석틀을 정리하고, 우수한 교장의 리더십 행위 및 학교 조직의 특성, 인성 및 사고 특성, 리더십 형성 과정 등을 분석하였다. 이 연구에서 우수한 교장은 16개 시·도교육청 인사 담당자의 추천으로 초·중등학교 교장 45명을 선정하였으며, 면담이 가능한 39명을 대상으로 심층면담을 실시하였다. 면담내용을 정리하는 과정에서 최종 15명을 분석한 결과, 우수한 교장은 의사결정 방식(수용, 조장, 위임), 과업 추진 방식(먼저 행동하기, 공평하게 업무 배분하기, 동참하기, 인간적 유대 구축하기, 칭찬하기, 관심 표현하기, 완전히 믿고 맡기기, 공정하게 보상하기), 갈등 해결 방식(긍정적 갈등관, 설득하기, 이해하기, 다수결로 정하기) 등의 특성이 나타났다. 또한, 부임한 학교의 특성에 부합하는 과업 추진과 인성(인내심, 도덕성, 타인에 대한 배려) 및 사고(확고한 경영관)의 특성을 보였다.

② 박영호의 연구

　박영호(2012)는 교장의 리더십 역량을 규명하고 역량모델을 개발하였다. 이 연구에서는 우수한 직무수행을 하는 교장을 면접 대상으로 선정하기 위해 8명의 학교장과 16개 시·도교육청 내 32명의 중등장학관을 대상으로 델파이 조사를 실시하였다. 1차 델파이 조사에서 추천받은 교장 20명을 대상으로 행동사건면접을 실시하고, 예비조사(우수 교장 90명/교사 174명)와 본조사(우수 교장 118명/일반 교장 461명)를 실시하였다. 이러한 연구 과정을 통해 교장리더십 역량모델을 도출하였다. 최종적으로 5개 역량군과 24개 하위 역량으로 구성된 역량모델을 제시하였다. 첫째, 성장지원 역량군은 수업능력향상 지원, 학생 잠재력 실현 지원, 관계 형성, 구성원 성장지원의 하위 역량을 포함한다. 둘째, 성취 및 질 관리 역량군은 성취 지향성, 질 관리, 주도성을 포함한다. 셋째, 소통 및 문화형성 역량군은 구성원의 이해, 의사소통, 갈등관리, 의사결정, 조직인식, 조직풍토조성, 비전 제시로 구성되고, 넷째, 학교경영 역량군은 교육과정 운영, 재정시설 지원, 지역사회 협력을 포함한다. 다섯째, 성찰 및 자기관리 역량군은 전문성 발휘, 분석적 사고, 도덕성, 자기조절, 유연성, 자기 확신, 사명감의 하위 역량으로 구성된다.

<표 3-3> 국내 연구 사례

구분	김이경 등(2008)	박영호(2012)
연구 대상	(전국) 초·중등학교 교장	(전국) 초·중등학교 교장
표집 방법	시·도교육청 추천	시·도교육청 델파이 조사
자료 수집 방법	심층면담	행동사건면접/설문조사
자료 분석 방법	내용분석	상관관계
연구 결과	의사결정 방식, 과업 추진 방식, 갈등 해결 방식/인성 및 사고 분류	5개 역량군/24개 하위 역량

2) 교육리더십 연구 사례: 부정적 측면

교육리더십의 부정적 측면은 주로 교장을 연구 대상으로 하였다. 미국과 캐나다 교장을 연구한 Blase와 Blase(2002)를 시작으로 남아프리카 사례연구(De Wet, 2010, 2011, 2014)와 호주 사례연구(Riley, Duncan, & Edwards, 2011) 등으로 이어지고 있다. 국내 연구에서도 주로 교장을 연구 대상으로 하였다. 예를 들어, 변혁적 리더십과 대비되는 거래적 리더십(권기남, 민하영, 2009; 권동택, 2007), 교장과 교사 간 미시정치적 관계(안우환, 권민석, 신재한, 2006; 이낙종, 2002), 학교장의 강제적 권력(김은영, 장덕호, 2012), 교장의 불공정 행위(김도기, 정성수, 김갑성, 주현준, 2012), 교장의 교사에 대한 체면 손상 행동(정은선, 양성관, 정바울, 2013), 교장리더십의 어두운 면(주현준, 2014) 등에서 부정적 측면이 분석되었다.

(1) 국외 연구 사례
① Blase와 Blase의 연구

Blase와 Blase(2002)는 교사가 인식한 교장의 잘못된 처사를 리더십의 어두운 면으로 간주하였다. 눈덩이 표집을 사용하여 미국과 캐나다의 현직 교사 50명을 주 제보자로 선정하였는데 제보자 선정은 부정적인 교장의 행동을 최소 6개월에서 9개월 이상 직접 경험한 사례로 제한을 두었다. 전화 면담 방식을 주로 사용하였고, 필요한 경우 관련 자료(회의록 등)를 추가로 확보하였다. 분석 결과, 교장 리더십의 어두운 면은 공격성 정도에 따라 3단계로 구분되었다. 1단계는 간접적이고 보통의 공격성을 보이는 것으로 '교사의 생각, 욕구, 감정을 무시' '교사를 고립시키고 방치' '교사에게 필요한 자원을 회수, 결재 거부, 전문성 개발 기회 박탈' '편애' '공격적 행동' 등으로 나타났다. 2단계는 직접적이고 강도가 높은 공격성으로 '몰래 감시' '업무 수행 방해' '수업 지원 방해' '비합리적 지시' '비난' 등이 해당된다. 마지막 3단계는 직접적이고 매우 심각한 공격성으로 '거짓말' '위협' '폭력적 행동' '부당한 질책' '불공정한 평가' '이직 강요' '전보 및 승진 방해' '성추행' '인종차별' 등으로 나타났다. 또한, 학교장의 어두운 면이 교사에게 미치는 역효과의 결과를 제시하였다. 역효과는 강도에 따라 초기에 나타나는 심리적 · 감정적 반응, 장기간 지속 시(만성적인) 발생하는 심리적 · 감정적 문제, 건강 이상이 발생하는 신체적 · 생리적 문제, 학교 조직 전체에서 나타나는 현상 그리고 이직으로 구분하였다.

② Riley, Duncan과 Edwards의 연구

Riley 등(2011)은 호주의 학교 교직원에게 발생한 괴롭힘을 밝히기 위해 괴롭힘의 실체를 규명하고 시사점을 도출하였다. 이 연구에서는 공 · 사립 초 · 중등학교 교사 중 21년 이상의 교직 경험을 가진 교사 800여 명을 대상으로 설문조사를 실시하였다. 연구 결과, 응답자 가운데 99.6%가 근무 기간 중 괴롭힘을 경험한 것으로 나타났고, 이 가운데 교장으로부터 괴롭힘을 당한 경험은 78.5%에 이르는 것으로 조사되었다. 특히 가장 집요하고 지속적인 괴롭힘을 주는 대상에 교장이 두 번째로 높은 순위를 보였다. 구체적인 괴롭힘 유형은 개인(결정된 것에 대한 문제제기, 자신의 일에 대한 비하와 평가 절하, 인격적 모독 등), 전문적 기회(인정 · 칭찬 등의 보류, 자신의 성과에 영향을 줄 수 있는 정보 차단, 의사결정 과정에서 배제 · 무시, 면대면 논의 기회의 박탈 · 무시 또는 배제, 담당 업무를 주지 않거나, 사전 협의 없이 업무 추가 등), 업무(불합리하고, 불가능하거나, 또는 기한을 맞추기가 어려운 업무부여, 감당할 수 없는 업무량, 직무기술서에 명시되지 않은 업무 등), 근무조건 및 환경(물리적인 고립, 출장 · 연수 · 승진을 위한 결재 거절, 타인을 통해 퇴직 암시, 휴가 · 병가 · 조퇴 등을 사용하지 못하도록 압력행사, 과도한 괴롭힘, 빈정거림 등)으로 나타났다. 교직원들은 이러한 어두운 면이 과거보다 증가하고 있다고 인식하였으며 정신적, 신체적 건강에 피해를 받은 사례가 4명 중 1명 비율로 나타났다.

③ De Wet의 연구

De Wet(2010)은 남아프리카 학교에서 발생하는 교장의 괴롭힘 행위에 대한 질적연구를 수행하였다. 눈덩이 표집 방식을 적용하여 10명의 교사를 제보자로 선정하고, 심층면담을 실시하였다. 수집된 정보의 내용을 분석한 결과, 교사의 생각·욕구·감정·성취 무시, 교사 지원 방임, 언어적 모욕 또는 공적 비난, 꼬리표를 붙여 비판, 고의적으로 실패하는 여건 조성, 사회적·전문적 고립 등의 어두운 면이 나타났다. 이후에도 De Wet은 두 명의 교사에 대한 심층적 내러티브 연구 (De Wet, 2011), 9명의 교사를 대상으로 한 설문조사 연구(De Wet, 2014)와 같은 후속연구를 진행하였다.

<표 3-4> 국외 연구 사례

구분	Blase와 Blase(2002)	Riley 등(2011)	De Wet(2010)
연구 대상	(미국/캐나다) 현직 교사	(호주) 현직 교직원	(남아프리카) 현직 교사
표집 방법	눈덩이 표집	단순무선표집	눈덩이 표집
자료 수집 방법	전화 면담 관련 자료	설문조사	심층면담
자료 분석 방법	내용분석	빈도분석	내용분석
연구 결과	단계(1~3단계) 분류	영역(개인, 전문성, 업무, 근무조건 및 환경) 분류	사례별 내용 분류

출처: 주현준(2014)을 이 책에 맞게 수정하였음.

(2) 국내 연구 사례

① 이낙종의 연구

이낙종(2002)은 교장의 리더십 행동에 대한 교사들의 반응을 미시정치적 관점을 적용하여 분석하였다. 미시정치적 관점은 교장과 교사 간 상호작용을 정적인 관점보다 동적인 관점으로, 구조적 관점보다 사회정치적 관점으로 이해하고자 하는 것이다. 즉, 서로 다른 관점을 가진 개인 또는 집단 간의 인식 차이에서 발생하는 갈등 양상을 이해하고자 하였다. 이에 해당 연구는 강원도 소재의 한 초등학교에 재직 중인 교장과 23명의 교사를 대상으로 4개월 정도의 심층면담 조사를 실시하였다. 심층면담에 필요한 교육과정 운영계획, 월중 행사계획, 각종 서류 등을 검토하였으며, 추가적인 면담은 전화 면담, 이메일 등을 활용하였다. 연구 결과, 교장의 리더십 행동에 대한 교사들의 반응은 긍정적 영향을 주는 행동, 중립적(긍정과 부정에 모두 또는 어느 쪽에도 영향을 안 주는) 영향을 주는 행동, 부정적 영향을 주는 행동으로 구분되었다. '긍정적 영향을 주는 리더십 행동'은 교육 정보 및 전문지식의 제공, 교사의 전문성 강조, 자율성의 부여, 완충장치의 역할, 수업 참여, 인정과 칭찬이었다. '중립적 영향을 주는 행동'은 강의식 훈화로 나타났다. 한편, '부정적 영향을 주는 행동'은 분노의 표출과 보여 주기 위한 행사로 분석되었다. 분노의 표출은 교장의 다혈질적인 급한 성격에 관한 것으로 개인감정을 절제하지 못한 직설적인 표현으로 교사를 당황하게 만들고 나아가 혐오감과 모멸감까지 느끼게 한 것으로 나타났다. 또한, 교직원들의 민주적인 의견수렴 없이 '논문발표회'라는 독선적 행사 운영으로 교사 소외감, 교사 간 반목과 갈등이 유발된 것으로 나타났다.

② 정은선, 양성관, 정바울의 연구

정은선 등(2013)은 교장의 교사에 대한 체면 행동과 교사효능감, 전문적 학습공동체 간 관계를 분석하였다. 해당 연구는 교장의 체면 행동을 긍정적 행동(체면 세움 행동)과 부정적 행동(체면 손상 행동)으로 구분하고 각각 능력 요인과 인격 요인으로 개념을 구분하였다. 체면 손상 행동의 능력 요인은 업무 관련 능력, 업무 관련 권한 부여, 업무 결과 신뢰와 수용이다. 예컨대, 교장이 공개적인 자리에서 업무와 관련한 교사의 능력이나 지식을 무시·질책하여 체면을 상하게 하는 행동이다. 인격 요인은 언행, 인격존중, 공적 이미지 존중이다. 이는 교장이 교사를 신뢰하지 않거나 도덕성을 의심하고 공개적으로 비방하여 체면을 상하게 하는 행동이다. 이 연구에서는 서울 지역의 11개 교육지원청의 초등학교 중 각 2개교씩을 유층표집하여, 600명의 교사를 대상으로 설문조사를 실시하였다. 최종 회수된 총 579부(회수율 96.5%)를 상관관계 및 구조방정식모형으로 분석하였다. 분석 결과, 교장의 체면 세움 행동은 교사효능감, 전문적 학습공동체, 교장-교사 간 의사소통 수준과 정적 상관이 있는 것으로 나타났고, 교장의 체면 손상 행동은 교사효능감, 전문적 학습공동체, 교장-교사 간 의사소통 수준과 부적 상관이 있는 것으로 나타났다. 또한, 교사효능감은 체면 세움 행동이 의사소통 수준에 미치는 영향에 부분매개효과를 갖고, 전문적 학습공동체는 교장의 체면 손상 행동이 교장-교사 간 의사소통 수준에 미치는 영향에 조절효과를 갖는 것으로 나타났다.

③ 주현준의 연구

주현준(2014)은 현직 초·중등학교 교사 232명을 대상으로 교장에 대한 만족도와 교장으로부터의 부정적 경험에 대한 설문조사를 실시한 후, 설문조사에 참여한 교사 중 자발적으로 면담 참여 의사를 밝힌 5명을 대상으로 심층면담을 실시하였다. 또한, 면담에 참여한 5명의 교사로부터 소개받아 면담자를 점차 확대하는 눈덩이 표집방식으로 총 20명의 교사를 대상으로 심층면담을 실시하였다. 심층면담 대상자 선정 기준은 교장의 부정적 리더십을 최소 1학기 이상 직접적으로 경험하고, 그로 인해 심리적·감정적·신체적 문제가 발생하거나 학교 조직에 피해가 발생한 경우로 한정하였다. 설문조사 자료는 기술통계 분석과 카이제곱 검정으로 분석하고, 면담자료는 내용분석을 실시하였다. 설문조사 결과, 교장의 부정적 리더십을 경험한 교사의 응답 비율은 약 74.1%로 매우 높았고, 현재 교장에 대한 만족도는 5점 만점에 약 2.2점 정도로 매우 낮았다. 심층면담 자료를 분석한 결과, 교장리더십의 어두운 면은 인성(행동과 성격)과 직무수행(기술과 지식) 영역에서 다양한 하위 요소들이 도출되었다. 인성의 행동 영역은 비윤리적, 비도덕적, 비합리적, 신뢰할 수 없음, 일관성 없음, 편파적/불공정, 무시/하대, 흠잡기/단점 지적이 도출되었고, 인성의 성격 영역에서는 (감정적으로) 흥분을 잘하는, (자신감 없이) 소심한, (속마음을 드러내지 않는) 내성적인, (지나치게) 느긋한, (모든 상황에) 회의적인, (상급 행정기관을 비롯한 외부에) 순종적인, 둔감한, 고집이 강한 것으로 나타났다. 직무수행의 기술 영역에서는 과거 경험과 지식을 고수하는 행동이, 직무 수행의 지식 영역에서는 교수-학습·업무에 대한 무지가 확인되었다. 이러한 어두운 면은 교사(개인)의 심리/감정과 신체, 학교(조직)의 문화/풍토와 활동/성과에 역효과를 주는 것으로 분석되었다. 교사(개인)의 심리/감정 영역에서는 실망/충격, 당황, 굴욕(창피), 불안, 화/분노, 무기력/사기 저하, 의심, 자신감 및 자존감 상실, 두려움이 나타났고, 교사(개인)의 신체 영역에서는 가벼운 신체 이상(소화불량, 두통 등)

과 심각한 신체 이상(위염, 신경쇠약 등)이 확인되었다. 또한 학교(조직)의 문화/풍토에는 경직된/폐쇄적 분위기, 불신 관계가 나타났고, 학교(조직)의 활동/성과 영역에서는 활동 감소, 만족도 저하, 전보 희망 증가가 확인되었다.

<표 3-5> 국내 연구 사례

구분	이낙종(2002)	정은선 등(2013)	주현준(2014)
연구 대상	(강원도) 초등학교장과 교사	(서울) 초등학교 교사	(전국) 초·중등학교 교사
표집 방법	사례 분석	유층표집	단순무선표집/ 눈덩이 표집
자료 수집 방법	심층면담	설문조사	설문조사/심층면담
자료 분석 방법	내용분석	상관관계/구조방정식	빈도분석/내용분석
연구 결과	긍정적, 중립적, 부정적 영향 행동으로 분류	체면 세움 행동의 정적 관계와 체면 손상 행동의 부적 관계	인성(행동과 성격)과 직무수행(기술과 지식) 영역 분류

3) 종합

국내외에서 수행된 다양한 연구 결과를 종합해 보면, 교육리더십의 긍정적 측면과 부정적 측면의 전형성을 확인할 수 있다. 긍정적 측면의 전형성은 비전과 목표를 분명하게 제시하고, 구성원을 성장시키기 위한 동기부여와 지원에 적극적이며, 조직의 문화와 풍토 재설계를 위해 노력하는 모습이었다. 또한, 학부모, 지역사회, 행정기관 등과 관계 형성에도 적극적이었다. 이러한 리더십은 학업성취도 향상을 비롯하여 교원의 동기 부여와 전문성 신장, 학교 평판도 상승 등에 기여한 것으로 보고되었다. 반면, 부정적 측면은 리더의 인성(행동과 성격적 측면)과 직무수행(기술과 지식의 측면)에서 전형성을 보였다. 부정적인 교육리더십은 구성원뿐 아니라 조직 전체에 역효과를 주는 것으로 확인되었다.

〈표 3-6〉 교육리더십의 전형성

구분	긍정적 교육리더십	부정적 교육리더십
비전	• 명확한 비전 설정 및 제시 • 비전과 방향에 대한 공감대 형성	• 비전을 제시하지 않음 • 모호하고 현실감 없는 비전과 방향 제시
구성원	• 전문성 개발을 위한 적극적인 지원 • 잠재능력 발휘의 기회 제공	• 전문성 개발 기회의 편파적 지원 및 박탈 • 무시, 하대, 편파적 반응
조직	• 협력적이고 공유하는 공동체 문화 구축 • 대내외 네트워크 형성 및 다양한 참여 유도	• 강압적이고 폐쇄적 분위기 조성 • 독단적이고 특정 집단 위주의 관리
교수-학습	• 높은 전문성을 통한 교육활동 관리 • 혁신적인 아이디어 제공	• 과거 지식과 경험을 고수 · 집착 • 새로운 교수-학습 변화에 무지
개인 관리	• 지속적인 자기계발 • 솔선수범(윤리, 도덕, 정직 등)	• 자기계발에 소홀 • 신뢰할 수 없는 언행

📎 요약

리더십에는 긍정적인 측면과 부정적인 측면이 함께 존재한다. 동일한 리더십을 두고 어떤 구성원은 긍정적으로 인식하는 반면, 다른 구성원은 부정적으로 인식하기도 한다. 또한, 긍정적 리더십이 항상 성공적인 결과를 가져오는 것은 아니며, 부정적 리더십이 반드시 실패로 이어지지 않을 수도 있다. 따라서 리더십을 올바르게 이해하기 위해서는 이러한 양면성을 파악해야 한다.

지금까지 수행된 교육리더십 연구는 주로 긍정적인 측면에 집중하여 부정적인 측면에 대한 연구는 상대적으로 부족하였다. 선행연구에서는 주로 설문조사에 기초한 통계 분석, 다양한 사례 연구 등을 통해 효과적이고 성공적인 교육리더십의 전형을 도출하였다. 그러나 현실에서 점차 부정적인 교육리더십을 경험한 사례가 많아지면서 부정적 측면에 대한 관심이 증가하고 있다.

제3장 '교육리더십의 양면성'에서는 긍정적 측면과 부정적 측면을 모두 소개하였다. 우선 긍정적 측면은 성공을 예측하게 하는 역량의 개념을 토대로 설명하였고, 부정적 측면은 역량의 반대 개념인 어두운 면으로 소개하였다. 또한, 교육리더십의 긍정적 측면과 부정적 측면에 관한 국내외 연구 결과를 정리하고 대표적인 연구 사례를 소개하였다. 마지막으로 긍정적 리더십과 부정적 리더십의 전형성을 비교하여 정리하였다.

논의 및 연구 문제

● 교육리더십의 성공과 실패는 구분될 수 있는가? 성공과 실패를 구분하는 바람직한 기준은 무엇인가?

● 교육리더십의 긍정적 사례와 부정적 사례 선정 시 어떤 기준이 적용되어야 하는가?

● 좋은 교육리더십과 나쁜 교육리더십은 과정의 문제인가? 결과의 문제인가?

● 교육리더십의 어두운 면을 분석하기 위한 적절한 연구 방법은 무엇인가?

● 교육리더십 개발을 위한 프로그램에서 좋은 교육리더십과 나쁜 교육리더십 사례를 어떻게 교육할 것인가?

📖 **참고문헌**

교육부(2015). 초·중등학교 교육과정 총론. 교육부 고시 제2015-74호 [별책 1]

권기남, 민하영(2009). 유아교육기관 시설장의 변혁적리더쉽과 거래적리더쉽, 교사의 주
관적 삶의 질 및 조직헌신 간의 관계. 한국생활과학회지(충북가정학회지), 18(4), 857-
867.

권동택(2007). 초등학교 조직에서 학교장의 리더십과 교사의 팔로워십 간 관계에 미치는
LMX의 매개효과. 초등교육연구, 20(2), 53-74.

김도기, 정성수, 김갑성, 주현준(2012). 교원이 인식한 학교 구성원 간의 부당행위 실태 분
석. 한국교원교육연구, 29(2), 77-100.

김은영, 장덕호(2012). 공모제 교장의 권력기반과 관리효과성의 관계에 관한 연구: 서울시
초등학교 임명제 교장과의 비교를 중심으로. 한국교원교육연구, 29(1), 299-327.

김이경, 김도기, 김갑성(2008). 우수 학교장의 리더십 특성에 관한 질적 사례 연구. 교육행
정학연구, 26(3), 325-350.

박영호(2012). 학교장의 리더십 역량모델 연구. 교육행정학연구, 30(1), 417-443.

박오수, 고동운(2009). 차상위 리더의 리더에 대한 모욕적 행위의 적하효과(trickle-down
effect): 리더십을 매개하여 부하의 신뢰 및 LMX에 미치는 영향. 경영학연구, 38(4),
1027-1058.

손승연, 박희태, 이수진, 윤석화(2009). 상사의 성격특성과 차상위 상사의 지원이 상사의
모욕적 행동에 미치는 행동에 관한 연구. 경영학연구, 38(4), 1059-1084.

안우환, 권민석, 신재한(2006). 교장의 미시 정치적 결합기제와 교사의 대응방식에 관한
문화 기술적 사례 연구. 교육행정학연구, 24(1), 51-68.

이낙종(2002). 학교장의 지도성 행동과 교사들의 반응에 대한 미시정치적 분석. 교육행정
학연구, 20(3), 117-137.

이정열(2007). School principal's leadership competency in specific task fields. 교육행정
학연구, 25(4), 25-45.

임창현, 이희수(2010). 국내 기업 임원의 리더십탈락에 영향을 미치는 행동특성 연구. 한

국HRD연구, 5(1), 33-59.

정은선, 양성관, 정바울(2013). 교장의 체면행동이 교장-교사 간 의사사통에 미치는 영
향: 교사효능감의 매개효과와 전문학습공동체의 조절효과. 교육행정학연구, 31(4),
309-335.

조경원, 서경혜, 조정아, 이지은, 한유경(2006). 학교행정가의 리더십과 핵심역량에 대한
인식 연구. 교육과학연구, 37(1), 49-75.

주현준(2007). 학교장 리더십 역량의 상대적 중요도 분석. 교육행정학연구, 25(3), 85-105.

주현준(2012). 학교장 역량의 명과 암. 한국교육행정학회 소식지 112호. 한국교육행정학회.

주현준(2014). 학교장의 부정적 리더십 연구에 관한 탐색적 고찰. 한국교원교육연구,
31(2), 29-52.

주현준(2016). 한국의 성공한 교장과 실패한 교장: 선행연구를 중심으로. 한국교육행정학
회 추계학술대회 자료집.

Ashforth, B. (1994). Petty tyranny in organizations. *Human Relations, 47*(7), 755-778.

Aasland, M. S., Skogstad, A., Notelaers, G., Nielsen, M. B., & Einarsen, S. (2010). The
prevalence of destructive leadership behaviour. *British Journal of Management,
21*(2), 438-452.

Bass, B. M. (1998). *Transformational leadership: Industrial, military and educational
impact*. London: Lawrence Erlbaum.

Bentz, V. (1985). A view from the top: A thirty year perspective of research devoted to
the discovery, description, and prediction of executive behavior. Paper presented
at the 93rd annual convention of the American Psychological Association, Los
Angeles, CA.

Blase, J., & Blase, J. (2002). The dark side of leadership: Teacher perspectives of
principal mistreatment. *Educational Administration Quarterly, 38*(5), 671-727.

Boyatzis, R. E. (1982). *The competent manager: A model for effective performance*.
New York: John Wiley.

Day, C. (2005). Sustaining success in challenging contexts: Leadership in English
schools. *Journal of Educational Administration, 43*(6), 573-583.

De Wet, C. (2010). School principals' bullying behaviour. *Acta Criminologica, 23*(1),
96-117.

De Wet, C. (2011). The professional lives of teacher victims of workplace bullying: A narrative analysis. *Perspectives in Education, 29*(4), 66−77.

De Wet, C. (2014). Educators' understanding of workplace bullying. *South African Journal of Education, 34*(1), 1−16.

DeVries, D. L., & Kaiser, R. B. (2003). Going sour in the suite, paper presented at the Maximizing Executive Effectiveness Workshop.

Dotlich, D. L., & Cairo, P. C. (2003). *Why CEO's fail.* San Francisco: Jossey−Bass.

Einarsen, S., Aasland, M. S., & Skogstad, A. (2007). Destructive leadership behavior: A definition and conceptual model. *Leadership Quarterly, 18*(3), 207−216.

Erickson, D. (1967). The school administrator. *Review of Educational Research, 37*(40), 417−432.

Ferris, G. R., Zinko, R., Brouer, R. L., Buckley, M. R., & Harvey, M. G. (2007). Strategic bullying as a supplementary, balanced perspective on destructive leadership. *Leadership Quarterly, 18*(3), 195−206.

Gurr, D., Drysdale, L., & Mulford, B. (2005). Successful principal leadership: Australian case studies. *Journal of Educational Administration, 43*(6), 539−551.

Gurr, D., Drysdale, L., Swann, R., Doherty, J., Ford., P., & Goode, H. (2005). The International Successful School Principalship Project (ISSPP): Comparison across country case studies. AAR Annual Conference.

Hallinger, P., & Heck, R. H. (1996). Reassessing the principal's role in school effectiveness: A review of empirical research, 1980−1995. *Educational Administration Quarterly, 32*(1), 5−44.

Hallinger, P., & Heck, R. H. (1998). Exploring the principal's contribution to school effectiveness: 1980−1995. *School Effectiveness and School Improvement, 9*(2), 157−191.

Hallinger, P., & Heck, R. H. (2011). Conceptual and methodological issues in studying school leadership effects as a reciprocal process. *School Effectiveness and School Improvement, 229*(2), 149−173.

Harris, K., Kacmar, K. M., & Zivnuska, S. (2007). An investigation of abusive supervision as a predictor of performance and the meaning of work as a moderator of the relationship. *Leadership Quarterly, 18*(3), 252−263.

Harvey, P., Stoner, J., Hochwarter, W., & Kacmar, C. (2007). Coping with abusive supervision: The neutralizing effects of ingratiation and positive affect on negative employee outcomes. *Leadership Quarterly, 18*(3), 264−280.

Heck, R. H., & Hallinger, P. (2009). Assessing the contribution of distributed leadership to school improvement and growth in math achievement. *American Educational Research Journal, 46*(3), 626−658.

Heck, R. H., & Hallinger, P. (2010). Collaborative leadership effects on school improvement: Integrating unidirectional and reciprocal effects models. *The Elementary School Journal, 111*(2), 226−252.

Hogan, R., & Hogan, J. (2001). Assessing leadership: A view from the dark side. *International Journal of Selection and Assessment, 9*(1−2), 40−51.

Hogan, R., & Kaiser, R. B. (2005). What we know about leadership. *Review of General Psychology, 9*(2), 169−180.

Kellerman, B. (2004). *Bad leadership: What it is, how it happen, why it matters*. Boston: Harvard Business School Press.

Leithwood, K. (2021). A review of evidence about equitable school leadership. *Education Sciences, 11*(8), 377.

Leithwood, K., Day, C., Sammons, P., Harris, A., & Hopkins, D. (2006). *Seven strong claims about successful school leadership*. Nottingham, UK: National College of School Leadership.

Leithwood, K., Harris, A., & Hopkins, D. (2008). Seven strong claims about successful school leadership. *School Leadership and Management, 28*(1), 27−42.

Leithwood, K., Louis, K., Anderson, S., & Wahlsttom, K. (2004), "Review of research: How leadership influences student learning", available at: www.wallacefoundation.org/NR/rdonlyres/E3BCCFA5-A88B-45D3-8E27-B973732283C9/0/ReviewofResearch LearningFromLeadership.pdf(accessed December 19, 2007).

Leithwood, K., Louis, K. S., Wahlstrom, K., Anderson, S., Mascall, B., & Gordon, M. (2010). How successful leadership influences student learning: The second installment of a longer story. In *Second international handbook of educational change* (pp. 611−629). Springer, Dordrecht.

Leithwood, K., & Riehl, C. (2003, April). What do we already know about successful school leadership. In annual meeting of the American Educational Research Association, Chicago, IL (Vol. 22).

Lipman−Blumen, J. (2005). *The allure of toxic leaders: Why we follow destructive bosses and corrupt politicians and how we can survive them.* Oxford: Oxford University Press.

Lubit, R. (2004). The tyranny of toxic managers: Applying emotional intelligence to deal with difficult personalities. *Ivey Business Journal, 68*(4), 1–17.

McClelland, D. C. (1973). Testing for competence rather than for "intelligence." *American Psychologist, 28*(1), 1–14.

McClelland, D. C., & Boyatzis, R. E. (1982). Leadership motive pattern and long-term success in management. *Journal of Applied Psychology, 67*(6), 737–743.

O'Connor, J., Mumford, M., Clifton, T., Gessner, T., & Connelly, M. (1995). Charismatic leaders and destructiveness: An historiometric study. *Leadership Quarterly, 6*(4), 529–555.

Padilla, A., Hogan, R., & Kaiser, R. B. (2007). The toxic triangle: Destructive leaders, susceptible followers, and conducive environments. *The Leadership Quarterly, 18*(3), 176–194.

Riley, D., Duncan, D. J., & Edwards, J. (2011). Staff bullying in Australian schools. *Journal of Educational Administration, 49*(1), 7–30.

Rychen, D. S., & Salganik, L. H. (Eds.). (2003). *Key competencies for a successful life and well-functioning society.* Hogrefe & Huber Publishers.

Spencer, E. B., & Spencer, S. M. (1993). *Competence at work.* New York: John Wiley.

Strike, K. A., & Soltis, J. F. (2009). *The ethics of teaching.* New York: Teachers College.

Tepper, B. J. (2000). Consequence of abusive supervision. *Academy of Management Journal, 43*(2), 178–190.

Witziers, B., Bosker, R., & Kruger, M. (2003). Educational leadership and student achievement: The elusive search for an association. *Educational Administration Quarterly, 39*(3), 398–425.

교육리더십의 양가성

교육리더십이 발휘되는 과정에서는 대립되거나 모순되는 가치, 목표, 감정 등이 공존하는 양가성이 나타난다. 교육을 둘러싼 내·외부 환경이 빠르게 변화되는 상황에서 교육리더십에 대한 양가성은 더욱 심화될 것으로 전망된다. 제4장 '교육리더십의 양가성'에서는 교육리더십 양가성의 개념을 유사 용어들과 비교하여 설명하였고, 관련 연구 사례를 소개하였다.

1 교육리더십 양가성의 개념

리더십은 크고 작은 의사결정의 연속이고, 그 과정에서 리더는 항상 선택의 기로에 서게 된다. 선택의 기로에서 리더가 맞이하는 상황은 그리 단순하지 않다. 리더십이 발휘되는 과정에서는 대립되거나 모순되는 가치, 목표, 감정 등이 발생하기 때문이다. 이러한 리더십 상황은 갈등, 딜레마, 양가성 이론 등으로 설명되었다. 교육리더십에서는 전통적으로 갈등과 딜레마 이론을 시작으로 최근에는 양가성 이론에 관한 연구가 수행되고 있다. 따라서 교육리더십의 양가성을 이해하기 위해서는 갈등 이론과 딜레마 이론을 함께 살펴보아야 한다. 여기서는 교육리더십 양가성 연구의 토대가 되었던 갈등 이론, 딜레마 이론, 양가성 이론을 소개한다.

1) 갈등 이론과 교육리더십

갈등은 어느 조직에나 존재하는 현상이다. 갈등은 개인, 집단, 조직 내에서 발생하는 것으로 서로 간 의견의 불일치, 가치 또는 이해관계 충돌 등으로 나타나는 심리적 대립과 적대적 행동의 과정을 의미한다(삼성경제연구소, 1997; Owens, 1995; Rahim, 1986). 이러한 갈등은 순기능과 역기능을 모두 갖고 있다. 갈등은 집단 내부의 응집력과 창의성을 높여 문제 해결과 조직의 발전을 가져오는 순기능으로 작용할 수 있는 반면, 부정적이고 병리적인 영향으로 협동 저해, 적대감 표시, 투쟁, 조직 붕괴 등을 초래하는 역기능으로 이어질 수 있다(오석홍, 2014; Buntz & Radin, 1983; Nicotera, 1993).

갈등이 발생하는 원인과 유형은 연구자에 따라 다양하게 제시되고 있다. Reece

와 Brandt(1984)는 갈등의 원인을 의사소통의 단절, 가치관의 대립, 직무 및 정책의 불명료성, 구성원의 인성 차이, 통제적 관리체계, 불공정한 대우, 권위에 대한 불신, 경제적 침체, 사회의 급격한 변화 등으로 제시하였다. 또한, Steers(1981)는 갈등의 유형을 목표 갈등, 인지적 갈등, 정서적 갈등, 행동적 갈등으로 구분하였다. 이를 종합해 보면, 갈등은 개인이나 집단 간 목표 상충, 인식 차이, 감정 충돌, 행동 불인정 등으로 나타나며 일반적으로 여러 유형의 갈등이 복합적으로 발생하는 것을 알 수 있다. 이상과 같이 원인과 유형이 다양한 갈등을 적절하게 관리하여 순기능으로 발전시키는 것은 조직의 성공을 결정하는 중요한 요인이다. 따라서 갈등관리는 리더가 갖추어야 할 핵심역량 중 하나이며, 리더십 연구에서 갈등관리는 매우 중요한 연구 주제이다.

연구자들은 갈등관리의 유형을 다양하게 분류하고 있다. March와 Simon(1958)은 개입 여부를 기준으로 무마, 강압, 전환, 문제 해결, 설득, 협상, 정략(politics) 등으로 구분하였고, Thomas(1976)는 독단성과 협력성을 기준으로 경쟁, 협력, 회피, 순응, 타협으로 구분하였다. 이 밖에도 갈등관리 유형은 통합, 지배, 타협(Follett, 1940), 협력, 권력행사, 협상(Derr, 1978), 통합, 인정, 지배, 회피, 타협(Rahim, 1983) 등으로 매우 다양하다. 이상철(2008)은 국내외 여러 학자의 갈등관리 유형을 종합하여 통합-협동-문제 해결, 양보-수용-완화, 경쟁-지배-투쟁, 회피-무시-무관심, 타협-협상, 거래로 구분하고, 자신에 대한 관심과 타인에 대한 관심을 기준으로 win-win형, lose-win형, win-lose형, lose-lose형, no-win/no-lose형으로 분류하였다.

한편, 교육을 둘러싼 내외적 환경이 급격하게 변화되면서 관련 이해당사자, 학교 내외 구성원들 사이에 갈등이 증가하고 있다. 교육리더십 차원에서 보면, 교육부 장관, 교육감, 교장, 교사는 서로 다른 종류의 갈등 상황에 놓여 있으므로 이에 효율적으로 대응하는 교육리더십이 요구된다. 예컨대, 교육부 장관은 교육정책의 형성, 집행, 평가 과정에서 다양한 이해당사자들과 갈등 관계를 갖는다. 또한, 교육부 조직과 유관 정부 부처와도 갈등이 발생할 가능성도 있다. 시·도교육감의 경우에도 상위 행정기관인 교육부와 일반 행정기관과의 갈등을 예상할 수 있고, 시·도의회와의 갈등 관계가 종종 목격되기도 한다. 또한, 시·도교육감은 관내 교원 및 학부모 등과도 갈등 상황에 놓일 수 있다. 아울러 교장은 학교 내·외부 관련 기관 및 구성원들과 갈등을 경험하게 되고, 교사는 학교행정가인 교감 또는 교장이나 동료 교사, 학생, 학부모 등과 갈등을 경험할 수 있다.

<표 4-1> 교육리더와 갈등 대상

교육리더	갈등 대상
교육부 장관	• 학부모, 교원단체, 이해당사자 등 • 시 · 도교육감 등 • 타 부처 장관 등 • 정부 관료 등
교육감	• 교육부 등 • 일반직 공무원 등 • 일반 행정기관 등 • 시 · 도의회 등 • 교원 및 학부모 등
교장	• 교육청 등 • 교감, 교사, 직원 등 • 학부모, 지역사회 등
교사	• 교장, 동료 교사 등 • 학생, 학부모 등

　교육리더십 연구에서 갈등관리는 교육부 장관이나 교육감보다 주로 교장과 교사를 연구 대상으로 하였다. 특히 학교 교육과 관련된 교육목표, 학생지도, 학교 경영 등을 둘러싼 갈등을 확인하였다(김성열, 2001; 노종희, 1992; 서정화, 2003; 이상철, 2008; Campbell, 1983; Hoy & Miskel, 1996). 학교 내에서 발생하는 갈등 양상은 크게 교사와 학교행정가의 갈등과 동료 교사 간 갈등으로 구분된다. 이러한 갈등 양상은 <표 4-2>와 같이 개인적 요인, 업무적 요인, 조직적 요인, 의사소통적 요인 등 다양한 요인이 작용한다.

<표 4-2> 학교 내 갈등 양상과 갈등 요인

갈등 양상	갈등 요인
교사-학교행정가	• 개인적 요인: 교육철학이나 가치관 차이, 의사소통 방식의 차이 등 • 업무적 요인: 교사의 교육활동 및 학생지도에 관한 자율성과 전문성 제약 및 침해 등 • 조직적 요인: 인사, 업무, 학교경영 방식 등 • 의사소통적 요인: 의사결정 방식 등
교사-동료 교사	• 개인적 요인: 교육적 가치관이나 신념 차이, 의사소통 방식, 친분 관계 등 • 업무적 요인: 담당 업무 및 역할 모호성, 학생지도 및 교육과정 견해 차이 등 • 조직적 요인: 업무 배정, 승진 경쟁, 교원단체 등 • 의사소통적 요인: 개인 또는 특정 집단 의견 차이 등

2) 딜레마 이론과 교육리더십

딜레마의 개념은 양립할 수 없는 두 가지 상황(Elbow, 1991), 두 가지 대안 간 역설 상황(Ogawa, Crowson, & Goldring, 1999), 두 가지 대안의 우열을 가릴 수 없는 상황(Cuban, 1992) 등으로 설명된다. 조직을 책임지는 리더는 이러한 딜레마에 자주 직면하고 선택의 상황에 놓이게 된다. 그러나 두 개의 가치 또는 대안을 선택해야 할 상황에서, 리더는 어느 한쪽을 선택함으로써 기회손실이 발생하기 때문에 딜레마 상황은 리더를 곤란하게 만든다(이창원, 2000).

딜레마는 앞서 소개한 갈등의 개념과 매우 유사하지만, 다음 네 가지 측면에서 보다 특수한 상황이라고 할 수 있다. 첫째, 딜레마는 반드시 선택을 전제로 하되 대안의 중요성이 비슷하여 선택이 곤란하거나 불가능한 상황이다. 둘째, 딜레마는 대안적 가치들이 충돌하는 정도가 임계영역을 넘어선 상태이다. 셋째, 딜레마는 주로 긍정적 요인이 대립되는 상황이다. 넷째, 딜레마는 필요한 정보의 비대칭성이나 불완전성 여부와 상관없는 상황이다.

딜레마가 발생하는 요인은 형식적 조건, 배경 조건, 사회적 조건으로 구분할 수 있다(이창원, 2000). 이러한 세 가지 조건은 상호 관련성을 갖는다. 형식적 조건은 분절성, 상충성, 균등성, 선택의 불가피성인데, 배경 조건은 이러한 형식적 조건의 충족 정도를 체계적으로 진술한 것을 의미한다. 그리고 사회적 조건은 배경 조건을 일반화한 것이다.

한편, 딜레마는 사회적 맥락, 선택 기회, 대안, 가치, 이해관계 집단, 결정자, 대응 행동 등이 혼합된 복잡한 인과관계의 과정으로 설명되기도 한다(이종범, 안문석, 이정준, 윤견수, 1991). 딜레마 상황에 대한 대응 행동은 주로 정책과 관련하여 설명된다. 예컨대, 정책에 대한 임시적인 대응(염재호, 박국흠, 1991), 형식적인 집행(박통희, 김동완, 1994), 비일관적 행동(조경호, 주재복, 1994) 등 다양한 대응 행동이 있다. 이러한 다양한 대응 행동은 크게 전체적 접근과 개체적 접근으로 구분된다. 전체적 접근은 비일관성, 결정 지연, 형식적 집행, 정책 실패 등을 인식하고 그것의 원인으로 딜레마의 존재를 파악하며, 딜레마와 대응 행동 간 관계를 이해하는 것이다. 반면, 개체적 접근은 딜레마 존재를 먼저 인정하고 그에 대한 대응 행동을 주관적으로 판단하는 것을 의미한다.

교육학 분야에서도 과거부터 현재까지 딜레마 이론에 대한 관심이 높다. 연구자들은 교육정책과 관련한 딜레마 상황이나 교육방법론 측면에서 나타나는 딜레마 상황에 대한 이해와 대응 방식을 주로 탐구하였다. 학교의 딜레마 상황 역시 교장을 포함한 모든 교육자가 광범위하게 경험하는 현상이다(Berlak & Berlak, 1981). 이에 교육리더십 연구에서는 교육환경의 변화에 따라 교육리더가 겪는 딜레마에 대한 연구가 수행되었다. Hoy와 Miskel(1996)은 학교 조직의 효과성을 높이기 위한 중요한 과제로 리더십 딜레마를 언급하면서, 딜레마 상황에 직면한 교육리더는 대립되는 양쪽 가치의 목표를 모두 수용하고 균형을 맞추는 리더십을 발휘해야 한다고 강조하였다. 아울러 Hoy와 Miskel(1996)은 리더십 딜레마 상황을 통제와 자율, 일관성과 모호성, 통일성과 다양성, 계획성과 주도성, 조정과 소통, 특수성과 통합성, 안정성과 변화지향성으로 구분하고 학교경영 과정에서도 역동적인 균형, 지속적인 적응·조정을 통해 극복해야 한다고 주장하였다.

한편, 학교 조직에서 발생하는 딜레마 상황과 이에 대응하는 교사와 교장의 리더십에 대한 연구가 활발하게 수행되었다. 교사리더십(김진원, 2021; 서근원, 2005; 이현숙, 2020; Windschitl, 2002)과 교장리더십(주현준, 김태연, 2015; Dimmock, 1996; Grace, 1995; Murphy, 1994; Wildy & Louden, 2000)은 역할수행 중 선택과 판단의 기로에 서는 딜레마 상황을 맞이하게 된다. 교사리더십은 수업, 학생지도, 학급경영, 담당 업무 수행 등에서 개념적 · 교수적 · 문화적 · 정치적 딜레마 상황을 접하게 되고, 교장리더십은 학교경영 과정에서 여러 형태의 딜레마 상황에 놓인다.

<표 4-3> 교육리더십과 딜레마 종류

교육리더십	딜레마 종류
교사리더십	• 개념적(이론과 실제), 교수적(수업 운영), 문화적(교실 문화), 정치적(외부 요인) 딜레마
교장리더십	• 자율성(리더십 형태), 효율성(의사결정 방식), 책무성(교육정책 실행) 딜레마

3) 양가성 이론과 교육리더십

양가성 개념은 철학에서 시작되어 정신분석학을 거쳐 인문학, 사회학, 교육학 등 다양한 분야에 적용되고 있다. 정신분석학에서 양가성은 대립 가치가 유지되는 상태(허창운, 민형원, 이유선, 고원, 1997), 대립되는 정념이 동시에 작용하고 표출되는 현상(김석, 2010)으로 정의된다. 사회과학에서는 양가성의 개념을 상반된 가치가 병존하는 현상(행정학용어표준화연구회, 2010)으로 정의한다. 또한, 교육학에서는 상호 대립되거나 모순되는 감정, 가치, 목표 등이 공존하는 상태(서울대학교 교육연구소, 1995)로 정의하고 있다. 이러한 양가성 개념 정의를 종합해 보면, 양가성은 두 가지 가치 모두 나름의 의미를 지니는 양가의 공존 현상이라고 할 수 있다. 따라서 양가성은 옳고 그름을 구분하는 명 · 암적 대비를 의미하는 양면성과는 다른 개념이다(임종헌, 2016).

양가성 이론은 개인과 조직 차원의 정서와 심리 현상을 분석하는 데 사용된다. 개인 차원은 개인이 겪는 내적 갈등, 두려움, 자기방어, 애매모호 등 심리적 양가성을 분석하고, 조직 차원은 사회 현상이나 정책 과정 등에서 나타난 양가성을 분석한다. 특히 조직 차원에서는 긍정과 부정, 작용과 반작용 등과 같은 대립되는 상황을 양가성으로 주로 설명한다. 리더십의 양가성은 전자인 개인 차원에서 논의되었는데, 리더가 자신의 리더십에 대해 느끼는 양가성과 리더십에 대해 구성원이 느끼는 양가성으로 구분된다.

또한, 양가성은 존재 양태와 발현 양태로 설명된다. 존재 양태는 사람의 내면에 대립 가치가 병존하는 상태, 사람의 내면과 외면에 대립 가치가 병존하는 상태, 개인과 사회 가치가 대립하며 병존하는 상태, 사회에서 사람들 사이에 가치가 대립 또는 병존하는 상태, 제도 구현 과정에서 대립 가치가 병존하는 상태로 구분된다. 그리고 발현 양태는 크게 두 가지로 구분되는데 하나의 가치가 먼저 작용하고 또 다른 하나의 가치가 대응하면서 순차적으로 발현되는 것과 대립되는 가치가 동시에 발현되는 것이다.

　양가성은 앞서 소개한 갈등, 딜레마와 유사한 개념으로 사용된다. 그러나 김병찬(2017)은 양가성의 개념을 분명하게 이해하기 위해서 다음과 같은 차이점을 설명하였다. 갈등, 딜레마, 양가성은 대립하는 가치에 관한 것이라는 유사성이 있지만 〈표 4-4〉와 같이 다섯 가지 측면에서 차이가 있다. 양가성과 갈등·딜레마의 가장 뚜렷한 차이는 가치의 존재 양태와 가치의 선택에 있다. 즉, 갈등과 딜레마는 대립되는 가치가 충돌하는 반면, 양가성은 대립되는 가치가 병존하는 상태이다. 또한, 가치의 선택에 있어서 반드시 선택해야 하는 딜레마와 달리 양가성은 선택을 하지 않을 수 있다.

〈표 4-4〉 갈등, 딜레마, 양가성 개념 비교

구분	갈등	딜레마	양가성
가치의 존재 양태	대립되는 가치의 충돌	대립되는 가치의 충돌	대립되는 가치의 병존
가치의 선택	선택, 조정, 타협 등	반드시 선택	선택이 필수가 아님
현상의 표면화	적극적, 소극적 표면화	적극적 표면화	거의 표면화되지 않음
현상 해소 압박	약함, 강함	강함	약함
현상 유지 기간	장기, 단기	단기	장기

출처: 김병찬(2017: 6).

　리더십의 양가성은 리더 자신이 경험하는 양가성과 리더-구성원 관계의 양가성으로 설명된다. 전자는 리더가 리더십을 발휘하는 과정에서 스스로 경험하는 것을 의미하고, 후자는 리더와 구성원 간 상호작용에서 구성원이 인식한 리더십의 양가성을 의미한다. 이러한 현상은 리더십의 양가성, 리더십의 불일치, 리더십의 패러독스 등으로 표현되기도 한다. 리더십의 양가성은 긍정적이고 부정적인 상호작용이 동시에 발생하는 것(Herr et al., 2019)을 말하고, 리더십의 불일치는 변혁적 리더십과 수동적 리더십이 동시에 인식되는 것(Mullen, Kelloway, & Teed, 2011)을 의미한다. 그리고 리더십의 패러독스는 통제와 자율, 통일과 개별 등 상반되는 리더십 형태가 동시에 나타나는 것이다. 리더와 구성원 간 양가적 관계는 감정, 태도, 성과 등에서 긍정적인 결과를 가져올 수도 있고, 부정적인 결과를 초래할 수도 있다(Zhao & Zhou, 2021).

　우리나라의 교육행정학 분야에서 양가성은 주로 교육정책이나 교육제도가 학교 현장에서 집행되는 과정에서 나타난 현상을 분석하였다. 대표적으로, 혁신학교 운영 과정(유경훈, 2014), 자유학기제 운영 과정(임종헌, 2016)이 있다. 유경훈(2014)과 임종헌(2016)의 연구는 각각 교육개혁 정책인 혁신학교와 자유학기제가 학교 현장에서 실행되는 과정을 분석하였다. 연구 결과, 공통적으로 학교 구성원들이 새로운 정책에 대해 적극적으로 동의하고 수용하는 모습과 기존의 가치를 버리지 않고 있는 공존 현상을 밝혀내고, 이러한 현상을 양가성 개념으로 설명하였다.

　한편, 교육리더십의 양가성은 서로 다른 두 개의 성질이 대조되는 이원성(dualism)에서부터 논의되었다. 대표적으로, 교육리더십의 논리성과 예술성, 합리성과 상징성 등과 같은 패러독스 현상을 논의하였다. Deal과 Peterson(1994)은 교장이 리더십을 발휘하는 과정에서 맞이하게 되는 다양한 패러독스 상황을 기술자와 예술가로 설명하면서 선택이 아닌 혼합의 중요성을 강조하였다. 최근에는 교사와 교장이 겪는 양가성에 주목하고 있다. 그 이유는 교육리더가 직면하는 모순된 상황과 그로 인해 겪게 되는 내적 고민을 갈등이나 딜레마로 설명하는 데 한계가 있기 때문이다. 교육에 대한 책무성이 더욱 강화되고, 교사와 교원에게 요구되는 역할이 복잡해지면서 기존의 가치와 새로운 가치 사이에서 혼란을 경험하는 사례가 증가하고 있다(Keddie, 2014; Kim, 2020; Stone-Johnson, 2014). 이러한 맥락에서 Dolan(2020)은 신자유주의 시대에 교장의 리더십과 패러독스 상황을 정리하였다. 이는 교장리더십의 방식이나 유형에 대해 교사들이 대립된 감정을 갖는 경우와 교장이 리더십을 발휘하는 과정에서 스스로 대립되는 가치의 병존 상태를 경험하는 양상으로 설명된다.

2 교육리더십의 연구 사례

1) 교육리더십의 갈등관리 연구

교육행정학 분야에서 교육리더의 갈등관리 리더십은 중요한 역할(남정걸, 2006; 노종희, 1996; 박영호, 2012; 조대연, 박용호, 김벼리, 김희영, 2010; Duke & Leithwood, 1994; Murphy, 1994)로 논의되어 왔다. 지금까지 우리나라의 교육리더십 연구에서는 교육부 장관 리더십(박남기, 임수진, 2018, 2019; 박동서, 함성득, 정광호, 2003), 교육감 리더십(곽진규, 2016; 김창우 2014; 문찬수, 2015), 교장리더십(민윤경, 정혜주, 신정철, 2018; 윤호상, 연지연, 2021; 이남호, 2006)과 교사리더십(김옥자, 양성관, 2019; 신범철, 2017; 이상철, 2008) 등에서 갈등관리를 연구해 왔다.

(1) 교육부 장관의 갈등관리 리더십

앞서 소개한 바와 같이, 갈등관리 차원에서 교육부 장관은 교육정책의 형성, 집행, 평가의 과정에서 학부모, 교원단체, 각종 이해당사자와 갈등 관계를 형성할 수 있다. 또한, 정치적으로 시·도교육감이나 타 부처 장관과의 갈등 상황이 연출될 수 있고, 교육부 관료들과의 힘겨루기도 발생할 가능성이 높다(박남기, 임수진, 2018, 2019; 박동서 외, 2003). 지금까지 수행된 교육부 장관의 리더십에 관한 연구는 교장리더십이나 교사리더십에 비해서 상대적으로 적은 편이다. 비교적 최근 수행된 박남기, 임수진(2019)의 연구에서는 갈등관리 리더십의 중요성과 리더십의 양가성이 모두 확인되었다. 박남기, 임수진(2019)은 교육부 장관의 교육부 부처 내 리더십에 대한 총체적인 이해와 분석을 목적으로 연구를 수행하였다. 이 연구에서는 Bolman과 Deal의 네 가지 조직 프레임(구조적 프레임, 인간자원적 프레임, 정치적 프레임, 문화상징적 프레임)을 활용하였다. 연구 대상으로는 역대 교육부 장관 5인과 전직 교육부 공무원 4인을 선정하였고, 심층면담과 문헌 분석을 실시하였다. 연구 결과, 정치적 프레임에서 갈등관리 리더십의 필요성이 확인되었다. 인간자원적 프레임에서는 인사 운영과정에서 장관과 관료 간 힘겨루기 현상이 확인되었다. 한편, 구조적 프레임과 문화상징적 프레임에서는 리더십의 양가성이 드러났다. 합리적 인사 원칙과 기존의 관행 사이, 교육부 내부문화와 새로운 변화 등 대비되는 가치의 공존이 나타났다.

(2) 교육감의 갈등관리 리더십

교육감은 상위 행정기관인 교육부와의 갈등, 시·도교육청 일반직 공무원과의 갈등, 시의회와의 갈등, 지역 교사 또는 학부모와의 갈등 등 다양한 갈등 상황에 직면하게 된다. 교육감에 관한 연구는 주로 지방교육자치에 따른 선출에 집중되어 리더십 차원의 연구가 소홀한 편이다. 특히 교육감이 직면한 갈등 상황과 이에 대한 갈등관리 리더십에 관한 연구(곽진규, 2016; 김창우 2014; 문찬수, 2015)는 소수에 불과하다. 문찬수(2015)는 교육감의 권력과 갈등 관계 변화를 분석하기 위해 간선제 시기 교육감과 교육의원을 대상을 면담조사를 실시하였다. 곽진규(2016)는 직선 교육감이 리더십을 발휘하는 과정에서 발생하는 갈등 요인(제약요소)을 확인하고 이를 극복하는 리더십을 분석하였다. 이 연구에서는 전직 직선제 교육감들과 함께 근무했던 직원을 대상으로 면담조사를 실시하였다. 연구 결과, 교육감 리더십의 제약요건으로 교육청 공무원, 시·도의회, 교육공무원과 일반직 공무원 관계, 교육부, 교육감 선출방식, 청렴도를 확인하였고, 이러한 갈등을 극복하기 위한 리더십으로 토론문화 정착을 통한 구성원의 이해 도모, 충실한 설명과 설득, 직제개편 및 긴밀한 접촉, 언론홍보 강화, 감사관실 기능과 권한 확대 등을 보고하였다.

(3) 교장과 교사의 갈등관리 리더십

교육리더십 연구(김성열, 2001; 노종희, 1992; 서정화, 2003; 이상철, 2008; Campbell, 1983; Hoy & Miskel, 1996)에서는 주로 학교 교육에 관련된 교육목표, 학생지도, 학교경영 등을 둘러싼 갈등을 분석하였다. 이러한 학교 내에서의 갈등 연구는 크게 교장리더십(민윤경 외, 2018; 윤호상, 연지연, 2021)과 교사리더십(김옥자, 양성관, 2019; 신범철, 2017; 이상철, 2008)으로 구분된다. 먼저 교장리더십 연구는 학교 내 갈등 상황에 대한 교장의 효과적인 대응 및 관리방법을 분석하였다. 관련 선행연구는 교사가 인식한 교장의 갈등관리 리더십이 대부분이지만 일부 연구에서는 교장 자신의 경험을 분석하기도 하였다. 윤호상, 연지연(2021)은 3명의 초·중등학교 초임 교장을 대상으로 심층면담, 현장관찰, 전화 면담, 이메일, 학교경영 자료 분석 등을 적용하여 학교 공동체 구성원과의 갈등 양상과 리더십을 분석하였다. 연구 결과, 초임 교장은 갈등을 긍정적으로 인식하고, 갈등 상황을 기회로 전환시키며, 반성과 성찰을 통해 갈등관리 리더십을 실천하는 것으로 나타났다.

교사리더십 연구에는 학생, 학부모, 학교행정가, 동료교사, 지역사회 등 다양한 갈등대상이 등장한다. 특히 한국의 교육리더십 연구에서는 주로 갈등대상에 따라 학교행정가 사이에서 발생한 갈등에 대한 대응과 동료교사와의 갈등에 대한 관리 유형으로 분석되었다. 이상철(2008)은 부산광역시 소재 고등학교에 근무 중인 교사를 대상으로 설문조사를 실시하여 교사의 갈등관리 유형과 직무만족 및 조직헌신의 관계를 분석하였다. 이 연구에서는 교사−학교행정가 갈등관리 유형은 통합, 지배, 타협, 순응으로, 교사−동료교사 갈등관리 유형은 통합, 지배, 타협, 회피, 양보로 구분하였다. 또한, 김옥자, 양성관(2019)은 초등교사의 갈등관리 유형과 갈등 요인 및 학교 조직 효과성 간의 관계를 분석하였다. 이 연구에서는 갈등대상을 학교행정가와 동료교사로 구분하였는데, 학교행정가와의 갈등은 업무상 요인과 의사소통 요인에서, 동료교사와의 갈등은 개인적 요인에서 발생할 확률이 높은 것으로 보고되었다.

2) 교육리더십의 딜레마 연구

　　교육리더십의 딜레마 연구는 교사와 교장의 역할수행 과정에서 발생하는 딜레마 상황에 대한 연구가 주를 이루고 있다.

(1) 교사리더십의 딜레마

　　교사리더십 차원(김진원, 2021; 서근원, 2005; 이현숙, 2020; Windschitl, 2002)에서는 수업, 생활지도, 학급경영, 담당 업무, 학부모와의 관계 등 기본적인 역할을 수행하는 과정에서의 딜레마 상황이 연구되었다. Windschitl(2002)은 구성주의에 대한 이론적 분석을 통해 교사가 직면하는 딜레마 상황을 개념적·교수적·문화적·정치적으로 구분하였다. 개념적 딜레마는 교사의 이론적 지식과 학교 현장의 실제에서 오는 차이를, 교수적 딜레마는 수업 계획, 내용, 방법, 평가 등에서 느끼는 딜레마를 의미한다. 문화적 딜레마는 다양한 배경의 학생집단이 존재함에 따라 학급문화 형성에서 경험하는 딜레마이고, 정치적 딜레마는 학부모, 교육청 등 외부 요인과의 상호작용에서 발생하는 딜레마이다. 한편, 김진원(2021)은 8명의 교사를 대상으로 다중사례 분석을 실시하여 교사리더십 실행 전반을 분석하였다. 연구 결과에 따르면, 교사들은 학급운영에서의 가치 판단 상황, 그리고 교실 수준에서의 역할(담임과 수업)과 학교 수준에서의 역할(보직) 사이에서 딜레마를 경험하는 것으로 나타났다.

(2) 교장리더십의 딜레마

교장리더십의 딜레마는 1990년대부터 연구가 활발하게 수행되었다. 선행연구(Begley, 1996; Cuban, 1992; Dimmock, 1996)에서는 교장이 경험하는 딜레마의 원인으로 전통적인 학교 조직의 재구조화, 교육개혁에 대한 요구, 구성원들과의 가치 충돌 등이 언급되었다. 또한, 교장리더십 딜레마 연구(주현준, 김태연, 2015; Dimmock, 1996; Grace, 1995; Kim & Weiner, 2022; Murphy, 1994; Walker & Dimmock, 2000; Wildy & Louden, 2000)에서는 학교경영 과정에서 발생하는 여러 상황을 분석하였다. Walker와 Dimmock(2000)은 눈덩이 표집으로 선정한 15명의 홍콩 교장을 연구 대상으로 면담조사를 실시하여 분석하였다. 분석 결과, 전문가로서의 교사와 관리자로서의 교장, 상위 교육행정기관과 교사 사이에서의 교장 역할, 교장의 신념과 기존 학교 질서 간 차이 등에서 딜레마 상황이 나타났다. 한편, 주현준, 김태연(2015)은 초등학교장이 경험하는 리더십 딜레마를 탐구하였다. 이 연구는 눈덩이 표집으로 10명의 초등학교장을 연구 대상으로 선정하고 심층면담을 실시하였다. 연구 결과, 초등학교장은 '전체 구조와 개인적 신념의 불일치' '의례적인 것과 새로운 도전 사이' '자율 확대와 책무 증가' '관리적 방식과 민주적 방식'의 딜레마를 경험하였고, 이에 대응하는 리더십으로는 '방임하기' '재해석하기' '타협하기' '개입하기'가 확인되었다.

3) 교육리더십의 양가성 연구

최근까지도 교육리더가 경험하는 혼란스러운 상황은 갈등 이론이나 딜레마 이론의 관점에서 연구되고 있다. 그러나 교육리더십을 갈등 이론이나 딜레마 이론으로 설명하기 어려운 상황이 존재한다. 즉, 교육리더십 차원에서 대립하는 두 개의 가치 중 하나를 반드시 선택하는 상황보다 오히려 병존하는 상황이 존재하는 경우가 더 목도된다. 이러한 맥락에서 갈등과 딜레마 개념으로 설명되지 않는 교육리더십의 또 다른 이면을 양가성 개념으로 접근하려는 시도가 나타나고 있다.

교육리더십의 양가성에 관한 논의는 패러독스 차원에서 시작되었다고 볼 수 있다. Deal과 Peterson(1994)은 교장의 리더십 수행과정에서 경험하는 패러독스에 주목하면서, 교장이 경험하는 가장 대표적인 패러독스로 전문적 관리자로서의 역할과 상징적인 리더로서의 역할을 들고 있다. 그리고 이를 각각 기술자의 역할과 예술가의 역할로 표현하면서 어느 한쪽의 선택이 아닌 지식과 지혜의 균형이 잡힌 교장리더십을 강조하였다. 최근 Dolan(2020)은 교장을 대상으로 한 연구 결과를 패러독스의 개념과 푸코(Foucault)의 철학에 기초하여 설명하면서, 신자유주의 시대에 교장이 경험하는 패러독스 상황과 이에 대응하는 리더십을 종합적으로 정리한 바 있다.

한편, 양가성이라는 용어를 직접 사용한 Joo와 Kim(2022)은 학교에서의 관료제가 가지는 양가성(형식적 합리성과 실질적 합리성)에 주목하고 이에 대한 교장의 반응을 확인하기 위해 한국의 교장 10명을 대상으로 심층면담을 실시하고 그 결과를 분석하였다. 연구 결과, 교원 평가, 전자 공문 시스템, 의사결정 과정 등에서 교장의 양가성 반응을 확인하였다. 교장들은 교원 평가에 대해서는 부정적 감정을 가지면서 동시에 교육목표 달성에 공헌할 수 있다는 생각도 갖고 있었다. 전자 공문 시스템과 같은 방식은 업무 처리에 효율적이라는 생각과 사적 친분 관계에 부정적 영향을 준다는 생각을 함께 갖고 있었다. 민주적 의사결정 방식에 대해서는 바람직하다는 생각과 비효율적이라는 생각이 공존하였다.

요약

교육리더십이 발휘되는 과정에서 대립되거나 모순되는 가치, 목표, 감정 등이 공존하는 양가성이 나타난다. 교육에 대한 사회적 관심이 증가하고, 교육리더에 대한 책무가 강화되면서 교육리더십의 양가성은 더욱 심화될 전망이다.

전통적으로 교육리더가 놓인 어려운 상황은 갈등 이론이나 딜레마 이론으로 해석되었다. 교육리더는 구성원과 의견 불일치 또는 이해관계 충돌 등 소위 갈등 상황에 놓이거나, 대립하는 두 가지 가치 중 하나를 선택해야 하는 딜레마 상황에 직면해 왔다. 그러나 교육리더가 겪는 어려운 상황을 갈등 이론이나 딜레마 이론으로 설명하는 데에는 한계가 있다. 실제 교육리더십은 두 개의 가치 중 하나를 선택하는 딜레마 상황보다 두 가치가 공존하는 양가성을 나타내고 있기 때문이다.

제4장에서는 교육리더십의 양가성을 기존 갈등 이론과 딜레마 이론과의 비교를 통해 설명하였다. 이론적 측면에서 갈등, 딜레마, 양가성을 비교하여 설명하고, 교육리더십 분야에 소개된 개념을 정리하였다. 그리고 지금까지 교육리더십 연구에서 수행된 갈등, 딜레마, 양가성 사례를 소개하였다.

논의 및 연구 문제

● 교육리더십에서 발생하는 갈등, 딜레마, 양가성 현상의 차이를 어떻게 설명할 것인가?

● 교육리더십의 양면성과 양가성은 구별될 수 있는가?

● 교육리더 자신이 느끼는 양가성과 구성원이 느끼는 양가성은 어떤 차이가 있는가?

● 대립되거나 모순되는 가치의 균형을 맞추는 교육리더십 역량을 어떻게 개발할 것인가?

참고문헌

곽진규(2016). 직선 교육감의 리더십 발휘에 관한 연구: A지역 전직 교육감의 실천사례를 중심으로. 연세대학교 교육대학원 석사학위논문.

김병찬(2017). 한국 교육행정에서 양가성 현상의 탐색과 의미. 교육행정학연구, 35(1), 1–33.

김석(2010). 정념과 그 대상: 정신분석 개념을 중심으로. 기호학연구, 28, 51–76.

김성열(2001). 학교분쟁의 해결 전략: 교육공동체적 관점. 교육행정학연구, 19(3), 125–148.

김옥자, 양성관(2019). 초등교사의 갈등관리유형과 갈등요인 및 학교조직효과성과의 관련성 탐색. 교육행정학연구, 37(2), 271–301.

김진원(2021). 교사리더십 실행에 관한 질적 연구. 연세대학교 대학원 박사학위논문.

김창우(2014). 교육감의 행정행위와 책무성 유형에 대한 쟁점 탐색과 교육당사자의 인식 분석. 계명대학교 대학원 박사학위논문.

남정걸(2006). 교육행정 및 교육경영. 서울: 교육과학사.

노종희(1992). 교육행정학: 이론과 연구. 서울: 문음사.

노종희(1996). 학교행정가의 변혁지향적 리더십의 진단 및 육성방안 연구. 교육행정학연구, 14(4), 265–284.

문찬수(2015). 직선제 이후 교육감의 권력 및 갈등관계 변화 분석: 경기도를 중심으로. 연세대학교 대학원 박사학위논문.

민윤경, 정혜주, 신정철(2018). 학교장의 갈등 대응방식과 특징 분석. 아시아교육연구, 19(1), 237–260.

박남기, 임수진(2018). 대통령의 내각운영 유형과 장관 임명 배경에 따른 교육부장관 리더십 사례 연구. 교육행정학연구, 36(3), 203–229.

박남기, 임수진(2019). 교육부 부처 내부를 대상으로 한 교육부장관 리더십 사례 연구. 교육행정학연구, 37(1), 277–305.

박동서, 함성득, 정광호(2003). 장관론. 서울: 나남.

박영호(2012). 학교장의 리더십 역량모델 연구. 교육행정학연구, 30(1), 417-443.

박통희, 김동완(1994). 딜레마와 형식주의. 이종범 외. 딜레마 이론: 조직과 정책의 새로운 이해(pp. 187-211). 서울: 나남.

삼성경제연구소(1997). 함께 풀어가는 지역 갈등. 서울: 삼성경제연구소.

서근원(2005). 교사의 딜레마와 수업의 의미. 아시아교육연구, 6(2), 1-40.

서울대학교 교육연구소(1995). 교육학용어사전. 서울: 하우동설.

서정화(2003). 교육계 갈등의 원인, 배경, 현상의 진단. 제1회 KEDI 교육정책 포럼. 한국교육개발원.

신범철(2017). 초등교사의 갈등 대응방식 유형 연구. 교육문제연구, 63, 79-102.

염재호, 박국흠(1991). 정책의 비일관성과 딜레마. 한국행정학보, 25(4), 23-44.

오석홍(2014). 회전문식 개혁에 대한 경고. 서울대학교 명예교수회보, 10, 265-268.

유경훈(2014). 혁신 고등학교 운영과정의 특징에 관한 문화기술적 사례연구: 양가성을 중심으로. 교육행정학연구, 32(4), 229-261.

윤호상, 연지연(2021). 초임 학교장의 학교공동체 구성원 간 갈등 관리 리더십 실천 경험에 관한 내러티브 탐구. Andragogy Today, 24, 121-148.

이남호(2006). 교사가 인식하는 갈등현상과 교장의 갈등관리 관계 분석. 초등교육연구, 19(1), 319-340.

이상철(2008). 교사의 갈등관리유형과 그 효과에 관한 연구. 교육행정학연구, 26(3), 95-124.

이종범, 안문석, 이정준, 윤견수(1991). 정책분석에 있어서 딜레마 개념의 유용성. 한국행정학보, 25(4), 3-22.

이창원(2000). 딜레마 이존과 조직 이론. 사회과학논총, 20, 63-89.

이현숙(2020). 서울형혁신학교의 학교혁신과정에 참여한 네 초등교사의 리더 경험에 관한 내러티브 탐구. 이화여자대학교 대학원 박사학위논문.

임종헌(2016). 자유학기제 운영 과정에 대한 질적 사례 연구. 경희대학교 대학원 박사학위논문.

조경호, 주재복(1994). 딜레마 정책결정 상황하의 정부의 전략적 대응과 선택에 관한 연구: 쌀 시장 개방정책을 중심으로. 한국행정연구, 3(1), 144-169.

조대연, 박용호, 김녀리, 김희영(2010). 학교장의 직무 역량에 대한 요구 분석. 한국교원교육연구, 27(4), 293-315.

주현준, 김태연(2015). 초등학교장의 리더십 딜레마에 관한 연구. 초등교육연구, 28(2), 233-259.

행정학용어표준화연구회(2010). 행정학용어사전. 한국행정학회.

허창운, 민형원, 이유선, 고원(1997). 프로이트의 문학예술이론. 서울: 민음사.

Begley, P. T. (1996). Cognitive perspectives on values in administration: A quest for coherence and relevance. *Educational Administration Quarterly, 32*(3), 403–426.

Berlak, A., & Berlak, H. (1981). *Dilemmas of schooling: Teaching and social change*. London: Methuen.

Buntz, C. G., & Radin, A. B. (1983). Managing intergovernmental conflict: The case human services. *Public Administration Review, 43*(5), 403–410.

Campbell, D. F. (1983). New challenges for leadership. *Community College Review, 10*(4), 12–17.

Cuban, L. (1992). Managing dilemmas while building professional communities. *Educational Researcher, 21*(1), 4–11.

Deal, T. E., & Peterson, K. D. (1994). *The leadership paradox: Balancing logic and artistry in schools*. Jossey–Bass Education Series. San Francisco: Jossey–Bass, Inc., Publishers.

Derr, C. B. (1978). Managing organizational conflict. *California Management Review, 21*(2), 76–83.

Dimmock, C. (1996). Dilemmas for school leader and administrator in restructuring. In K. Leithwood, J. Chapman, D. Corson, P. Hallinger, & A. Hart (Eds.), *International Handbook of Educational Leadership and Administration* (pp. 135–170). Dordrecht, Netherlands: Kluwer Press.

Dolan, C. (2020). *Paradox and the school leader: The struggle for the soul of the principal in neoliberal times*. Singapore: Springer.

Duke, D., & Leithwood, K. (1994). *Defining effective leadership for Connecticut's school*. a monograph prepared for the Connecticut Administrator Appraisal Project. Hartford, CT: University of Connecticut.

Elbow, P. (1991). Embracing contraries in the teaching process. *College English, 45*(4), 327–339.

Follett, M. P. (1940). Constructive conflict in dynamic administration. In H. C. Metcalf & L. Urwick (Eds.), *The collective papers of Mary Parker Follett* (pp. 30–49). New York: Harper & Row.

Grace, G. (1995). *School leadership: Beyond educational management*. London: Falmer Press.

Herr, R. M., Van Harreveld, F., Uchino, B. N., Birmingham, W. C., Loerbroks, A., & Fischer, J. E. (2019). Associations of ambivalent leadership with distress and cortisol secretion. *Journal of Behavioral Medicine, 42*(2), 265−275.

Hoy, W. K., & Miskel, C. W. (1996). *Educational administration: Theory into practice*. New York: McGraw−Hill.

Joo, H. J., & Kim, T. (2022). Ambivalence toward bureaucracy: Responses from Korean school principals. *International Journal of Educational Management, 36*(3), 311−324.

Keddie, A. (2014). It's like spiderman with great power comes great responsibility: School autonomy, school context and the adult culture. *School Leadership and Management, 34*(5), 502−517.

Kim, T. (2020). Revisiting the governance narrative: The dynamics of developing national educational assesment policy in South Korea. *Policy Futures in Education, 18*(5), 574−596.

Kim, T., & Weiner, J. (2022). Negotiating incomplete autonomy: Portraits from three school principals. *Educational Administration Quarterly, 58*(3), 487−521.

March, J. G., & Simon, A. H. (1958). *Organizations*. New York: John Wiley & Sons, Inc.

Mullen, J., Kelloway, E. K., & Teed, M. (2011). Inconsistent style of leadership as a predictor of safety behaviour. *Work Stress, 25*(1), 41−54.

Murphy, J. (1994). Transformational change and the evolving role of the principal: Early empirical evidence. In J. Murphy & K. S. Louis (Eds.), *Reshaping the principalship* (pp. 20−55). Thousand Oaks, CA: Sage.

Nicotera, A. M. (1993). Beyond two dimensions: A grounded theory of conflict−handling behavior. *Management Communication Quarterly, 6*(3), 282−306.

Ogawa, R. T., Crowson, R. L., & Goldring, E. B. (1999). Enduring dilemmas of school organization. In J. Murphy, & K. S. Louis (Eds.), *Handbook of research on educational administration* (2nd ed., pp. 277−295). San Francisco, CA: Jossey−Bass.

Owens, R. G. (1995). *Organizational behavior in education* (5th ed.). Boston: Allyn & Bacon.

Rahim, M. A. (1983). A measure of styles of handling interpersonal conflict. *Academy of Management Journal, 26*(2), 368–376.

Rahim, M. A. (1986). *Managing conflict in organizations*. New York: Praeger.

Reece, B. L., & Brandt, R. (1984). *Effective human relations in organization*. Boston: Houghton Mifflin.

Steers, R. M. (1981). *Introduction to organizational behavior*. IL: Gleview, Foresman and Company.

Stone-Johnson, C. (2014). Not cut out to be an administrator: Generations, change, and the career transition from teacher to principal. *Education and Urban Society, 46*(5), 606–625.

Thomas, K. (1976). Conflict and conflict management. In M. D. Dunnette (Ed.), *Handbook of industrial and organizational psychology* (pp. 889–935). Chicago: Rand McNally.

Walker, A., & Dimmock, C. (2000). Mapping the way ahead: Leading educational leadership into the globalised world. *School Leadership & Management, 20*(2), 227–233.

Wildy, H., & Louden, W. (2000). School restructuring and dilemmas of principal's work. *Educational Management & Administration, 28*(2), 173–184.

Windschitl, M. (2002). Framing constructivism in practice as the negotiation of dilemmas: An analysis of the conceptual, pedagogical, cultural, and political challenges facing teachers. *Review of Educational Research, 72*(2), 131–176.

Zhao, Q., & Zhou, W. (2021). Good or bad? The ambivalent leader-follower relationships. *Frontiers in Psychology, 12*, 690074.

교육리더십의 상관성

교육리더십은 다양한 변수들과 관계를 맺는다. 독립변수로서 교육리더십은 종속변수인 교육목표 또는 교육효과성과 직·간접적인 관계가 있다. 또한 교육리더십은 다양한 선행변수 및 조절변수와 관련되기도 한다. 제5장에서는 교육리더십과 관계를 맺고 있는 변수를 소개하고, 선행연구를 통해 밝혀진 상관성을 정리하였다.

1 교육리더십의 연구모형

교육리더십의 연구모형은 관련 변수와의 관계를 기반으로 설계된다. 리더십의 개념 정의인 '공동의 목적을 달성하기 위해 집단의 개인에게 영향을 미치는 과정 (Northouse, 2016)'에 비추어 보면, 리더십은 필연적으로 개인, 집단, 목적과 관계를 맺을 수밖에 없다. 리더십의 대상이 되는 개인 또는 집단에 영향을 주는 과정에서 관계가 형성되고, 이러한 관계는 조직의 공동 목적에 직·간접적인 영향을 주기 때문이다. 교육리더십 연구에서는 이러한 변수들과의 관계에 주목하고 교육리더 십의 효과성을 분석하였다. 여기서는 교장리더십 연구를 종합한 국내외 선행연구 (박상완, 2009; Hallinger & Heck, 1996)를 기초로 직접효과, 매개효과, 조절효과, 선행효과, 상호효과 모형을 정리하였다.

1) 교육리더십이 처치변수인 모형

(1) 직접효과 모형

직접효과 모형은 독립변수인 교육리더십이 어떤 중재변수 없이 종속변수와 관련되거나 영향을 준 것이다. 초기연구자들은 단순히 두 개의 변수만 포함하는 이 변량분석을 통해 교육리더십과 종속변수 간의 직접효과를 분석하고자 하였다. 이러한 초기연구는 비록 통계적으로 유의한 결과를 도출하였지만 교육리더십이 작용하는 복잡한 과정을 충분하게 설명하지는 못하였다. 특히, 변수통제가 이루어지지 못한 통계방법론의 한계와 교육리더십이 발휘되는 과정에서 관련되는 복잡한 변수를 고려하지 못한 문제점을 비판받았다. 따라서 오늘날 교육리더십 연구에서는 단순히 두 개의 변수(교육리더십과 관련 종속변수) 간 관계를 분석하는 연구 모형이 아닌 혼동변수를 통제하며 관련 변수들 간의 복잡한 관계를 분석하는 위계선형모형, 구조방정식 등의 정교한 기법이 적용되고 있다.

국내외 선행연구에서는 독립변수인 교육리더십의 효과성을 설명하는 종속변수를 설정하고 두 변수 간의 관계를 분석하였다. 어떤 관점에서 보는가에 따라 독립변수인 교육리더십이 달라질 수 있지만, 교육과 교육행정의 궁극적 목표인 학생의 바람직한 성장에 책임이 있는 모든 주체의 리더십이 독립변수가 될 수 있을 것이다. 따라서 교육리더십의 주체는 학교행정가인 교장을 중심으로 교육행정가인 교육감, 교육부 장관의 리더십뿐 아니라 교사리더십에 이르기까지 다양하게 설정할 수 있다.

한편, 교육리더십의 효과성을 설명하는 다양한 종속변수가 설정되었다. 가장 대표적인 변수는 학생의 학업성취도이다. 앞서 설명한 바와 같이, 교육리더십은 궁극적으로는 학생의 바람직한 성장을 도모하기 위한 것으로 학업성취도는 교육리더십의 효과성을 설명하는 대표적인 변수로 연구되었다. 선행연구에서는 학업성취도 이외에도 개인 수준과 조직 수준에서 여러 변수가 설정되었다. 개인 수준의 변수로는 교원의 만족도, 헌신도, 몰입도, 전문성, 효능감, 사기 진작 등이 있고, 조직 수준의 변수에는 학교 조직의 문화, 조직풍토, 조직 건강도 등이 있다.

교육리더십의 직접효과를 분석한 국내외 선행연구의 결과를 종합해 보면 다음과 같다. 첫째, 교육행정가 또는 학교행정가의 리더십은 학생의 학업성취도에 직접적인 영향을 주지 않는다. 교장리더십에 관한 일부 예외적인 연구 결과(Glasman, 1984; Hunter, 1994)를 제외하고 대체적으로 교장리더십은 학생의 학업성취도에 직접적인 영향을 주지 않는 것(성기선, 2000; 천세영, 황현주, 1999; Braughton & Riley, 1991; van de Grift, 1990)으로 보고되었다. 일부 예외적인 연구 결과에서도 영향력의 정도가 거의 없거나 매우 약한 것으로 나타났다. 그러나 교사리더십은 학생의 학업성취도에 직접적으로 유의한 영향을 주는 것(천석우, 2010; 최지혜, 2013)으로 보고되고 있다. 둘째, 교육행정가 또는 학교행정가의 리더십은 학생을 제외한 교사 및 학교 수준의 종속변수에 직접적인 영향을 주는 것으로 나타났다. 특히 교장의 리더십은 교사의 직무만족, 헌신, 동기 등에 영향을 주고, 학교 조직의 문화, 풍토, 건강도 등에 유의한 영향을 주는 것으로 보고되었다.

[그림 5-1] 직접효과 모형

① 교육리더십(교장/교사)-종속변수(학생)

이 모형은 교장리더십 또는 교사리더십과 학생변수 간의 관계를 설명한 것으로, 종속변수로 학업성취도, 학교생활적응 등 다양한 학생 관련 변수가 설정되었다.

② 교육리더십(교장)-종속변수(교사)

이 모형은 교장리더십과 교사변수 간 관계를 설명한 것으로, 종속변수로 만족도, 헌신, 몰입도, 효능감 등 다양한 교사 관련 변수가 설정되었다.

③ 교육리더십(교장)-종속변수(학교)

이 모형은 교장리더십과 학교변수 간 관계를 설명한 것으로, 종속변수로 조직문화, 풍토, 건강도 등 다양한 학교 관련 변수가 설정되었다.

④ 교육리더십(교사)-종속변수(동료교사/학부모)

이 모형은 교사리더십과 동료교사 또는 학부모 간 관계를 설명한 것으로, 종속변수로 동료교사(협력, 활력 등) 관련 변수와 학부모(참여, 만족도 등) 관련 변수가 설정되었다.

(2) 매개효과 모형

매개효과 모형은 교육리더십이 종속변수에 미치는 직접효과와 간접효과를 제3의 중재변수를 통해 설명하는 모형이다. 매개효과 모형으로 수행된 선행연구에서는 다양한 변수들이 복잡한 관계를 맺고 있다. 매개효과 모형으로 수행된 국내외 선행연구의 결과(김민희, 박수정, 2008; 유길한, 2006, 2018; 이유경, 2011; 이정란, 2014; Biester, Kruse, Beyer, & Heller, 1984; Crawford, Kimball, & Watson, 1985)는 상당수가 유의한 관계와 그렇지 않은 관계가 혼재되어 보고되었다.

[그림 5-2] 매개효과 모형

① **교육리더십(교장)-매개변수(교사)-종속변수(학생)**

이 모형은 교육행정가의 리더십이 교사를 매개로 학생에게 직·간접적으로 영향을 주는 효과를 설명한다. 독립변수인 교육행정가 변수는 주로 교장리더십이, 매개변수인 교사변수는 효능감, 몰입, 헌신, 만족도 등이, 종속변수인 학생변수는 학업성취도 등이 설정되었다. 앞서 직접효과에서도 확인한 바와 같이, 교장리더십은 학생의 학업성취도에 직접적인 영향을 주지 못한 반면, 교사에게는 직접적으로 영향을 주었다. 즉, 교장리더십과 교사변수 간에는 직접효과가 확인되고, 교장리더십과 학생변수 간의 관계는 간접효과로 설명된다.

② **교육리더십(교장)-매개변수(교사)-종속변수(교사)**

이 모형은 교육행정가의 리더십이 매개변수이자 종속변수인 교사변수에 직·간접적으로 영향을 주는 효과를 설명한다. 이러한 모형으로 수행된 연구에서는 매개변수를 교사의 팔로워십, 효능감, 만족도 등으로 설정하였고, 종속변수를 교사의 헌신, 몰입 등으로 설정하였다.

③ **교육리더십(교장)-매개변수(학교)-종속변수(교사)**

이 모형은 교육행정가의 리더십이 학교변수를 매개로 교사에게 직·간접적으로 영향을 주는 효과를 설명한다. 선행연구에서는 학교변수로 학교 조직의 문화, 풍토 등이 사용되었고, 교사변수에는 만족도, 헌신 등이 사용되었다.

④ **교육리더십(교사)-매개변수(학생)-종속변수(학생)**

이 모형은 교사리더십이 매개변수이자 종속변수인 학생에 직·간접적으로 영향을 주는 효과를 설명한다. 매개변수로 학생의 자아개념 등이 있고, 종속변수로 학교 적응, 학업성취도 등이 있다.

⑤ **교육리더십(교사)−매개변수(교사)−종속변수(학교)**

이 모형은 교사리더십이 매개변수인 동료교사와 종속변수인 학교변수에 직·간접적으로 영향을 주는 효과를 설명한다. 매개변수에는 동료교사와의 관계 등이 있고, 종속변수로 학교 문화 등이 있다.

(3) 조절효과 모형

조절효과 모형은 교육리더십 효과를 통제하는 제3의 중재변인을 설정하여 교육리더십의 효과를 설명하는 모형이다. 예를 들어, 교육리더십이 종속변수에 미치는 효과크기(effect size)가 교사 특성, 학교 문화 등과 같은 제3의 조절변수에 따라 달라지는 경우이다. 선행연구(김두범, 1991; 김민환, 2003; 김재덕, 2008)에서는 조절변수로 교사변수와 학교변수를 설정하였는데, 그 결과는 매개효과 모형과 마찬가지로 혼재된 결과를 보고하고 있다.

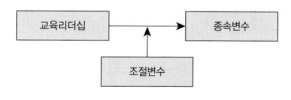

[그림 5-3] 조절효과 모형

① **교육리더십(교장)−조절변수(학생/교사/학교)−종속변수(교사/학교)**

이 모형은 교장리더십이 종속변수에 영향을 주는 과정에 조절변수의 효과를 설명한 것이다. 조절변수는 학생변수(사회·경제적 배경, 학업성취 수준 등), 교사변수(성별, 경력, 성숙도 등)와 학교변수(학교 문화, 학교급 등)가 설정되었고, 종속변수로는 교사의 헌신 등과 학교의 교육성과 등이 설정되었다.

② **교육리더십(교사)−조절변수(학생/학부모/학급)−종속변수(학생)**

이 모형은 교사리더십이 종속변수에 영향을 주는 과정에 조절변수의 효과를 설명한 것이다. 조절변수는 학생변수(학업성취 수준 등), 학부모변수(사회·경제적 배경 등), 학급변수(규모 등)가 설정되었고, 종속변수로는 학생의 인지적 성장과 정의적 성장이 설정되었다.

2) 교육리더십이 종속변수인 모형

(1) 선행효과 모형

선행효과 모형은 독립변수인 다양한 선행변수가 종속변수인 교육리더십에 영향을 주고 다시 다른 종속변수에 영향을 주는 관계를 설명한다. 국내외 선행연구에서는 교육리더십에 영향을 주는 선행변수를 크게 조직 내부와 조직 외부로 구분하고 있다. 조직 내부는 다시 개인 수준과 조직 수준으로 구분되는데, 개인 수준에는 교육리더의 특성(성별, 경력, 나이 등)과 구성원의 특성(사회·경제적 배경, 전문성 정도 등)이 해당되고, 조직 수준에는 조직의 규모, 지역 등이 해당된다. 한편, 조직 외부 변수로는 정치, 경제, 행정 맥락과 지역사회 특성 등이 있다.

선행효과 모형에 기초한 국내외 선행연구에서는 단순히 선행변수와 교육리더십 간 상관성을 분석하는 데 머무르지 않고 교육리더십이 종속변수에 미치는 영향까지 분석하였다. 그러나 교장리더십과 학업성취도를 선행효과 모형으로 분석한 국내외 선행연구 결과는 일관되지 않다. 즉, 선행연구에서는 선행변수가 교장리더십에 유의미한 영향을 주었다는 결과(Andrews & Soder, 1987; Brewer, 1993)와 유의미한 영향을 주지 않았다는 결과(강정원, 2001; Dilworth, 1987; Ramey, Hillman, & Matthews, 1982)가 모두 보고되었다.

[그림 5-4] 선행효과 모형

① 선행변수(개인/학교)-교육리더십(교장)

이 모형은 교장리더십에 선행변수인 개인과 학교변수가 관련된 것이다. 선행변수 중 개인변수에는 성별, 경력, 학위 등이 있고, 학교변수에는 학교급, 교사 전문성, 학교 문화 등이 있다.

② 선행변수(개인/학급/학교)-교육리더십(교사)

이 모형은 교사리더십에 선행변수인 개인과 학급, 학교변수가 관련된 것이다. 선행변수 중 개인변수는 성별, 경력, 학력, 직위, 담당 업무 및 담임 여부 등이 있고, 학급변수는 학생의 학업성취 수준, 학부모의 사회·경제적 배경 등이 있으며, 학교변수는 학교급, 소재 지역, 학교설립 유형, 교직 문화 등이 있다.

3) 교육리더십이 처치-종속변수인 모형

(1) 상호효과 모형

상호효과 모형은 교육리더 간 서로 영향을 주고받는 관계를 설명한다. 상호효과 모형은 상황에 따라 여러 형태로 나타날 수 있다. 예컨대, 학교 내부, 학교 간, 교육청과 학교, 교육부와 교육청 등의 관계가 있다. 이러한 상호효과 모형은 LMX 이론(Leader-Member Exchange theory)을 기초로 한 교장과 교사 대상 연구(서재영, 2005; 이봉재, 2017)를 제외하고는 활발하게 연구되지 않았다.

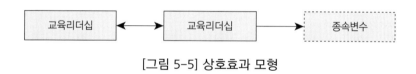

[그림 5-5] 상호효과 모형

① 교육리더십(교육행정가)-교육리더십(교육행정가)-종속변수(교육효과성)

이 모형은 교육행정가 간 상호 영향을 주고받는 관계를 설명한다. 예를 들어, 교육부 장관과 교육감, 교육감과 교장 간 상호 관계가 있을 수 있고, 교육감 간 또는 교장 간 상호 관계도 발생할 수 있다.

② 교육리더십(학교행정가)-교육리더십(교사)-종속변수(학교효과성)

이 모형은 학교행정가와 교사 간 상호 영향을 주고받는 관계를 설명한다. 예를 들어, 교장과 교사, 교감과 교사 간 관계를 들 수 있다.

2 교육리더십의 상관성 연구[1]

교육리더십의 상관성을 증명하기 위한 연구는 다양한 추리통계기법을 사용한 실험연구로 수행되었다. 선행연구에서 사용된 추리통계방법은 상관관계 분석, t-test, ANOVA/MANOVA, 회귀분석, 경로분석, 위계선형모형, 구조분석 등으로 매우 다양하다.

지금까지 교육리더십의 상관성을 측정한 연구가 상당수 축적되면서 개별 연구 결과의 효과크기를 종합적으로 검토하는 메타분석까지 시도되었다. 메타분석은 개별 연구 결과를 통계적 방법을 사용하여 분석하는 방법(Glass, 1976)으로 일반적인 결론을 도출할 수 있는 장점이 있다. 교육리더십의 상관성을 분석한 선행연구들은 적용하는 연구 대상과 모형이 각기 다르고 결과를 제시하는 방법 또한 다양하다. 따라서 개별 연구 결과를 분석·통합한 메타분석 결과를 통해 교육리더십의 상관성을 살펴볼 수 있다. 여기서는 교장리더십과 교사리더십의 상관성 관련 연구를 종합한 국내외 메타분석 결과를 소개한다.

1) 교장리더십 메타분석 사례

교육행정학에서 교장리더십에 관한 관심은 왕성한 연구로 이어졌다. 특히 교장리더십의 효과성을 검증하기 위한 많은 연구가 수행되었으며, 이러한 교장리더십의 효과성 연구 결과를 종합적으로 분석한 메타분석 연구가 수행되었다. 국내 연구로는 윤연희(2008), 오순문(2011), 윤소희(2017) 등이 있고, 국외 연구로는 Chin(2007), Robinson, Lloyd와 Rowe(2008), Sun과 Leithwood(2012) 등이 있다.

(1) 윤연희의 연구

윤연희(2008)는 메타분석 방법을 적용하여 교장의 변혁적 리더십과 직무만족도

---

1 국내외 선행연구에서는 교육리더십과 관련 변수들 간의 상관관계와 함께 인과관계를 분석하였다. 그러나 선행연구의 방법론적 문제로 인하여 연구 결과를 인과성으로 추론하기에는 한계가 있다. 따라서 여기서는 교육리더십의 인과성이 아닌 상관성으로 설명하였다. 이와 관련한 내용은 제8장 '교육리더십의 양적연구 방법론'에서 자세히 다룬다.

및 조직 효과성 간의 관계를 분석하였다. 이 연구에서는 1996년부터 2007년까지 국내에서 발표된 학위논문과 학술지 논문 47편을 분석하였다. 연구 결과, 교장의 변혁적 리더십이 교사의 직무만족에 미치는 효과크기는 1.05로 나타났다. 학교급 변수에 따른 효과크기는 초등 1.41, 중등 1.36으로 보고하였다. 조직 효과성에 미치는 효과크기는 1.73으로 나타났고, 학교급 변수에 따른 효과크기는 초등 1.87, 중등 1.59로 보고하였다. 두 변수의 효과크기 모두 기준값인 .80보다 높은 수치이고 학교급별 차이에서는 초등이 중등보다 높은 값을 보였다.

(2) 오순문의 연구

오순문(2011)은 교장리더십과 학교 조직 효과성에 관한 연구 결과를 메타분석 방법을 적용하여 연구하였다. 이 연구에서는 1990년부터 2009년까지 국내에서 발간된 학위논문과 학술지 논문 658편을 연구 대상으로 하였다. 교장리더십 변수는 변혁적 리더십, 거래적 리더십, 인화지향 리더십, 목표지향 리더십, 관료지향 리더십, 도덕적 리더십, 수업리더십, 감성적 리더십으로 정의하였다. 학교 조직 효과성 변수는 직무만족, 적응성, 직무성과, 조직헌신, 교사사기, 조직풍토, 직무 스트레스, 조직건강, 성취동기, 학업성취도, 집단응집성으로 구분하였다. 중재변수로는 논문발표 연도, 학교급(초등과 중등), 학교설립유형(국공립, 사립)을 설정하였다. 연구 결과, 교장리더십과 학교 조직 효과성 간의 효과크기는 $r=.377$(*Fisher's Z*[2]를 피어슨 상관계수 r로 변환한 가중 효과크기)로 나타났고, 초등학교 .379, 중등학교 .373으로 보고하였다. 학교급별 근소한 차이가 있지만 전체적으로 교장리더십이 학교 조직 효과성에 중요한 변수임을 알 수 있다. 또한, 교장리더십은 조직건강($r=.611$), 조직풍토($r=.480$), 교사사기($r=.424$), 집단응집성($r=.411$), 적응성($r=.411$), 직무만족($r=.391$), 조직헌신($r=.381$), 직무성과($r=.300$), 성취동기($r=.168$) 순으로 효과를 미치는 것으로 나타났고, '직무 스트레스'와 '학업성취도'는 .05수준에서 유의하지 않은 것으로 보고하였다. 한편, 교장리더십 가운데 도덕적 리더십

---

2 *Fisher's Z*는 영국의 학자인 Roland Aylmer Fisher(1890~1962)가 제안한 것으로 상관계수 r의 표집분포를 일정한 함수관계를 가진 다른 척도의 분포로 전환시킴으로써 정상분포화하고자 하는 전환점수를 의미한다.

(r=.525), 변혁적 리더십(r=.510), 감성적 리더십(r=.488), 인화지향 리더십(r=.417), 수업리더십(r=.388), 목표지향 리더십(r=.362), 거래적 리더십(r=.249), 관료지향 리더십(r=.120) 순으로 효과크기가 나타났다.

(3) 윤소희의 연구

윤소희(2017)는 메타분석 방법으로 교장리더십과 교사 직무만족도 관계를 분석하였다. 이 연구에서는 1995년부터 2016년까지 국내에서 발표된 학위논문과 학술지에 게재된 논문 총 67편을 분석하였다. 교장리더십의 하위변수는 변혁적 리더십, 거래적 리더십, 인화지향 리더십, 목표지향 리더십, 관료지향 리더십, 수업리더십, 감성적 리더십, 도덕적 리더십, 서번트 리더십으로 설정하였고, 교사 직무만족도 하위변수는 인간관계, 담당 직무, 근무 환경, 전문성 신장, 인사 관리, 보상체제, 교직관, 행정 지원, 인정, 사회관계로 설정하였다. 연구 결과, 교장리더십이 교사 직무만족에 미치는 랜덤효과[3] 모형 값은 r=.363으로 중간 정도로 보고되었다. 교장리더십 유형에서는 도덕적 리더십(r=.554), 수업리더십(r=.477), 변혁적 리더십(r=.460), 인화지향 리더십(r=.360), 서번트 리더십(r=.350), 목표지향 리더십(r=.348), 감성적 리더십(r=.336), 거래적 리더십(r=.318) 순서로 효과가 크게 나타났다. 반면, 관료지향 리더십은 r=−.107로 부적관계가 보고되었다. 한편 교사의 직무만족 하위변수 중에서 인사 관리(r=.395), 행정 지원(r=.359), 인간관계(r=.338)가 다른 변수에 비해 상대적으로 높은 효과크기를 보였다.

(4) Robinson, Lloyd와 Rowe의 연구

Robinson 등(2008)은 메타분석 방법을 사용하여 교육리더십과 학생변수(학업/비학업 변수) 간의 관계를 분석하였다. 교육리더십 변수는 교육감, 교장, 교사 등을 모두 포함하며 하위변수를 변혁적 리더십, 수업리더십, 기타 리더십으로 분류하

---

3 랜덤효과(random effect)는 가능한 모든 처치 수준 중에 임의(random)로 몇 개를 고른 것으로 이에 대응되는 모형을 '랜덤효과 모형'이라 한다. 반면, 실험자 스스로 적당한 실험 수준을 선택한 경우, 그 요인이 고정되었다(fixed)고 하며, 이에 대응되는 모형을 '고정효과 모형'이라고 한다.

였다. 또한, 학생변수는 학업성취도, 사회적 관계 등을 포함하였다. 이 연구에서는 1978년부터 2006년까지 영문으로 발표된 각국(호주, 영국, 홍콩, 이스라엘, 네덜란드, 뉴질랜드, 싱가포르)의 학술논문 27편을 연구 대상으로 하였으며, 학위논문과 학술대회 발표 연구물은 제외하였다. 연구 결과, 변혁적 리더십($r=.11$), 수업리더십($r=.42$), 기타 리더십($r=.30$)의 효과크기가 나타났다.

(5) Sun과 Leithwood의 연구

Sun과 Leithwood(2012)는 메타분석 방법으로 교장의 변혁적 리더십이 학생의 학업성취도에 미치는 효과크기를 분석하였다. 이 연구에서는 1996년부터 2008년 사이에 발표된 79편의 박사학위논문을 연구 대상으로 하였다. 중재변수로는 학교급, 학교유형, 리더십을 설정하였다. 연구 결과는 직접효과와 간접효과로 구분하여 제시하였다. 첫째, 교장의 변혁적 리더십이 학생의 학업성취도에 직접 영향을 미치는 효과를 분석한 결과, 효과크기는 $r=.09$이고, 랜덤효과도 $r=.12$로 나타났다. 이러한 결과는 통계적으로는 유의미하지만 매우 미약한 효과임을 의미한다. 둘째, 교장의 변혁적 리더십이 학생의 학업성취도에 미치는 간접효과는 유의한 것과 유의하지 않은 것이 혼합되어 나타났다. 교장의 변혁적 리더십의 하위변수 가운데 협력적 집단 구조($r=.17$)와 개별적 지원($r=.15$)은 유의미하지만, 지적 자극($r=.05$), 비전 공유($r=.03$) 등은 유의미하지 않았으며, 예외관리($r=-.05$)는 부적관계로 보고되었다. 또한 중재변수인 학교급은 초등($r=.17$)이 중등($r=.07$)보다 높게 나타났다.

2) 교사리더십 메타분석 사례

교육리더십 연구에서는 전통적으로 교사리더십보다 교장리더십에 관심을 가졌던 것이 사실이다. 하지만 1970년대를 전후하여 교사리더십에 주목하기 시작하면서(Smyile, 1995), 1980년대에는 교사리더십이 주요한 관심의 대상이 되었다(이윤식 외, 2007). 최근에는 학교 조직에서의 공유와 분산이 강조되면서 교사리더십에 관한 연구가 활발하게 수행되고 있다. 지금까지 교사리더십의 효과성에 관한 연구는 동일한 주제와 가설을 검증하지만 표집, 측정, 자료처리 방법이 상이하여 일관된 연구 결과의 경향을 보이지 않았다(주현준, 이쌍철, 남지영, 2012). 국내 연구에서 메타분석 방법으로 교사리더십의 효과성을 분석한 사례는 주현준 등(2012)이 있고, 국외 연구로는 Shen 등(2020), Tsai(2015) 등이 있다.

(1) 주현준, 이쌍철, 남지영의 연구

주현준 등(2012)은 메타분석을 통해 교사리더십과 학교효과성 간의 효과크기를 분석하였다. 이 연구에서는 1980년부터 2011년까지 국내에서 발표된 학위논문과 학술지 게재 논문 80편을 분석하였다. 교사리더십은 과업지향 리더십, 인화지향 리더십, 변혁적 리더십, 수업리더십으로 설정하였고, 학교효과성은 학생 수준(학습, 생활, 자아, 만족도)과 학급 수준(풍토, 문화, 조직건강, 학급효과성)으로 구분하였다. 또한, 중재변수로는 출간년도와 학교급을 설정하였다. 연구 결과, 교사리더십과 학교효과성 간의 효과크기는 $r=.293(Cohen's\ d^4=.910)$으로 높게 보고되었다. 학교급에 따라서는 초등($r=.322$)이 중등($r=.243$)보다 높았다. 그리고 학급 수준($r=.336$)이 학생 수준($r=.260$)보다 높았다. 한편, 교사리더십 가운데 변혁적 리더십($r=.431$)의 효과크기가 가장 크고, 이어서 인화지향 리더십($r=.289$), 과업지향 리더십($r=.246$) 순으로 나타났다.

(2) Shen 등의 연구

Shen 등(2020)은 메타분석 방법으로 교사리더십과 학생의 학업성취도 간 관계를 분석하였다. 교사리더십의 하위변수는 7개(비전 공유, 학급운영, 교육과정·수업 및 평가 활용, 전문성 개발, 의사결정 참여, 협동적 문화 조성, 학부모 및 지역사회 연계)로 설정하였다. 학생의 학업성취도 변수는 수학과 읽기 교과목 점수로 설정하였다. 이 연구에서는 1997년부터 2018년까지 발표된 학술논문을 연구 대상으로 하였다. 연구 결과, 전체 효과크기는 $r=.187$(랜덤효과)로 교사리더십이 학생의 학업성취도에 영향을 주는 것으로 보고되었다. 교과목별 분석에서는 수학 교과목($r=.24$)이 읽기 교과목($r=.18$)보다 높게 나타났다. 교사리더십 하위변수는 모두 유의한 효과크기를 나타냈는데, 그 가운데 교육과정·수업 및 평가 활용의 효과크기가 $r=.21$

---

4 *Cohen's d*(Cohen, 1988)는 두 집단 평균 간의 차이를 계산하는 효과크기로서 가장 대표적인 것이 표준화된 평균차이이다.

로 가장 높았고, 그다음으로 전문성 개발이 $r=.19$로 높았다. 한편, 학교급 간 차이는 보고되지 않았다.

3 종합

지금까지 살펴본 국내외 선행연구의 주요 결과를 정리하면 다음과 같다.

1) 교장리더십은 학생변수와 간접적으로 관련된 반면, 교사리더십은 학생변수와 직접적으로 관련된다

교육리더십이 달성하고자 하는 최종 목표는 학생의 성장에 있다. 학생의 성장은 인지적 측면과 정의적 측면을 모두 포함한 것으로 학업성취도를 비롯하여 학교생활 적응, 자아개념 발달 등으로 다양하다. 다수의 선행연구에서는 '교장리더십은 학생의 성장에 직접적인 영향을 주지 않는다.'는 결과를 보고하고 있다. 물론 일부 예외적인 연구 결과는 직접적인 효과를 보고하고 있지만 매우 미약한 수준이다. 반면, 교사리더십은 학생변수에 직접적으로 관련된 것으로 보고되었다. 이러한 연구 결과는 교육의 책무성을 강조하는 시대에 교사리더십의 중요성을 다시 생각하게 한다. 또한, 교육리더십 연구에서 더 이상 교장리더십 일변도의 연구가 바람직하지 않다는 시사점을 준다. 이러한 맥락에서 효과적인 교육리더십은 교장리더십과 교사리더십이 적절하게 통합된 형태가 되어야 한다는 주장 (Sebastian, Allensworth, & Huang, 2017; Shen et al., 2019)이 주목받고 있다.

2) 교장리더십은 교사변수와 학교변수에 직접적인 영향을 주며, 학생변수에 간접적으로 관련된다

교장리더십은 교사의 전문성, 효능감, 사기, 몰입 등과 학교 조직의 문화, 풍토, 건강도 등에 직접적인 영향을 주는 것으로 보고되었다. 또한, 교장리더십의 영향을 받은 교사변수와 학교변수는 학생에 직접 관련되는 것으로 나타났다. 따라서 교장리더십이 교사와 학교를 매개로 학생들에게 간접적으로 영향을 주고 있음을 유추할 수 있다. 이러한 연구 결과는 교장리더십이 교사의 수업전문성을 높이고,

교사가 학교 의사결정에 참여할 권한을 확대하는 방향으로 변화되어야 한다는 주장(York-Barr & Duke, 2004)을 뒷받침한다.

3) 교육리더십은 선행변수와 조절 · 매개변수와 관련된다

교육리더십은 관련 변수에 영향을 주면서 영향을 받기도 한다. 교육리더는 미시적으로 성별, 경력 등과 같은 개인변수와 지역, 규모 등과 같은 조직변수에 영향을 받고, 거시적으로는 정치, 경제, 행정, 지역사회 등에 영향을 받는다. 이러한 변수들은 선행변수로 교육리더십에 영향을 주거나 조절 · 매개변수로 작용하기도 한다. 따라서 교육리더십 연구는 교육리더십이 타 변수에 영향력을 미치는 과정을 분석하는 데 치중된 기존 연구의 한계를 넘어 교육리더십이 영향을 받는 변수까지 연구의 영역을 확장할 필요가 있다.

✎ **요약**

교육리더십은 관련된 학생, 교원, 학교 조직 등 다양한 변수와 관계를 형성한다. 교육리더십은 독립변수로서 종속변수에 직·간접적인 영향을 주고, 선행변수나 조절변수의 영향을 받기도 한다. 국내외 선행연구에서는 교육리더십과 관련 변수들 간의 관계를 증명하기 위해 통계방법을 적용한 실증적 연구를 수행해 왔다. 그러나 상관성은 실증적 연구를 통해 상당 부분 밝혀졌지만 아직까지 인과성을 입증하기에 다소 부족하다고 할 수 있다. 이와 관련된 자세한 내용은 제8장 '교육리더십의 양적연구 방법론'에서 다룬다.

지금까지 수행된 국내외 선행연구는 대부분 교육리더십과 관련 변수 간 유의한 관계를 보고하였다. 주요 내용은 다음과 같다. 첫째, 교장리더십은 학생변수에 간접적으로 작용하는 반면, 교사리더십은 학생변수에 직접적으로 관련된다. 둘째, 교장리더십은 교사변수와 학교 조직변수에 직접적으로 관련된다. 셋째, 교육리더십은 개인변수 및 조직변수의 직·간접적인 영향을 받는다. 넷째, 교육리더 간 상호 영향을 주고받는다.

제5장 '교육리더십의 상관성'에서는 선행연구 결과를 토대로 교육리더십 연구모형을 설명하였다. 연구모형은 직접효과, 매개효과, 조절효과, 선행효과, 상호효과 모형을 제시하였다. 또한, 교육리더십의 상관성을 설명하는 연구로 선행연구 결과를 종합적으로 분석한 국내외 메타분석 사례를 소개하였다.

논의 및 연구 문제

- 교육리더십의 효과는 왜 측정하기 어려운가?

- 교육리더십 연구에서 직·간접적으로 관련된 변수를 체계적으로 통제할 수 있는가?

- 교육리더십의 상관성을 증명하는 메타분석의 한계점은 무엇이고, 이를 극복하기 위한 연구 방법은 무엇인가?

- 교육리더 간 또는 교육리더와 교육팔로워 간 상호작용과 그 효과성은 어떻게 측정될 수 있는가?

- 교육리더십과 관련 변수의 상관성을 넘어 인과성을 증명하기 위해 어떤 연구 방법이 필요한가?

参考문헌

강정원(2001). 교사가 지각한 교장 수업지도성과 학생 학업성취도의 관계구조 분석. 열린
　　교육연구, 9(2), 255-279.

김두범(1991). 학교장의 지도성 행동이 지도성 효과에 미치는 영향: 지도성 효과의 이원
　　성을 중심으로. 교육행정학연구, 9(1), 59-84.

김민환(2003). 학교장의 리더십 유형에 따른 교사 임파워먼트가 교사들의 교직 활동 성향
　　에 미치는 영향. 한국교원교육연구, 20(3), 89-116.

김민희, 박수정(2008). 학교장의 지도성과 교사효능감의 구조적 관계. 한국교원교육연구,
　　25(3), 281-302.

김재덕(2008). 학교 상황에 따라 학교장의 도덕적 지도성이 학교조직 효과성에 미치는 영
　　향. 교육행정학연구, 26(1), 259-286.

박상완(2009). 학교장의 지도성에 관한 국내 연구동향 분석(1988-2008). 교육행정학연구,
　　27(1), 349-378.

서재영(2005). 초등학교 교장과 교사의 리더-멤버 교환관계에 관한 연구. 서울대학교 대
　　학원 석사학위논문.

성기선(2000). 학교장지도성과 학교효과와의 관련성에 대한 탐색적 분석. 교육사회학연
　　구, 10(2), 89-113.

오순문(2011). 학교장 지도성과 학교조직 효과성의 관계에 관한 메타분석. 고려대학교 대
　　학원 박사학위논문.

유길한(2006). 교장의 지도성, 교사의 효과적 행위, 직무만족 간의 관계 구조분석: 초등교
　　사의 인식을 중심으로. 초등교육연구, 19(1), 293-317.

유길한(2018). 초등교사 팔로워십의 매개효과 분석: 변혁적 지도성과 권위적 지도성이 학
　　교효과성에 주는 차이. 교육행정학연구, 36(1), 275-301.

윤소희(2017). 학교장 지도성과 교사 직무만족도 관계에 관한 메타분석. 한국교원대학교
　　대학원 박사학위논문.

윤연희(2008). 학교장의 변혁적 지도성과 직무만족도 및 조직효과성의 관계에 관한 메타

분석. 이화여자대학교 대학원 박사학위논문.

이봉재(2017). 초등학교장의 진성 리더십, 학교장-교사 교환관계(LMX), 교사의 팔로워십 및 교직헌신 간의 구조적 관계. 인하대학교 대학원 박사학위논문.

이유경(2011). 교사 팔로워십, 학교장 지도성과정 및 학교조직 효과성 간의 관계 연구. 충북대학교 대학원 박사학위논문.

이윤식, 김병찬, 김정휘, 박남기, 박영숙, 송광용, 이성은, 전제상, 정영수, 정일환, 조동섭, 진동섭, 최상근, 허병기(2007). 교직과 교사. 서울: 학지사.

이정란(2014). 교장의 변혁적 리더십과 학교조직효과성 간의 관계에서 교사 팔로워십과 교사 컬리그십의 매개효과. 인천대학교 대학원 박사학위논문.

주현준, 이쌍철, 남지영(2012). 교사의 지도성과 학교효과성 관계에 대한 메타분석. 한국교원교육연구, 29(1), 119-141.

천석우(2010). 교사 리더십에 따른 학생의 학교생활 적응과 학업성취도에 관한 연구-자아개념의 매개효과를 중심으로. 건양대학교 대학원 박사학위논문.

천세영, 황현주(1999). 학생, 교사, 교장의 수업지도성에 따른 학업성취도 차이 연구. 교육행정학연구, 17(2), 251-272.

최지혜(2013). 교사 지도성이 초등학생의 학업 성취도에 미치는 영향에 관한 다층분석. 이화여자대학교 대학원 박사학위논문.

Andrews, R., & Soder, R. (1987). Principal instructional leadership and school achievement. *Educational Leadership, 44*(6), 9-11.

Biester, T., Kruse, J., Beyer, F., & Heller, B. (1984). Effect of administrative leadership on student achievement. American Educational Research Association. New Orleans, LA.

Braughton, R., & Riley, J. (1991). The relationship between principals' knowledge of reading process and elementary reading achievement. ERIC: ED341952.

Brewer, D. (1993). Principals and student outcomes: evidence from U.S. high schools. *Economics of Education Review, 12*(4), 281-291.

Chin, J. M. (2007). Meta-analysis of transformational school leadership effects on school outcomes in Taiwan and the USA. *Asia Pacific Education, 8*(2), 166-177.

Cohen, J. (1988). *Statistical power analysis for the behavioral sciences* (2nd ed.). Hillsdale, NJ: Lawrence Erlbaum Associates.

Crawford, J., Kimball, G., & Watson, P. (1985). Causal modeling of school effect on achievement. American Educational Research Association. Chicago, IL.

Dilworth, R. (1987). A study of the relationship between student achievement and the variables of teacher-perceived instructional leadership behaviors of principals and teacher attendance. Unpublished doctoral dissertation. University of Southern Mississippi, Hattiesburg.

Glasman, N. (1984). Student achievement and the school principal. *Educational Evaluation and Policy Analysis, 6*(3), 283-296.

Glass, G. V. (1976). Primary, secondary, and meta-analysis of research. *Educational Researcher, 5*(10), 3-8.

Hallinger, P., & Heck, R. H. (1996). Reassesing the principal's role in school effectiveness: A review of empirical research, 1980-1995. *Educational Administration Quarterly, 32*(1), 5-44.

Hunter, C. (1994). Los Angeles unified school districts middle school principals' instructional leadership behaviors and academic achievement. Unpublished doctoral dissertation, Pepperdine University, Los Angeles.

Northouse, P. G. (2016). *Leadership: Theory and practice* (7th ed.). California: Sage.

Ramey, M., Hillman, L., & Matthews, T. (1982). *School characteristics associated with instructional effectiveness*. American Educational Research Association. New York.

Robinson, V., Lloyd, C., & Rowe, K. (2008). The impact of leadership on student outcomes: An analysis of the differential effect of leadership types. *Educational Administration Quarterly, 44*(5), 635-674.

Sebastian, J., Allensworth, E., & Huang, H. (2017). The role of teacher leadership in how principals influence classroom instruction and student learning. *American Journal of Education, 123*(1), 69-108.

Shen, J., Ma, X., Gao, X., Palmer, L. B., Poppink, S., Burt, W., Leneway, R., McCrumb, D., Pearson, C., Rainey, M., Reeves P., & Wegenkeet, G. (2019). Developing and validating an instrument measuring school leadership. *Educational Studies, 45*(4), 402-421.

Shen, J., Wu, H., Reeves, P., Zheng, Y., Ryan, L., & Anderson, D. (2020). The association between teacher leadership and student achievement: A meta-analysis. *Educational Research Review, 31*, 1-19.

Smylie, M. A. (1995). New perspectives on teacher leadership. *The Elementary School*

Journal, 96(1), 3−7.

Sun, J., & Leithwood, K. (2012). Transformational school leadership effects on student achievement. *Leadership and Policy in Schools, 11*(4), 418−451.

Tsai, K. C. (2015). A preliminary meta−analysis of teacher leadership. *Education and Literature, 3*(3), 131−137.

van de Grift, W. (1990). Educational leadership and academic achievement in elementary education. *School Effectiveness and School Improvement, 1*(3), 26−40.

York−Barr, J., & Duke, K. (2004). What do we know about teacher leadership? findings from two decades of scholarship. *Review of Educational Research, 74*(3), 255−316.

교육리더십의 연구 동향

교육행정학 분야에서 교육리더십은 가장 중요하게 연구된 주제 중 하나이다. 교육리더십 연구는 공교육의 책무성과 교육개혁에 대한 요구가 커지면서 최근까지도 활발하게 수행되고 있다. 국내외 연구자들은 오랜 기간 축적된 교육리더십 연구를 종합적으로 검토하여 연구 동향을 정리하였다. 제6장 '교육리더십의 연구 동향'에서는 교육리더십의 연구 동향을 분석한 국내외 연구 결과를 소개하고, 국내외 연구 동향의 특성을 정리하였다.

1 교육리더십의 연구 동향 분석

국내외를 막론하고 교육행정학 분야에서 교육리더십은 가장 왕성하게 연구된 주제 중 하나이다(신현석, 2017; 이수정, 김승정, 임희진, 2018; 임연기, 김훈호, 2018). 특히 교육리더십은 학교효과성에 영향을 주는 핵심변수라는 연구 결과들이 보고되면서 더욱 주목을 받았다(Bush, 2011; Heck & Hallinger, 2005). 최근에는 공교육에 대한 비판과 대안 탐색으로 교육개혁이 강조되면서 교육리더십에 관한 연구가 지속적으로 수행되고 있다(주현준, 2019). 오랜 기간 교육리더십에 관한 연구 결과가 축적됨에 따라 국내외 연구자들은 연구 동향을 분석하였다. 연구 동향 분석은 선행연구를 체계적으로 분석하여 발전적인 방안을 모색하는 데 목적이 있다. 이러한 연구 동향 분석은 선행연구의 전체적인 흐름을 쉽게 파악하여 실제로 드러난 쟁점을 이해하고 미래 연구 방향을 도모하는 데 유용하다(Heck & Hallinger, 2005). 지금까지 교육리더십 연구 동향은 교육리더십 연구를 종합적으로 검토한 사례, 교장리더십 연구와 교사리더십 연구를 구분하여 검토한 사례로 구분할 수 있다.

1) 교육리더십 연구 동향

(1) 국외 연구 동향 분석 사례

① McGinity, Hefferman과 Courtney의 연구

McGinity, Hefferman과 Courtney(2022)는 50년 간(1970~2020년) 영문학술지에 발표된 교육리더십 연구 결과를 분석하였다. 이 연구에서는 시기, 연구 방법, 연

구 대상, 이론, 지역, 관점을 분석 기준으로 빈도를 분석하였다. 연구의 주요 내용
은 다음과 같다.

- 분석 대상: 1970년부터 2020년까지 발표된 영문학술지(『SCOPUS』) 논문 총 370편
- 분석 기준

구분	세부 기준
시기	• 1970년대/1980년대/1990년대/2000년대
연구 방법	• 데이터 수집 방법/데이터 분석 방법
연구 대상	• 학교급(유・초・중등/고등교육기관) • 교육행정가, 교사, 학생 등
이론	• 적용 여부
지역	• 주요 국가(미국, 영국, 오스트리아)/기타
관점	• 기능주의/갈등주의

- 분석 방법: 빈도분석
- 분석 결과

구분	세부 기준
연구 방법	• 데이터 수집 방법: 설문(1970년대 100%), 설문/면담(1980~1990년대), 다양한 방법(2000년대) • 데이터 분석 방법: 통계 분석(1970~1990년대), 담화분석/주제분석(2000년대)
연구 대상	• 유・초・중등학교/교장(1970~1980년대), 고등교육기관/교육감, 교사(1990년대), 체제 리더십/교사/학생(2000년대)
이론	• 적용 여부: 1970년대(없음), 1980년대(27%), 1990년대(24%), 2000년대(51%), 2010년대(46%)
지역	• 주요 국가/기타: 1970~1980년대(100%/0%), 1990년대(91%/9%), 2000년대(78%/22%), 2010년대(75%/25%)
관점	• 기능주의/갈등주의: 1970년대(100%/0%), 1980년대(73%/27%), 1990년대(87%/13%), 2000년대(69%/31%), 2010년대(72%/28%)

이와 같은 분석 결과를 바탕으로 McGinity 등(2022)은 다음과 같은 시사점을 제
시하였다. 첫째, 다양한 인식론적 기반이 필요하다. 지난 50년간 교육리더십 연구

는 연구 방법, 연구 대상, 이론적용, 관점 등이 다양해지는 현상을 보였지만 여전히 계량적인 분석과 특정 지역 및 관점에 초점이 있었다. 특히 제한적인 방법으로는 교육리더십의 명확한 지식생산이 어렵다는 점을 비판하였다. 둘째, 연구 방법의 질을 제고해야 한다. 연구 결과의 객관성을 확인하기 위해 교육리더십 연구모형, 표집 방법 등 연구 방법 전반에 대한 검토의 필요성을 제기하였다.

② Chen Peng, 박수정의 연구

　Chen Peng, 박수정(2015)은 2009년부터 2013년까지 『EAQ(Educational Administration Quarterly)』에 발표된 교육리더십 관련 논문 118편을 분석하였다. 이 연구에서는 주체, 유형, 연구 주제, 연구 방법을 분석 기준으로 빈도와 내용을 분석하였다. 주요 연구 결과는 다음과 같다.

- 분석 대상: 2009년부터 2013년까지 『EAQ』에 발표된 논문 총 119편
- 분석 기준

구분	세부 기준
주체	교장, 교사, 교육행정가, 학교리더, 교육리더, 학교행정가, 교육감, 기타
유형	수업리더십, 변혁적 리더십, 분산적 리더십, 사회정의 리더십 등
연구 주제	효과 분석, 발달 및 프로그램 개발, 수행 양상, 진단 및 척도 개발, 행동 특성 분석, 이론·제도·정책적 탐색
연구 방법	양적연구, 질적연구, 문헌연구, 혼합연구

- 분석 방법: 빈도분석 및 내용분석
- 분석 결과

구분	세부 기준
주체	• 교장: 40편(50.6%) • 교사: 16편(20.2%) • 학교리더: 8편(10.1%) • 학교행정가: 3편(3.8%) • 교육감: 3편(3.8%) • 기타: 교육행정가 2편, 교육리더 1편 등

유형	• 수업리더십: 16편(40%) • 변혁적 리더십: 8편(20%) • 분산적 리더십: 5편(12.5%) • 사회정의 리더십: 5편(12.5%) • 기타: 교육과정 리더십(1편), 거래적 리더십(1편) 등
연구 주제	• 효과 분석: 34편(53.1%) • 발달 및 프로그램 개발: 12편(18.8%) • 수행 양상: 6편(9.4%) • 진단 및 척도 개발: 5편(7.8%) • 행동 특성 분석: 4편(6.3%) • 이론 · 제도 · 정책적 탐색: 3편(4.7%)
연구 방법	• 질적연구: 28편(43.8%) • 양적연구: 22편(34.4%) • 문헌연구: 8편(12.4%) • 혼합연구: 6편(9.4%)

Chen Peng, 박수정(2015)은 이와 같은 연구 결과를 바탕으로 다음과 같은 시사점을 제시하였다. 첫째, 연구 범위의 확대를 주장하였다. 교육리더십 연구 범위가 교장과 교사를 포함하여 교육감, 교육 전문직 등으로 확대되어야 할 필요성을 언급하였다. 둘째, 수업리더십의 중요성을 강조하였다. 특히 수업리더십의 개발과 적용에 관한 연구의 필요성을 주장하였다. 셋째, 교육리더십의 쟁점 분야에 관한 연구로의 확대이다. 교육리더십 연구는 효과성 분석 이외에 중요하게 부각되는 사회정의, 평등, 신뢰 등에 관심을 가져야 한다고 주장하였다. 넷째, 연구 방법의 다원화이다. 이론과 실천이 상호 보완된 통합적 연구, 구성주의 또는 비판적 접근 등의 유용성을 강조하였다.

(2) 국내 연구 동향 분석 사례
① 김병찬의 연구

김병찬(2007)은 1996년부터 2006년까지 국내에서 발간된 자료(단행본, 박사학위 논문, 학술지 논문) 38편을 분석하였다. 이 연구에서는 연구 주제 및 내용(교장의 리더십과 교사의 리더십)과 연구 관점을 기준으로 빈도와 내용을 분석하였다. 주요 내용을 정리하면 다음과 같다.

- 분석 대상: 1996년부터 2006년까지 국내에서 발간된 자료 38편(단행본 5편, 박
  사학위논문 12편, 학술지 논문 21편)
- 분석 기준

연구 주제 및 내용 측면		연구 관점
교장의 리더십	**교사의 리더십**	
수업리더십 변혁적 리더십 도덕적 리더십 참여적 리더십 관리적 리더십 상황적 리더십 일반적 리더십	교실수업 리더십 학교 조직 리더십 의사소통 리더십 일반적 리더십	실증주의적 접근 해석적 접근 비판적−상황적 접근

- 분석 방법: 빈도분석 및 내용분석
- 분석 결과

분석 기준	분석 결과	
	교장리더십	**교사리더십**
연구 주제 및 내용 측면	• 수업리더십: 9편 • 변혁적 리더십: 5편 • 도덕적 리더십: 5편 • 참여적 리더십: 1편 • 관리적 리더십: 2편 • 상황적 리더십: 2편 • 일반적 리더십: 9편	• 일반적 리더십: 4편(개념 정립, 프로그램 개발 등) • 학교 조직 리더십: 1편(부장교 사리더십) • 교실수업 리더십과 의사소통 리더십: 0편
연구 관점 측면	• 실증주의적 접근: 24편 • 해석적 접근: 4편 • 실증적−해석적 접근: 1편 • 비판적−상황적 접근: 0편 • 기타: 9편	

이와 같은 분석 결과를 바탕으로 김병찬(2007)은 후속연구를 위해 다음과 같이 제안하였다. 첫째, 교장리더십 연구 분야의 다양화이다. 분석 결과로 나타난 수업리더십과 변혁적 리더십에 집중된 현상을 시대적 흐름의 반영으로 해석하고, 향후 도덕적 리더십 등 다양한 이론에 대한 탐구의 필요성을 주장하였다. 둘째, 교사리더십 연구의 활성화이다. 교장리더십 연구에 비해 교사리더십 연구는 상대적으로 활성화되지 못한 상황을 지적하였다. 국외와 비교해서도 국내 교사리더십에 대한 연구가 부족한 점을 비판하였다. 셋째, 연구 방법의 확장이다. 실증주의 접근의 의의를 인정하면서도 리더십 현상의 폭넓은 이해를 위해 해석적 접근 등 다양한 방법의 활성화를 제안하였다.

② 주현준의 연구

주현준(2019)은 2002년부터 2018년까지 발간된 연구 동향 분석에 관한 논문 9편을 재분석하였다. 이 연구에서는 기본 사항(연구 주제, 연구 대상, 분석 틀, 연구 방법, 연구 결과)과 현상 해석(호혜적, 반박적, 논쟁적)을 기준으로 내용을 분석하였다.

• 분석 대상: 2002년부터 2018년까지 국내 연구 동향 분석 논문 총 9편
• 분석 기준

기본 사항	현상 해석
연구 주제	
연구 대상	호혜적
분석 틀	반박적
연구 방법	논쟁적
연구 결과	

• 분석 방법: 내용분석

• 분석 결과

기본 사항	• 연구 주제: 교장, 교원, 교사 • 연구 대상: 학술지 논문, 학위논문, 단행본 • 분석 틀: 연구 주제, 연구 대상, 연구 방법, 리더십 유형, 리더십 발휘 대상 및 영역, 학교급 • 연구 방법: 빈도분석, 내용분석 • 연구 결과: (주요 경향성) 교장리더십, 변혁적 리더십, 효과성 분석, 실증적 분석, 초등학교
현상 해석	• 호혜적: 연구 활동의 문제점에 대한 공통적 시각(제한적, 편향적 등) • 반박적: 연구 유형의 다양화에 대한 상호 반대 시각(긍정적-부정적) • 논쟁적: 연구 대상 확대에 대한 다양한 시각(상위기관 교육행정가로 확대-교사로의 확대)

주현준(2019)은 연구 결과를 토대로 다음과 같은 과제를 제시하였다. 첫째, 개방적인 연구 환경 조성이다. 교육리더십 연구의 이론과 실제의 간격을 좁힐 수 있도록 연구 대상에 대한 접근 용이성을 강조하였다. 둘째, 연구 풍토 개선이다. 반복되는 유사 연구에 대한 비판과 무분별한 이론 적용의 문제점을 지적하였다. 셋째, 연구 대상 확대이다. 교장을 비롯하여 아래로는 다양한 교사의 리더십을, 위로는 교육감, 교육 전문직, 교육부 장관에 이르는 광범위한 연구의 중요성을 언급하였다.

2) 교장리더십 연구 동향

(1) 국외 연구 동향 분석 사례

교장리더십 연구 동향에 관한 연구는 Bridges(1982)를 시작으로 최근까지 이어지고 있다. 국외 연구는 교장리더십 연구에 대한 종합적 분석(Cruz-Gonzalez, Rodriguez, & Segovia, 2021; Leithwood & Duke, 1999; McGinity et al., 2022), 양적 연구 결과 분석(Hallinger, 2014), 아시아 지역 연구 분석(Hallinger & Bryant, 2013; Walker & Hallinger, 2015), 교장리더십의 정체성에 관한 연구 분석(Cruz-Gonzalez et al., 2021) 등 세부 주제가 다양하다는 특징이 있다. 여기서는 가장 초창기 사례인 Bridges(1982)의 연구와 최근 사례인 Cruz-Gonzalez 등(2021)의 연구를 소개한다.

① Bridges의 연구

Bridges(1982)는 1967년부터 1980년까지 발표된 학위논문과 학술지 논문 총 322편을 분석하였다. 이 연구에서는 연구 대상, 연구 설계, 데이터 수집, 데이터 분석, 준거, 변수를 기준으로 빈도분석을 실시하였다. 연구의 주요 내용을 정리하면 다음과 같다.

- 분석 대상: 1967년부터 1980년까지 발표된 학위논문과 학술지 논문 322편(학위논문 168편/학술지 논문 154편)
- 분석 기준

구분	세부 기준
연구 대상	• 교육감, 교장, 교감 등 • 공립학교, 사립학교, 유 · 초 · 중등학교
연구 설계	• 실험연구, 설문분석, 사례연구 등
데이터 수집	• 설문지, 면담, 직접 관찰 등
데이터 분석	• 기술통계, 이변량분석, 다변량분석 등
준거	• 이론 기반 연구, 현실 문제 기반 연구 등
변수	• 선행변수, 결과변수 등

- 분석 방법: 빈도분석
- 분석 결과

분석 기준	분석 결과
연구 대상	• 교장(일부 교육감): 전체 2/3 • 공립: 전체 94%
연구 설계	• 설문조사 기반 통계 분석: 전체 약 90% 이상
데이터 수집	• 설문지: 전체 79.8%
데이터 분석	• 기술통계 분석: 약 60% • 이변량분석: 약 25%
준거	• 가설 설정: 2편을 제외한 모든 연구
변수	• 선행변수: 개인 태도와 특성, 역할기대와 권한 • 리더변수: 행동 유형 • 결과변수: 교사사기, 학교 조직풍토

이와 같은 분석 결과를 토대로 Bridges(1982)는 다음과 같은 교장리더십 연구의 문제점을 제시하였다. 첫째, 연구 방법의 한계이다. 분석 결과에서 확인된 바와 같이, 설문조사에 의한 통계 분석이라는 유사한 패턴이 반복되는 문제를 비판하고 이를 극복하기 위한 노력이 필요하다고 주장하였다. 둘째, 연구 대상의 제한성이다. 절대 다수의 연구가 공립학교의 교장리더십을 연구 대상으로 하여 사립학교와 교육감 등에 소홀한 점을 확인하였다. 셋째, 교장리더십의 특성과 태도에 집중된 문제이다. 윤리적 측면, 젠더 이슈, 사회정의 등 교장리더십과 관련된 다양한 측면이 연구되지 못하고 있다는 점을 지적하였다.

② Cruz-Gonzalez, Rodriguez와 Segovia의 연구

Cruz-Gonzalez 등(2021)은 교장리더십의 정체성을 주제로 연구된 논문 총 38편(12개국)을 분석하였다. 이 연구에서는 교장리더십의 정체성 결정 요인과 특성에 초점을 두고 Nvivo를 활용하여 주제 분석을 실시하였다.

구분	주요 내용
분석 대상	• 전문 학술지 논문 38편:『WOS』16편,『ERIC』13편,『SCOPUS』9편
분석 방법	• Nvivo를 활용한 주제 분석
분석 초점	• 교장리더십 정체성 결정 요인 • 교장리더십 정체성의 특성
분석 결과	• 교장리더십 정체성 결정 요인: 학교 교육의 결과(성과), 정치적·맥락적 요인(책무성, 평가, 학교환경) • 교장리더십 정체성의 특성: 방해 요인(인종·젠더), 개발 요인(경험·훈련·전환)

이와 같은 분석 결과를 토대로 Cruz-Gonzalez 등(2021)은 다음과 같은 시사점을 제시하였다. 첫째, 교장리더십의 정체성은 국가 간 공통성과 다양성이 존재한다. 12개국 교장리더십 정체성에 관한 연구를 살펴본 결과, 국가를 초월하여 유사한 현상이 확인되면서도 동시에 각 국가의 상황에 따른 차이도 확인되었다. 둘째, 교장리더십의 정체성에 방해되는 요인이 확인되었다. 연구자들은 대표적으로 인종 문제와 젠더 이슈를 언급하였다. 셋째, 교장리더십 개발을 위한 프로그램의 중요

성이다. 교장리더십 개발 프로그램에 포함되어야 할 주제로 평등, 사회정의 등을 강조하였다.

(2) 국내 연구 동향 분석 사례

교장리더십 관련 연구 동향을 분석한 국내 연구는 1990년대 후반부터 최근까지 지속되고 있다. 국내 연구에서는 교장리더십 전반에 대한 분석(강숙정, 1999; 김민수, 장환영, 2018; 김병찬, 2007; 박상완, 2009; 윤소희, 2020)을 비롯하여 수업리더십(이윤식, 2002; 이인수, 윤기현, 2017), 도덕적 리더십(김재덕, 2007), 분산적 리더십(박선형, 2018) 등 다양한 주제를 다루었다. 또한, 교감리더십(오성애, 2018)의 연구동향을 분석한 사례도 있다. 여기서는 박상완(2009), 김민수, 장환영(2018), 윤소희(2020)의 연구를 소개한다.

① 박상완의 연구

박상완(2009)은 1988년부터 2008년까지 국내 주요 학술지에 발표된 83편의 교장리더십에 관한 논문을 분석하였다. 이 연구에서는 리더십 유형, 연구 주제(영역), 연구 방법을 기준으로 빈도를 분석하였다. 연구의 주요 내용을 정리하면 다음과 같다.

- 분석 대상: 1988년부터 2008년까지 국내 학술지 83편(『교육행정학연구』 45편, 『교육학연구』 7편, 『한국교원교육연구』 14편, 『초등교육연구』 7편, 『한국교육』 3편, 『교육사회학연구』 2편, 『열린교육연구』 5편)
- 분석 기준

리더십 유형	연구 주제(영역)	연구 방법		
		개념탐색/이론연구	경험적 연구	
		문헌연구	질적연구	양적연구
변혁적 리더십 수업리더십 도덕적 리더십 상징/문화적 리더십 감성적 리더십 등	리더십 개념, 구성요인 분석(측정도구 개발) 리더십 효과 분석 리더십 발달 리더십 행동 특성 리더십 프로그램 개발	개념탐색/이론개발 리더십 역할 교장리더십 개선과제 제안 등	면담조사 참여관찰 내용분석	연구 설계(모형) 분석 기법 (t-test/카이제곱 검정 ANOVA 회귀분석 구조분석 등)

- 분석 방법: 빈도분석
- 분석 결과

분석 기준	분석 결과
리더십 유형	변혁적 리더십(26편), 수업/교육리더십(16편), 도덕/윤리적 리더십(8편), 관료/목표/인간지향 리더십(3편), 상징/문화적 리더십(2편), 감성적 리더십(2편), 과업/인화지향 리더십(2편), 카리스마 리더십(2편), 기타(6편), 구분 없음(17편)
연구 주제(영역)	리더십 효과 분석(45편), 개념/이론탐색 연구 및 제언(13편), 리더십 행동 특성 분석(11편), 리더십 진단/척도 개발(8편), 리더십 발달 및 프로그램 개발(4편), 연구 동향 분석(2편)
연구 방법	양적연구(56편), 문헌연구(16편), 질적연구(11편)

이와 같은 분석 결과를 토대로 박상완(2009)은 다음과 같은 향후 과제를 제시하였다. 첫째, 교장리더십 개념 및 이론의 정교화와 리더십 유형의 다원화이다. 이를 위해 다양한 측정도구 개발 및 분산적 리더십 등에 대한 연구의 필요성을 언급하였다. 둘째, 교장리더십 연구 주제의 확장과 심화이다. 젠더 이슈의 측면에서 여교장에 관한 연구와 기존 연구를 종합적으로 검토하는 메타분석 등을 적용한 연구의 필요성을 주장하였다. 셋째, 연구 방법과 분석기법의 개발이다. 표집, 변수통제 등 연구 방법을 정교화하기 위한 노력의 중요성을 지적하였다.

② 김민수, 장환영의 연구

김민수, 장환영(2018)은 2010년부터 2017년까지 국내 주요 학술지에 발표된 88편의 교장리더십에 관한 논문을 분석하였다. 이 연구에서는 리더십 유형, 연구 주제, 연구 방법, 학교급을 기준으로 분석하였다. 연구의 주요 내용을 정리하면 다음과 같다.

- 분석 대상: 2010년부터 2017년까지 국내 등재지 발표된 논문 88편

• 분석 기준

리더십 유형	연구 주제	연구 방법	학교급
변혁적 리더십 교장리더십 수업리더십 감성적 리더십 서번트 리더십 진성/도덕적 리더십 여교장리더십 분산적 리더십 다면적 리더십 기타 리더십	리더십 효과 리더십 이론 및 개념 탐색 리더십 행동특성 분석 리더십 수행 리더십 진단 및 측정도구 개발 리더십 발달 및 프로그램 개발	양적연구 질적연구 혼합연구 문헌연구	초등학교 중학교 고등학교 특수학교 특성화고등학교 초·중·고등학교 중·고등학교

• 분석 방법: 빈도분석

• 분석 결과

분석 기준	분석 결과
리더십 유형	변혁적 리더십(30편), 교장리더십(16편), 수업리더십(9편), 감성적 리더십(7편), 서번트 리더십(7편), 진성/도덕적 리더십(5편), 여교장 리더십(3편), 분산적 리더십(2편), 다면적 리더십(2편), 기타 리더십(7편)
연구 주제	리더십 효과(73편), 리더십 이론 및 개념 탐색(7편), 리더십 행동특성 분석(3편), 리더십 수행(2편), 리더십 진단 및 측정도구 개발(2편), 리더십 발달 및 프로그램 개발(1편)
연구 방법	양적연구(76편), 문헌연구(5편), 질적연구(5편), 혼합연구(2편)
학교급	초등학교(31편), 초·중·고등학교(16편), 중학교(13편), 고등학교(7편), 중·고등학교(7편), 특수학교(4편), 특성화고등학교(1편)

이와 같은 분석 결과를 바탕으로 김민수, 장환영(2018)은 다음과 같은 문제점을 지적하였다. 첫째, 타 분야 이론 차용의 한계이다. 경영학 등 다른 분야의 리더십 이론을 교육 분야에 차용해 왔던 문제를 지적하였다. 둘째, 외국 이론의 적용이다. 미국 등 주요 국가의 이론을 여과 없이 적용하는 부정적인 연구 풍토를 비판하였다.

③ 윤소희의 연구

윤소희(2020)는 1965년부터 2019년까지 국내에서 발표된 교장리더십 관련 학위 논문과 학술지 게재 논문 750편을 분석하였다. 이 연구는 전체, 출판유형, 출판시 기를 기준으로 키워드 네트워크 분석(빈도 및 연결 중심성 지수)을 실시하였다. 주 요 내용을 정리하면 다음과 같다.

- 분석 대상: 1965년부터 2019년까지 국내 학위논문(석사학위논문 578편, 박사학 위논문 47편) 및 학술지 게재 논문(125편)
- 분석 기준

전체-키워드	출판유형-키워드	출판시기-키워드
전체 논문	학위논문 학술지 논문	1965~1994 1995~2019

- 분석 방법: 키워드 네트워크 분석
- 분석 결과

분석 기준	분석 결과: 키워드(빈도/연결 중심성 지수)
전체	학교장(392/0.124), 리더십(345/0.115), 교사(220/0.088), 직무만족(131/0.041), 리더십 유형(109/0.043), 변혁적 리더십(77/0.015), 초등학교장(61/0.022), 학교 조직효과성(61/0.016), 학교장리더십(58/0.011), 교육행정(50/0.02), 관계연구(46/0.024), 교사효능감(37/0.01), 수업리더십(36/0.009), 학교 조직(35/0.011), 교사사기(33/0.015), 학교 조직풍토(31/0.011), 교사헌신(27/0.008), 감성적 리더십(26/0.007), 학교 조직몰입(25/0.006), 변혁(18/0.007), 서번트 리더십(17/0.005), 직무스트레스(15/0.005), 초등학교(15/0.006), 학교(13/0.005), 학교 조직문화(13/0.003), 리더-구성원 교환관계(12/0.004), 학교 조직건강(12/0.004)

출판유형	학위논문	학교장(386/0.145), 리더십(334/0.135), 교사(219/0.106), 직무만족(116/0.045), 리더십 유형(104/0.05), 초등학교장(60/0.027), 교육행정(50/0.024), 관계연구(46/0.028), 변혁적 리더십(42/0.012), 학교장리더십(40/0.01), 학교 조직(35/0.013), 교사사기(32/0.018), 학교 조직효과성(28/0.011), 수업리더십(26/0.007), 학교 조직풍토(23/0.01), 변혁(18/0.009), 교사헌신(16/0.007), 교사효능감(16/0.005), 감성적 리더십(15/0.004), 직무스트레스(14/0.005), 초등학교(14/0.007), 학교(13/0.006), 학교 조직몰입(13/0.003)
	학술지 논문	변혁적 리더십(35/0.24), 학교 조직효과성(33/0.307), 교사효능감(21/0.267), 학교장리더십(18/0.087), 직무만족(15/0.14), 학교 조직몰입(12/0.16), 감성적 리더십(11/0.127), 교사헌신(11/0.087), 구조방정식모형(11/0.16), 리더십(11/0.047), 수업리더십(10/0.12), 학교 조직풍토(8/0.107), 서번트 리더십(6/0.087). 학교장(6/0.067), 리더십 유형(5/0.02), 학교 조직문화(5/0.047)
출판시기	1965~1994	학교장(178/0.28), 리더십(144/0.237), 교사(115/0.224), 리더십 유형(70/0.144), 관계연구(40/0.095), 직무만족(33/0.067), 교사사기(23/0.049), 교육행정(22/0.036), 초등학교장(18/0.031), 학교 조직풍토(11/0.02), 학교 조직(10/0.016), 학교 조직건강(8/0.015), 영향(6/0.015)
	1995~2019	학교장(214/0.124), 리더십(201/0.129), 교사(105/0.08), 직무만족(98/0.058), 변혁적 리더십(77/0.032), 학교 조직효과성(56/0.03), 학교장리더십(54/0.021), 초등학교장(43/0.033), 리더십 유형(39/0.022), 교사효능감(37/0.022), 수업리더십(31/0.015), 교육행정(28/0.024), 감성적 리더십(26/0.016), 교사헌신(25/0.015), 학교 조직(25/0.017), 학교 조직몰입(25/0.013), 학교 조직풍토(25/0.012), 변혁(18/0.015), 서번트 리더십(17/0.01), 직무스트레스(14/0.009), 초등학교(14/0.012), 학교 조직문화(13/0.006), 리더-구성원 교환관계(12/0.009), 구조방정식모형(11/0.007)

이와 같은 분석 결과를 통해 윤소희(2020)는 다음과 같이 제안하였다. 첫째, 교장리더십 연구의 외연 확장과 정교화이다. 이를 위해 사회정의 등 다양한 주제에 관한 탐구와 교장리더십의 본질적 개념 정립 등을 제안하였다. 둘째, 연구 주제의 확장이다. 교장리더십 개발 프로그램에 관한 연구와 효과 분석 등을 제안하였다. 셋째, 연구 방법의 다양화이다. 최근 증가 추세에 있는 질적연구 방법을 포함한 연구 방법론 확장의 필요성을 언급하였다.

3) 교사리더십 연구 동향

(1) 국외 연구 동향 분석 사례

교사리더십 연구 동향에 관한 초기연구는 Harris와 Muijs(2003), York-Barr와 Duke(2004) 등이 있다. 이러한 초기연구를 토대로 후속연구(Nguyen, Harris, & Ng, 2019; Schott, van Roekel, & Tummers, 2020; Wenner & Campbell, 2017)가 지속적으로 수행되고 있다. 여기서는 Nguyen 등(2019), Schott 등(2020)의 연구를 소개한다.

① Nguyen, Harris와 Ng의 연구

Nguyen 등(2019)은 2003년부터 2017년까지 영문 학술지(『SCOPUS』/『SSCI』)에 게재된 논문 150편을 분석하였다. 이 연구에서는 시기, 연구 방법, 데이터 수집, 연구 대상, 연구지역, 개념 정의를 기준으로 빈도를 분석하였다. 연구의 주요 내용을 정리하면 다음과 같다.

- 분석 대상: 2003년부터 2017년까지 영문 학술지(『SCOPUS』/『SSCI』) 게재 논문 150편
- 분석 기준

구분	세부 기준
시기	2003~2007년/2008~2012년/2013~2017년
연구 방법	양적연구, 질적연구, 혼합연구
데이터 수집	설문, 면담, 관찰, 혼합
연구 대상	유아교육기관, 초·중등교육기관, 고등교육기관, 혼합
연구지역	북미, 유럽, 아시아, 아프리카, 오세아니아, 중남미
개념 정의	연구자 직접 정의, 기존 개념 정의 선택

- 분석 방법: 빈도분석
- 분석 결과

구분	세부 기준
시기	• 2003~2007년: 28편 • 2008~2012년: 59편 • 2013~2017년: 63편
연구 방법	• 2003~2007년: 질적 21편/양적 4편/혼합 3편 • 2008~2012년: 질적 43편/양적 8편/혼합 8편 • 2013~2017년: 질적 42편/양적 12편/혼합 9편
데이터 수집	• 2003~2007년: 설문 7편/면담 8편/관찰 1편/혼합 12편 • 2008~2012년: 설문 9편/면담 12편/관찰 3편/혼합 35편 • 2013~2017년: 설문 15편/면담 15편/관찰 1편/혼합 32편
연구 대상	• 유아교육기관(3편), 초·중등교육기관(120편), 고등교육기관(23편), 혼합(4편)
연구지역	• 2003~2007년: 아프리카 1편/아시아 2편/유럽 3편/북미 18편/오세아니아 4편 • 2008~2012년: 아프리카 4편/아시아 10편/유럽 5편/중남미 2편/북미 31편/오세아니아 8편 • 2013~2017년: 아프리카 1편/아시아 16편/유럽 15편/북미 28편/오세아니아 3편
개념 정의	• 연구자 직접 정의: 11편 • 기존 개념 정의 선택: 6편

이와 같은 분석 결과를 토대로 Nguyen 등(2019)은 다음과 같은 사항을 논의하였다. 첫째, 교사리더십 개념 정립의 필요성이다. 분석 결과에서 확인된 바와 같이, 교사리더십 연구는 연구자의 관점에 따라 다양한 개념이 사용되었다. 선행연구에서는 총 17가지의 서로 다른 개념이 사용된 것으로 나타났다. 둘째, 교사리더십의 인과관계 해석을 위한 연구 방법의 정교화이다. 선행연구에서는 교사리더십이 학생, 교사 자신, 교사집단, 학교 조직 등 관련 변수에 영향을 주는 것으로 보고하였다. 또한, 교사리더십은 학교 조직문화, 학교구조, 교장리더십, 동료교사와의 관계, 개인적 특성에 영향을 받고 있음을 주장하였다. 그러나 교사리더십의 인과

성을 증명하기에는 부족한 연구 방법론의 한계를 지적하였다. 셋째, 유아교육 및 고등교육 분야에 대한 연구 부족이다. 초·중등학교 교사리더십에 비해 유아교육 기관 또는 고등교육기관 교원의 리더십에 대한 연구는 상대적으로 소홀한 문제를 지적하였다.

② Schott, van Roekel과 Tummers의 연구

Schott 등(2020)은 2014년부터 2018년까지 교사리더십을 주제로 발표된 93편의 연구를 분석하였다. 이 연구에서는 연구 대상, 연구 방법, 개념 정의, 선행 요인, 결과를 기준으로 분석하였다. 주요 내용은 다음과 같다.

- 분석 대상: 2014년부터 2018년까지 발표된 93편(학술논문 91편, 단행본 2편)
- 분석 기준

구분	세부 기준
연구 대상	• 학술지/연구 대상 국가
연구 방법	• 이론연구, 질적연구, 양적연구, 혼합연구
개념 정의	• 특정한 기준 없음
선행 요인	• 교사 요인: 자신, 인성, 전문성 등 • 학교 요인: 교장, 동료 관계, 조직 환경 등 • 학교 밖 요인: 연수, 네트워크 등
결과 요인	• 교사 요인: 직무만족, 문제 해결 등 • 학교 요인: 교육과정 개발, 수업기술 등 • 학교 밖 요인: 학부모 참여, 교사 네트워크, 정책 등 • 학생 요인: 학업성취도, 학생 참여 등
연구 방법 질 평가	• 양적연구: 연구 문제/목적, 연구 설계, 연구 방법, 연구 대상, 표집, 분석 방법, 결과 해석 등 14개 항목의 적절성 • 질적연구: 연구 문제/목적, 연구 설계, 연구 맥락, 표집, 분석 방법 등 10가지 항목의 적절성

- 분석 방법: 빈도분석 및 내용분석

• 분석 결과

분석 기준	분석 결과
연구 대상	• 학술지: 총 53종 • 연구 대상 국가: 미국(32편), 중국(12편), 대만(2편), 말레이시아 (2편)/국가간 비교(3%)
연구 방법	• 이론연구: 9편 • 질적연구: 59편 • 양적연구: 12편 • 혼합연구: 13편
개념 정의	• 개념 정의 제시하지 않음: 39편 • 개념 정의 제시: 기존 개념 종합(8편), 연구자 정의(43편), 기존 개념 인용(6편)
선행 요인	• 교사 요인: 19편 • 학교 요인: 38편 • 학교 밖 요인: 13편
결과 요인	• 교사 요인: 12편 • 학교 요인: 15편 • 학교 밖 요인: 7편 • 학생 요인: 8편
연구 방법 질 평가	• 질적연구 평균값 0.6(28편 평균이하) • 양적연구 평균값 0.7(9편 평균이하)

이와 같은 분석 결과를 토대로 Schott 등(2020)은 다음과 같은 과제를 제시하였다. 첫째, 교사리더십 개념 정립이다. 선행연구에서는 교사리더십 개념을 명확하게 제시하지 않거나 연구자의 관점에서 주관적으로 정의하였다. 둘째, 연구 방법의 질 개선이다. 연구 방법의 질 평가 결과, 질적연구와 양적연구에서 평균 이하의 논문들이 다수 확인되었다. 특히 데이터 수집 및 분석 과정 그리고 결과 해석에서의 문제점을 지적하였다. 셋째, 교사리더십의 어두운 면(dark side)에 대한 연구이다. 절대 다수의 선행연구에서는 교사리더십의 긍정적인 측면과 효과만을 부각하여 부정적인 사례에 대한 검토가 이루어지지 못한 점을 비판하였다.

(2) 국내 연구 동향 분석 사례

　교사리더십 연구 동향을 분석한 국내 연구(김병찬, 2007; 박세훈, 박지훈, 2014; 주현준, 김갑성, 2015)는 2000년대 초반부터 시작되었다. 국내 연구들은 분석 시기, 분석 기준, 분석 방법 등에서 다소 차이를 보였다. 여기서는 박세훈, 박지훈(2014), 주현준, 김갑성(2015)의 연구를 소개한다.

① 박세훈, 박지훈의 연구

　박세훈, 박지훈(2014)은 2004년부터 2014년까지 국내에서 발간된 자료(단행본, 박사학위논문, 학술지 논문) 30편을 분석하였다. 이 연구에서는 연구 주제 및 내용 측면과, 연구 방법론 측면을 기준으로 연구 동향을 분석하였다.

- 분석 대상: 2004년부터 2014년까지 국내에서 발간된 자료 30편(단행본 5편, 박사학위논문 9편, 학술지 논문 16편)
- 분석 기준

연구 주제 및 내용 측면	연구 방법론 측면
• 교실수업 리더십 • 학교 조직 리더십 • 의사소통 리더십 • 일반적 리더십	• 실증주의적 접근 • 해석적 접근 • 비판적–상황적 접근

- 분석 방법: 빈도분석 및 내용분석
- 분석 결과

분석 기준	분석 결과
연구 주제 및 내용 측면	• 교실수업 리더십(8편): 개념 규정, 교육과정 개선 등 • 학교 조직 리더십(9편): 학교변수와의 관계, 개발 전략 등 • 의사소통 리더십(6편): 교사변수와의 관계, 교사학습공동체 등 • 일반적 리더십(7편): 연구 동향 분석, 메타분석 등
연구 방법론 측면	• 실증주의적 접근: 20편 • 근거이론 접근: 3편 • 해석적 접근: 1편 • 실증주의 · 해석적 접근: 1편 • 기타(이론 정리 등): 5편

이와 같은 분석 결과를 바탕으로 박세훈, 박지훈(2014)은 다음과 같은 과제를 제시하였다. 첫째, 교사리더십 연구 분야의 다양화이다. 향후 교사리더십 연구는 교사리더십의 개념, 역할, 프로그램 개발 등 다양한 영역으로 확장되어야 할 필요성을 강조하였다. 둘째, 교사리더십 연구 주제 및 내용의 다양화이다. 특히 수업에 관련된 리더십 연구의 중요성을 언급하였다. 셋째, 연구 방법론의 확대이다. 다양한 인식론에 기초한 접근 방법의 다양화를 언급하였다.

② 주현준, 김갑성의 연구

주현준, 김갑성(2015)은 국내에서 발간된 자료(단행본, 박사학위논문, 학술지 논문) 27편을 분석하였다. 이 연구에서는 리더십 대상, 영역, 형태, 개발 방식을 기준으로 빈도를 분석하였다.

- 분석 대상: 2004년부터 2014년까지 국내에서 발표된 자료 27편(학위논문 18편, 학술지 논문 9편)
- 분석 기준

리더십 대상	리더십 영역	리더십 형태	리더십 개발 방식
• 교사 자신 • 학생 • 동료 교원 • 학교행정가 • 학부모 • 지역사회	• 자기계발 • 교육 • 업무 • 학교 공동체 • 대외관계	• 목표지향성 • 공동체성 • 과업주도성 • 전문성	• 제도화된 방식 • 비제도화된 방식

- 분석 방법: 빈도분석
- 분석 결과

분석 기준	분석 결과
리더십 대상	• 교사 자신: 7편 • 학생: 8편 • 동료 교원: 1편 • 학교행정가: 0편 • 학부모: 0편 • 지역사회: 0편

리더십 영역	• 자기계발: 5편 • 교육: 8편 • 업무: 3편 • 학교 공동체: 0편 • 대외관계: 0편
리더십 형태	• 목표지향성: 4편 • 공동체성: 14편 • 과업주도성: 14편 • 전문성: 7편
리더십 개발 방식	• 제도화된 방식: 5편 • 비제도화된 방식: 6편

　주현준, 김갑성(2015)은 분석 결과를 바탕으로 다음과 같은 과제를 제안하였다. 첫째, 연구의 폭 확대이다. 교사리더십의 영향력은 교사 자신과 학생뿐 아니라 동료교사, 학부모, 지역사회 등 다양한 대상을 감안해야 한다고 주장하였다. 둘째, 교사리더십의 특성 반영이다. 교사리더십 연구는 교장리더십, 학교 조직 문화, 교원 정책 등 관련 요소들과 함께 논의되어야 한다고 주장하였다. 셋째, 교사리더십 개발 모형이다. 교사를 일선관료(street-level bureaucracy)가 아닌 일선리더(street-level leader)로 인식하고 보다 실용적인 교사리더십 개발 모형 탐구의 필요성을 언급하였다.

2 교육리더십 연구 동향의 특성

1) 국내외 연구의 공통적 특성

　연구 동향을 분석한 국내외 연구에서는 다음과 같이 뚜렷한 경향성이 확인된다. 교장리더십 연구는 첫째, 연구 대상이 교장 중심에서 교사를 포함한 다양한 대상으로 확대되고 있다. 그러나 교육행정가인 교육감(또는 교육부 장관) 리더십에 관한 연구는 여전히 미진하고 교사리더십 연구도 아직까지 활발하지는 못하다. 둘째, 연구의 인식론적 기반이 변화되고 있다. 초기연구의 실증주의 일변도에서 주관주의, 비판주의 등으로 다양해지고 있다. 그러나 인식론적 기반의 변화가 연구 방법 정교화에는 미치지 못하고 있다. 따라서 연구 방법의 질을 검토할 필요성이 제기되고 있다. 셋째, 연구 대상 국가가 다양해지고 있다. 북미, 유럽 등 일부 지역 국가 중심의 연구에서 아시아, 아프리카 등으로 확대되고 있다. 연구 대상 국가가 확대되었음에도 불구하고 아직까지 서구의 이론을 지배적으로 적용하고 있다. 넷째, 새로운 쟁점이 부각되고 있다. 아직까지 교장리더십 연구는 효과성 검증을 중요하게 인식하고 있으나 사회정의, 불평등, 인종, 젠더 등에 대한 관심도 점차 높아지고 있다.

한편, 교사리더십 연구 동향에서는 다음과 같은 경향성을 확인할 수 있다. 첫째, 연구 대상의 다양화이다. 교사리더십 연구는 교과 담당 교사뿐 아니라 정보통신기술(ICT), 교육과정, 부장교사 등 학교에서 다양한 역할을 맡고 있는 교사로 확대되고 있다. 둘째, 교사의 수업활동을 중요하게 다루고 있다. 교사리더십이 영향을 미치는 다양한 영역 가운데 수업을 가장 핵심적으로 언급하고 있다. 한편, 교사리더십의 대상은 학생뿐 아니라 동료교사, 학교행정가, 학부모, 지역사회 등으로 광범위하다는 점에서 연구범주 확대의 필요성이 지적되고 있다.

2) 국내 연구 동향의 특징[1]

(1) 연구 동향 해석

국내 연구 동향을 분석한 각 논문에서 제시한 해석을 비교하면 다음과 같은 특징이 나타난다.

첫째, 교육리더십 연구 활동에 대해서는 유사한 해석이 나타났다. 대부분의 연구물은 연구 활동 자체가 매우 편향적이고 제한적으로 이루어진 점, 이론과 실제가 연결되지 못하고 있는 점을 지적하였다. 연구의 편향성은 앞서 언급한 바와 같이 특정 주제, 방법, 대상에 쏠려 있는 현상을 의미한다. 연구와 실제의 연계성 부족은 지금까지 수행된 다수의 교육리더십 연구가 현장과 동떨어져 학술적 차원에서만 머물러 있다는 비판이 중론이다. 계량화된 통계 분석 방법에 대해서는 더 심

---

1 이 부분은 주현준(2019)을 재정리하였음.

화되고 정교하며 객관화된 방법을 강구할 것을 주장하면서 동시에 더 섬세하고 현실성이 있는 현장 탐구를 주문하였다.

둘째, 교육리더십 유형의 다양화 현상에 대해서는 연구자 간 관점의 차이가 있었다. 한국의 교육리더십 연구는 변혁적 리더십에 편향된 경향을 보이면서도 감성적 리더십, 도덕적 리더십, 분산적 리더십 등 다양한 유형이 언급되었다. 이러한 리더십 유형의 다양화 현상을 긍정적으로 평가하고, 더 다양하게 개발되어야 한다는 입장(김병찬, 2007; 박상완, 2009)과 교육리더십 유형의 다양화가 지닌 긍정적 측면을 부분적으로 인정하면서도 무분별한 확대를 우려하는 입장(김민수, 장환영, 2018)이 있었다.

셋째, 연구 대상의 확대에 관해서는 다양한 해석이 있었다. 전술한 바와 같이 한국의 교육리더십 연구는 주로 교장을 대상으로 이루어졌다. 이에 대해 연구자들은 연구 대상을 확대해야 한다는 공통된 주장을 하고 있는데, 확대의 방향은 교장을 중심으로 하부구조로의 확대와 상부구조로의 확대로 구분된다. 하부구조로의 확대는 주로 교사리더십으로의 확대이고, 상부구조로의 확대는 학교, 지역, 국가 수준의 교육행정가 또는 교육정책결정자 리더십으로의 확대이다.

(2) 문제점

국내에서 수행된 교육리더십 연구의 문제점은 다음과 같이 정리된다. 첫째, 연구 대상, 연구 방법, 연구 주제의 편향성이다. 국내 연구는 교장리더십 중심의 연구, 실증주의에 기반을 둔 양적연구 방법의 과도한 사용, 인과관계를 통한 효과성 검증에 집중된 경향을 나타냈다. 둘째, 지식기반의 취약성과 방법론적 한계이다. 교육리더십에 대한 개념과 연구에 사용된 다양한 변수의 개념이 여전히 모호하고, 변수 간 관계의 규칙성을 측정하기 위한 표집과 통제가 불안정하였다. 셋째, 이론의 차용과 의존이다. 연구에 바탕이 된 이론은 분산적 리더십과 수업리더십을 제외하고 대부분 다른 분야에서 이미 논의된 것이었다. 대표적으로, 변혁적 리더십을 비롯하여 감성적 리더십, 도덕적 리더십, 참여적 리더십 등이 있다. 또한, 교장리더십 연구에서 사용된 용어들이 고스란히 교사리더십 연구에도 적용되고 있었다.

(3) 발전 방안

연구 동향에서 나타나는 특징을 토대로 개선 방안을 제시하면 다음과 같다.

첫째, 이론과 실제의 간격을 좁히기 위해 개방적인 연구 환경이 조성되어야한다. 학술연구와 실제의 틈을 최소화하는 것은 매우 어려운 과제이다(Murphy, 1991). 그러나 교육 현장과 접목되지 못한 학술연구나 객관적 연구에 토대를 두지않는 현장 경험은 그 어느 것도 반쪽짜리에 불과하다(주현준, 김민희, 박상완, 2014). 따라서 교육리더십 연구에서도 연구와 실제의 거리를 좁히기 위한 노력이 반드시 필요하다. 이를 위해서는 무엇보다 연구 환경이 변화되어야 한다. 미시적으로, 학술연구에 현장 교원이 참여하는 기회가 제공되고, 학교 현장은 학술연구자에게 개방되어야 한다. 만약 이러한 연구 환경이 조성되지 못한다면, 개인 연구자에 의한 연구수행과 단기간의 횡단연구가 지금처럼 반복될 것이고, 연구 결과는 실제에 활용되지 못한 채 사장될 것이다. 거시적으로, 연구자, 학교 현장, 교육행정기관이 유기적으로 연계되어야 한다. 삼자간 긴밀한 네트워크를 구축하여 실제 현장에서 장기간에 걸친 프로젝트가 계획되고 실행되어야 한다. 이러한 과정을 거친 연구 결과는 교육리더십 함양을 위한 실제 프로그램의 설계, 시행, 평가에 활용될 수 있다.

둘째, 부정적인 연구 풍토를 개선하기 위한 노력이 필요하다. 현재 교육리더십 연구는 왕성한 활동에도 불구하고 지리멸렬한 주제로 전락하고 있다. 상황이 여기까지 이르렀음에도 불구하고 이를 개선하기 위한 노력은 좀처럼 보이지 않는다. 특히 근본적인 원인인 부정적인 연구 풍토에 대한 공론화에 이르지 못하고 있다. 그러므로 잘못된 학풍을 바로잡고 바람직한 학풍을 조성하는 과제는 어떤 것보다 우선시되어야 한다. 우선 타 분야에서 주목받는 리더십 모형이나 주요 선진국에서 유행하는 리더십 연구를 빠르게 받아들이는 것을 마치 선구적인 것으로 바라보는 시각에서 벗어나야 한다. 이러한 잘못된 습관은 한국 교육리더십의 고유성을 상실시키기 때문이다. 그리고 단기간의 성과를 지향하는 실적주의를 경계해야 한다. 연구 동향에서 분명하게 확인된 바와 같이, 한국의 교육리더십 연구는 아직도 실증주의적 연구 방법을 활용한 리더십의 효과 분석에 경도되어 새로운 연구 주제에 도전하지 않고 있다. 특정한 주제와 천편일률적인 연구모형을 양산하고 있는 것도 사실이다. 실증주의적 연구 방법이 교육리더십의 객관화에 기여한 것은 부인할 수 없는 분명한 사실이지만 유사한 변수를 교체하면서 인과관계를 기계적으로 검증하는 연구는 무의미하다(이종재, 김용, 2013). 더 늦기 전에 연구 풍토 개선을 위한 학문공동체의 자정 노력이 시작되어야 한다. 이와 더불어 학술활동이 연구자들 간 건전한 논쟁의 장으로 탈바꿈해야 한다. 지금까지 해 왔던 것처럼 학술대회의 주제가 일정 기간을 두고 유사하게 반복되는 진부함에서 탈피하여 더욱 도전적이고 흥미로운 주제로 설정되어야 한다. 이를 통해 교육리더십 연구에 대한 냉철한 비판과 긴장된 논쟁의 기회가 마련되어야 한다. 논문게재 실적에 매몰되어 안정적인 주제만을 연구하는 문제를 해결하기 위해서는 학술지 심사방식도 재검토해야 할 것이다. 학술지의 심사기준과 심사방식을 수정하여 창의적인 주제에 도전하는 연구의 가치를 평가할 수 있어야 한다.

셋째, 교육리더십의 재개념화는 교육리더십 연구에서 중요한 과제이다. 선행연구 분석을 통해 교육리더십 유형 확대에 관한 연구자 간 의견 차이를 확인할 수 있다. 즉, 다양한 이론과 개념을 적극적으로 도입해야 한다는 주장과 교육리더십의 고유한 개념을 정립해야 한다는 주장이 맞서고 있었다. 이러한 상충된 의견의 진위를 따지기 전에 지금까지 교육리더십 연구가 지나치게 타 분야의 이론에 의존한 것은 아닌지, 교육의 본질과 학교의 고유한 특성을 외면한 것은 아닌지 의문을 가져야 한다. 타 분야의 이론을 무작정 수용한 것과 마찬가지로 근거 없이 배척하는 것도 옳지 않다(주현준, 2016). 현재 교육리더십은 학술연구나 실제에서 다양한 용어로 대치되고 있다. 또한, 교육리더십에서 지칭하는 리더에 대한 생각은 연구자에 따라 다르고, 영향력을 행사하는 방법에서도 일반적인 리더십 이론과 구별되지 않는다. 따라서 타 분야의 다양한 유형의 이론을 받아들이기 전에 교육리더십의 고유한 재개념화가 필요하다. 교육리더십 개념의 명료화를 위해서는 한국 교육리더십의 역사적 흐름과 전통을 고찰하는 접근과 외부(타 분야와 주요 선진국)의 이론과 논의가 어떤 과정으로 유입되었고 어떤 결과를 초래했는지를 비판적으로 검토할 필요가 있다.

넷째, 교육리더십의 연구 대상을 확대하고 주체와 대상 간 조화를 탐구해야 한다. 최근 10년간 교장리더십에 관한 연구는 상당히 많이 수행된 반면 교감, 부장교사, 교육감, 교육장, 교육부 장관 등 여타 교육행정가를 대상으로 한 리더십 연구는 미진한 것으로 나타났다. 교육리더십 주체의 확대는 향후 교육리더십 연구의 발전을 위한 중요한 과제가 될 것으로 보인다(Chen Peng, 박수정, 2015). 이와 관련하여 서정화(2013: 6)는 교육리더십을 학교장 중심으로 정의했던 기존 입장(서정화 외, 2003)을 변경하여 '학교장, 교육감, 교육부 장관 등이 교육 조직의 목표달성을 위해 인적, 물적 자원들을 관리하며 영향력을 행사하는 행위'로 넓게 정의한 바 있다. 지방교육자치제를 시행하고 있지만, 여전히 중앙집권적 성격이 강한 한국의 상황에서 국가의 교육이념이 지역과 단위학교에서 구현되기 위해서는 다양한 교육주체의 리더십이 요구된다. 즉, 국가의 교육이념, 지역의 교육 발전, 단위학교의 효과성이 상호 연관될 때 진정한 교육개혁으로 이어질 수 있다. 따라서 교육리더십 연구는 연구 대상의 확대와 함께 각 주체 간 조화까지 탐구해야 한다. 이를 위해서 리더와 팔로워 간 교육리더십과 교육팔로워십을 함께 논의하고, 교사에서부터 교육부 장관에 이르는 교육리더십의 단계적 발전 모형을 탐구할 필요가 있다. 각 수준의 교육행정단위에 자질과 역량을 지닌 교육행정가들이 확보되었을 때 비로소 교육이 올바른 방향을 찾아 성과를 도출할 수 있다는 관점에서 각 수준의 교육행정가를 대상으로 한 연구에 좀 더 박차를 가할 필요가 있다(김이경, 2013).

교육행정학 분야에서 교육리더십은 가장 활발하게 연구된 주제이다. 교육리더십에 관한 연구 결과가 상당수 축적됨에 따라 이를 종합적으로 검토한 연구 동향에 관한 논문들이 발표되었다. 연구 동향 분석은 전체적인 연구의 흐름을 이해하고, 연구 과정에서 나타난 문제점을 파악하여 보다 발전적인 방안을 도출하는 데 유용하다.

지금까지 국내외 연구자들은 교육리더십의 연구 동향을 다양한 분석틀로 분석하였다. 분석 대상은 주로 교장리더십 연구 동향과 교사리더십 연구 동향으로 양분된다. 분석을 통해 국내외 연구의 경향과 문제점이 도출되었고, 이를 개선하기 위한 방안이 제시되었다.

제6장 '교육리더십의 연구 동향'에서는 교장리더십과 교사리더십 연구 동향을 분석한 국내외 연구 사례를 소개하였다. 또한, 연구 동향 분석을 통해 드러난 교육리더십 연구의 특징을 정리하였다. 국내외 공통적으로 연구 대상의 확대, 연구 방법의 변화, 새로운 쟁점에 대한 연구의 필요성이 언급되었다. 그러나 국외의 연구 동향에서는 교육리더십의 개념과 이론의 중요성이 부각된 반면, 국내의 경우에는 이론의 차용과 의존에 대한 비판적 시각과 학계의 부정적 풍토를 지적하였다.

논의 및 연구 문제

- 교육리더십 연구의 동향을 분석한 선행연구의 한계는 무엇이고, 이를 극복하기 위한 대안은 무엇인가?

- 교육리더십 연구의 동향을 분석에 적합한 분석 기준(틀)은 무엇인가?

- 교육리더십 연구의 빈도가 아닌 질을 평가하기 위한 기준과 방법은 어떻게 설정되어야 하는가?

- 교육리더십의 연구 동향을 분석한 국내 연구와 국외 연구의 차이점은 무엇이고, 이러한 차이가 발생하는 원인은 무엇인가?

- 교육리더십 연구 동향에서 밝혀진 쟁점과 과제를 실천하기 위해 향후 어떤 전략이 필요한가?

📖 참고문헌

강숙정(1999). 학교장의 지도성에 관련된 학위논문 연구동향 분석. 아주대학교 대학원 석사학위논문.

김민수, 장환영(2018). 학교장 리더십 연구경향 분석. 한국교원교육연구, 35(1), 261-288.

김병찬(2007). 한국에서 교원의 지도성 연구 최근 동향 분석. 한국교원교육연구, 24(3), 343-369.

김이경(2013). 교육행정가의 전문성 기반. 한국 교육행정학 연구 핸드북(pp. 209-223), 한국교육행정학회편. 서울: 학지사.

김재덕(2007). 도덕적 지도성의 연구 동향. 한국교육학연구, 13(2), 209-228.

박상완(2009). 학교장의 지도성에 관한 국내 연구동향(1988-2008). 교육행정학연구, 27(1), 249-378.

박선형(2018). 분산적 지도성: 학문토대와 개념정의 및 국내 연구동향 분석. 교육행정학연구, 36(3), 1-35.

박세훈, 박지훈(2014). 교사의 지도성에 관한 연구동향과 과제. 교육학연구, 52(4), 191-222.

서정화(2013). 창의·인성교육과 교육리더십에 대한 성찰과 미래 방향. 제168차 추계학술대회 자료집. 한국교육행정학회.

서정화, 이윤식, 이순형, 정태범, 한상진(2003). 교장론. 교육행정학전문서 14. 한국교육행정학회.

신현석(2017). 한국 교육행정학의 정체성: 이론 탐색의 의의와 지향성. 교육행정학연구, 35(1), 195-232.

오성애(2018). 교감의 지도성에 관한 국내 연구동향과 과제. 학습자중심교과교육연구, 18(19), 727-747.

윤소희(2020). 키워드 네트워크 분석을 통한 학교장 지도성 연구 동향 분석. 교육행정학연구, 38(1), 141-168.

이수정, 김승정, 임희진(2018). 미국 교육행정학 연구의 동향 분석: *Educational*

Administration Quarterly 발표 논문을 중심으로. 교육행정학연구, 36(5), 271-292.

이윤식(2002). 교장의 수업지도성에 관한 최근 연구와 시사. 한국교원교육연구, 19(2), 31-55.

이인수, 윤기현(2017). 수업지도성 연구동향 분석: 최근 20년(1996-2016)간 연구를 중심으로. 한국교원교육연구, 34(2), 57-84.

이종재, 김용(2013). 교육행정학의 학풍. 한국 교육행정학 연구 핸드북(pp. 61-74), 한국교육행정학회편. 서울: 학지사.

임연기, 김훈호(2018). 한국 교육행정학 연구 동향 및 활용 지식의 특성 분석. 교육행정학연구, 36(1), 355-382.

주현준(2016). 교육리더십 연구의 재조명. 교육행정학연구, 34(1), 25-45.

주현준(2019). 한국 교육리더십 연구동향의 재분석. 지방교육경영, 22(1), 47-71.

주현준, 김갑성(2015). 교사리더십 특성에 기초한 연구동향 분석. 한국교원교육연구, 32(4), 199-217.

주현준, 김민희, 박상완(2014). 교육지도성. 경기: 양서원.

Chen Peng, 박수정(2015). 미국 교육리더십의 연구경향 분석: EAQ를 중심으로(2009-2013). 한국교원교육연구, 32(1), 171-199.

Bridges, E. (1982). Research on the school administrator: The state-of-the-art, 1967-1980. *Educational Administration Quarterly, 18*(3), 12-33.

Bush, T. (2011). Leadership in the early years: Making a difference. *Educational Management Administration & Leadership, 40*(3), 287-299.

Cruz-Gonzalez, C., Rodriguez, C. L., & Segovia, J. D. (2021). A systematic review of principals' leadership identity from 1993 to 2019. *Educational Management Administration & Leadership, 49*(1), 31-53.

Hallinger, T. (2014). Reviewing reviews of research in educational leadership: An empirical assessment. *Educational Administration Quarterly, 50*(4), 539-576.

Hallinger, P., & Bryant, D. A. (2013). Mapping the terrain of research on educational leadership and management in East Asia. *Journal of Educational Administration, 51*(5), 618-637.

Harris, A., & Muijs, D. (2003). *Teacher leadership: A review of the research*. National College for School Leadership.

Heck, R. H., & Hallinger, P. (2005). The study of educational leadership and management: Where does the field stand today?. *Educational Management Administration & Leadership, 33*(2), 229−244.

Leithwood, K., & Duke, D. (1999). A century's quest to understand school leadership. In J. Murphy & K. Seashore Louis (Eds.), *Handbook of Research on Educational Administration* (pp. 45−72). San Francisco: Jossey−Bass Publishers.

McGinity, R., Hefferman, A., & Courtney, S. J. (2022). Mapping trends in educational leadership research: A longitudinal examination of knowledge production, approaches and locations. *Educational Management Administration & Leadership, 50*(2), 217−232.

Murphy, J. (1991). *Bridging the gap between professors and practitioners. NASSP Bulletin, 75*(539), 22−30.

Nguyen, D., Harris, A., & Ng, D. (2019). A review of the empirical research on teacher leadership (2003−2017): Evidence, patterns and implications. *Journal of Educational Administration, 58*(1), 60−80.

Schott, C., van Roekel, H., & Tummers, L. G. (2020). Teacher leadership: A systemic review, methodological quality assessment, and conceptual framework. *Educational Research Review, 31*, 1−24.

Walker, A., & Hallinger, P. (2015). A synthesis of reviews of research on principal leadership in East Asia. *Journal of Educational Administration, 53*(4), 554−570.

Wenner, J. A., & Campbell, T. (2017). The theoretical and empirical basis of teacher leadership: A review of the literature. *Review of Educational Research, 87*(1), 134−171.

York−Barr, J., & Duke, K. (2004). What do we know about teacher leadership? Findings from two decades of scholarship. *Review of Educational Research, 74*(3), 255−316.

교육리더십 연구의 쟁점

교육리더십 연구를 둘러싼 쟁점은 매우 광범위하다. 교육리더십의 철학적 기반을 비롯하여 연구 방법에 이르기까지 다양한 쟁점이 나타나고 있다. 앞서 제6장 '교육리더십의 연구 동향'에서는 연구 주제의 심화, 연구 방법의 다양화, 연구 범위의 확대, 연구 풍토의 개선 등 여러 쟁점을 확인하였다. 제7장 '교육리더십 연구의 쟁점'에서는 연구 주제, 연구 범위, 연구 풍토에 초점을 두었다. 연구 주제는 사회정의와 교육리더십, 연구 범위는 공유와 교육리더십, 그리고 연구 풍토는 식민성과 교육리더십에 대하여 정리하였다. 구체적인 연구 방법의 쟁점은 제8장 '교육리더십의 양적연구 방법론'과 제9장 '교육리더십의 질적연구 방법론'에서 자세하게 다룬다.

1 사회정의와 교육리더십

제6장 '교육리더십의 연구 동향'에서 확인한 바와 같이, 국내외 공통으로 심화된 연구 주제의 필요성이 강조되었다. 기존 교육리더십 연구가 지나치게 관련 변수에 미치는 효과성 검증에 경도되어 새로운 쟁점을 탐구하는 데 소홀했던 문제점이 지적된 것이다. 특히 연구 주제 가운데 교육에서의 사회정의 실천을 위한 교육리더십의 중요성이 부각되었다. 여기서는 지금까지 논의된 사회정의와 교육리더십 관련 내용을 살펴본다.

1) 사회정의의 개념

사회정의(social justice)라는 용어는 1840년 시칠리아의 성직자인 d'Azeglio에 의해 처음 사용되었고, 19세기 말에는 빈민 노동자인 소작농의 요구에 응하기 위한 사회개혁가들에 의해 사용되었다(김달효, 2019). 오늘날 사회정의의 개념은 평등과 공평을 기초로 한다. 평등(equality)은 모든 인간이 평등한 조건에서 사회적 혜택을 받을 권리와 공통된 존엄과 동등한 존중을 받을 권리를 의미하고, 공평(equity)은 모든 인간이 정성과 필요에 근거하여 사회의 성과로부터 혜택을 받을 권리를 말한다. 사회정의는 이러한 평등과 공평을 확보하기 위한 일종의 개입으로 볼 수 있는데, 평등과 공평의 요소가 결합될수록 사회정의의 잠재력도 증가한다(Chapman & West-Burnham, 2010).

연구자들은 다양한 관점에서 사회정의의 개념을 정의하였다. 예컨대, Goldfarb 와 Grinberg(2002)는 사회적·경제적·교육적·개인적 차원에서 평등성, 공평성,

공정성을 추구하는 것, Wade(2007)는 사회적 부와 권력을 공정하게 배분하고 불합리하고 부조리한 사회구조를 개선하는 것, Dantley와 Tillman(2010)은 인종, 민족, 계층, 성, 장애 등에 있어서 도덕적 가치, 정의, 공평, 존중을 강조하는 것으로 정의하였다. 이상의 개념 정의를 종합해 보면, 사회정의는 분배, 인정, 다양성 등을 핵심 가치로 삼고 있음을 알 수 있다. 핵심 가치의 주요 내용은 다음과 같다.

첫째, 사회정의는 분배의 실천을 핵심 가치로 한다. 사회정의는 개인 간 빈부차가 컸던 19세기에 부각되었는데, 초기에는 경제적 불평등을 해소하기 위한 부의 재분배에서 시작되었다. 산업혁명 이후 자본주의 사회가 본격화되면서 자본가와 노동자 간 갈등을 핵심으로 자원의 분배에 초점이 맞춰졌다. 그러나 오늘날에는 성별, 나이, 인종, 사회·경제적 지위, 종교 등으로 차별받는 소외집단과 사회적 약자로 관심의 대상이 넓어지고 있다. 즉, 사회정의는 물질적인 재화의 분배뿐 아니라 권리, 기회, 권력 등과 같은 비물질적 재화의 공정한 분배까지 포함된 개념으로 확대된 것이다(김원식, 2012). 비물질적 재화에는 소외된 집단이나 사회적 약자에 대한 불인정과 무시(Honneth, 2001), 인간적 모멸감과 부당한 대우(Fraser, 2003) 등이 속한다. 예컨대, 여성 또는 소수자가 경험하는 불공정은 단순히 물질적 분배의 문제가 아닌 다차원적인 사회적 배제 상황에서 비롯된 것이다(Young, 1990).

둘째, 사회정의는 모든 개인이 존엄한 존재로 인정받는 것을 핵심 가치로 한다. 개인의 가치에 대한 인정이 담보되지 못한 상황에서 단순한 경제적 재분배만으로 사회정의를 실현하는 데에는 한계가 있다. 따라서 소외된 개인이나 집단이 자신의 능력을 개발하고, 자신의 행동과 행동의 조건을 결정하는 과정에서 동등하게 존중받고 참여할 자격이 주어지는 것이 중요하다. 이와 관련하여, Fraser(2007)는 온전한 의미의 사회정의를 위해 '동등한 참여'를 조건으로 제시하였다. 정리하면, 사회정의는 경제적 차원의 분배, 문화적 차원의 인정, 정치적 차원의 참여가 균형을 이룰 때 비로소 실천될 수 있는 것이다.

셋째, 사회정의는 다양성을 인정하고 공감하는 것을 핵심 가치로 한다. 사회정의는 정치, 인종, 민족, 종교, 경제, 연령의 측면에서 다양한 형태의 집단을 인정해 주는 것이다(Pratte, 1979). Rawls(1971)는 '공정으로의 정의'를 설명하면서 사회가 특정한 신념과 입장이 우월한 지위를 가지거나, 특정한 부류가 더 큰 이익을 누리지 않도록 조정해야 함을 강조하였다. 즉, 사회정의는 다양한 신념과 입장을 가진 구성원들의 조직체가 존재할 수 있도록 노력하는 것이다. 또한, 사회정의는 다양한 인종과 문화적 배경을 가진 개인의 가치를 지지하고 지원하는 것이다. 그러나 단순히 다양성을 인정하는 것만으로 편견과 차별을 완전히 제거하거나 감소시킬 수 없다. 다민족, 다문화사회에서는 단순한 인정을 넘어 공감 단계에 이를 때 비로소 공존이 가능하다.

2) 사회정의와 교육리더십

지난 20년 간 교육에서의 사회정의에 대한 관심은 지속적으로 증가하였다. 교육리더의 사회정의 실천이 매우 중요한 담론이 된 이유는 교육의 책무성을 강조하는 맥락도 한몫을 하였지만, 무엇보다 교육이 사회와 밀접하게 관련되어 있기 때문이다(Zembylas, 2010). 교육에서의 사회정의 실천은 미시적으로 학교 내 불평등을 해소하고, 거시적으로 교육을 통한 사회변화를 이룩할 수 있다(Berkovich, 2014).

(1) 사회정의와 교육

국내외 학자들은 교육에서의 사회정의를 다양한 관점에서 제안하였다. Bull(2008)은 사회정의의 원리로 자유, 민주주의, 기회의 평등, 경제적 성장을 들고 각 원리가 반영된 교육과정의 목표를 다음과 같이 제시하였다. 첫째, 자유의 원리는 학생들이 선(good)의 의미를 깨닫고 선을 추구하는 능력을 갖추며 타인의 자유를 존중할 수 있는 가족과 공동체의 책임감 있는 구성원이 되도록 교육하는 것이다. 둘째, 민주주의의 원리는 학생들이 공적인 의사결정 과정에 참여하려는 의지와 능력을 갖추고, 타인의 정치적 운동을 존중하며, 자신과 공동체 모두를 위해 건설적으로 헌신하도록 교육하는 것이다. 셋째, 기회의 평등 원리는 성공에 필요한 능력개발에 평등한 기회를 갖도록 교육하는 것이다. 넷째, 경제적 성장의 원리는 학생들이 선의 개인적·사회적 개념을 추구하는 데 있어 경제적으로 가치 있는 능력이 도움 역할을 할 수 있다는 것을 이해하도록 교육하는 것을 의미한다.

한편, 김기수, 심승환, 홍석노, 양지훈(2019)은 민주주의 교육에 비해 상대적으로 소극적으로 다루어진 사회정의 교육의 필요성을 강조하였다. 이 연구에서는 사회정의 교육을 '사회·정치·경제·문화적으로 제도화되거나 관행화된 불평등

과 부정의 현상을 지적하고, 이를 개선하거나 해결하는 데 초점을 둔 것'으로 보았
다. 특히 교사, 학생, 학부모 등 교육주체들이 제도적 불평등과 정의롭지 못한 현
상을 비판적으로 인식하고 이를 해결하고자 하는 의지와 역량을 갖추는 것을 강
조하였다. 이에 사회정의 교육의 주요 내용으로 비판적 의식 함양, 자율적 · 비판
적 사고 함양, 공동체 의식 및 사회적 책임의식 함양, 다문화의식의 함양 및 다문
화 교육의 실현, 글로벌 생태의식의 함양, 분배 · 인정 · 대표의 삼차원적 교육정
의의 실현을 제시하였다. 비판적 의식 함양은 불평등과 억압의 실상과 원인을 탐
구하고 대안을 모색하는 교육을 의미한다. 자율적 · 비판적 사고 함양은 다양한
복수의 가치들을 비교 · 평가하며 종합하는 교육을 말한다. 공동체 의식 및 사회
적 책임의식의 함양은 타인과 공동체를 배려하며 공동의 가치와 목적을 중시하면
서 자신의 사회적 역할을 숙고하는 책임의식을 교육하는 것이다. 다문화의식의
함양과 다문화 교육의 실천은 소수집단의 차이나 요구, 불평등을 올바르게 인식
하고 문화적 · 인종적 다양성에 대한 의식을 함양하는 교육이다. 글로벌 생태의식
의 함양은 전 세계가 공동으로 대처해야 할 문제에 대한 연대의식과 공동대처 능
력에 관한 교육이다. 마지막으로 분배 · 인정 · 대표의 3차원적 교육정의의 실현
은 교육정책, 교육제도, 학교 교육의 체계 및 환경, 교육과정, 교육방법 등 모든 교
육의 차원에서 경제적 차별 · 착취, 문화적 무시 · 경멸, 정치적 배제 · 주변화의
요소들 및 상호 연결 관계를 정확히 분별하여 이를 극복하도록 하는 것이다. 이는
취약하고 소외된 교육주체들에게 합당한 권한을 부여하고 적절한 혜택을 누릴 수
있도록 적극적이며 효과적인 제도 개혁을 추진하는 것이다. 또한, 교육 현장에서
학생들이 경제적, 문화적, 정치적 차원의 정의 실현에 대한 의식을 함양하며, 이를
실천적으로 학습할 수 있도록 교육 활동을 개발하고 실행하는 것이다.

(2) 사회정의와 교육리더십

연구자들은 교육 분야에서의 사회정의 리더십 개념을 정의하였다(Blackmore,
2002; Dantley, 2002; Larson & Murtadha, 2002; Marshall, 2004; Rapp, 2002; Riester,
Pursch, & Skrla, 2002; Shields, 2004). 이들의 개념 정의를 종합하면, 사회정의 리더십
은 '인종, 계층, 젠더, 성소수자, 장애 등 소외된 집단을 지원하고 이들을 위한 교
육 비전과 실제를 개선하는 것'으로 정의할 수 있다. 따라서 교육에서의 사회정의

리더십은 지금까지 주로 논의되었던 교육리더십의 효과성과는 그 목적이 다르다.

또한, 선행연구에서는 교육리더들이 사회정의를 실천해야 하는 당위성을 논의(Bates, 2006; Berkovich, 2014; Furman, 2004; Greenfield, 2004; Marshall, 2004; Sergiovanni, 1992)하고, 사회정의 실천을 위한 교육리더십의 사례를 분석(Theoharis, 2007; Theoharis & O'Toole, 2011; Wang, 2018)하였으며, 사회정의 리더십 프로그램 개발(Furman, 2012) 등 다양한 주제를 다루었다. 특히 교육리더십 연구에서는 학교 교육에서 소수민족이나 소외집단이 처한 현실에 관심을 두었다. 교육에서의 불평등 징후로 학력 격차, 인종 차별, 편견 등이 언급되었고, 이러한 문제를 해결하는 것을 교육리더의 역할로 규정하였다. 즉, 사회정의를 위한 교육리더십은 학력 격차를 최소화하기 위한 노력, 소수집단이나 소외집단을 통합하기 위한 설득, 다양성을 존중하고 지원하는 학교 문화를 조성하는 리더십으로 요약될 수 있다. 이 밖에도 선행연구에서는 학교 구성원들의 다양한 배경(Goddard, 2005), 집단 간 학력 격차(Shields, 2004; Skrla, Scheurich, Garcia, & Nolly, 2004), 관련 교육정책의 부재(Anyon, 2005; Black & Murtadha, 2007; Blackmore, 2002, 2009; Ryan, 2006; Shields, Bishop, & Mazawi, 2005; Skrla & Scheurich, 2001; Taylor, 2006; Theoharis, 2007; Valencia, 1997, 2010) 등에도 관심을 두었다.

여기서는 Lumby와 Moorosi(2022)의 주요 연구 결과를 소개하고, 관련된 선행연구의 동향을 살펴본다. Lumby와 Moorosi(2022)는 지난 50년간(1970~2020년) 전문학술지인 『Educational Management, Administration, and Leadership』에 게재된 논문 가운데 사회정의, 형평성, 다양성, 젠더 등을 주제로 연구된 논문을 재분석하였다. 주요한 연구 결과는 다음과 같다.

① 사회정의

〈표 7-1〉과 같이, 사회정의에 관한 논문은 Houghton과 Gear(1974)를 시작으로 꾸준한 증가추세를 보였고, 2010~2019년에 가장 큰 폭으로 증가하였다. 초기연구(Blackstone, 1983; Houghton & Gear, 1974)에서는 주로 사회 · 경제적 약자와 젠더 이슈 측면에서 교육의 과정과 결과의 평등을 논의하였다. 그러나 21세기에는 사회적 불평등을 바로잡는 핵심 요소로 교육리더십을 연구하였다.

<표 7-1> '사회정의'가 표기된 논문

시기	본문	키워드	제목
1970~1979	1	0	0
1980~1989	2	0	0
1990~1999	16	0	0
2000~2009	51	3	0
2010~2019	107	5	4

출처: Lumby & Moorosi (2022).

국내에서는 아직까지 사회정의와 교육리더십에 관한 활발한 논의가 전개되지 않았다. 교육학 전반에서 교육의 불평등, 교육 격차, 사회정의교육 등 사회정의와 연관된 주제를 탐구(김기수 외, 2019; 심성보, 2011; 이돈희, 1992; 허병기, 2014)하였지만 교육리더십과 연관된 연구 결과(김달효, 2014, 2019)는 소수에 불과하다. 김달효(2019)는 사회정의를 위한 교사리더십에 주목하였다. 김달효(2019)는 Gramsci, Rawls, Russell, Chomsky와 같은 사상가들의 주장에 기초하여 사회정의를 실천하는 교사리더십을 설명하였다. Gramsci의 사상에서는 '깨어 있는 교사' '교육 및 연대' 등을 통해 비판적 사고를 가르칠 수 있는 교사리더십을 소개하였고, Rawls 의 사상으로부터 평등, 기회균등, 사회정의에 대한 교사의 인식을 강조하였다. Russell의 사상에서는 교과교육뿐 아니라 삶 전체에서 행동하고 실천하는 양심으로 교사리더십을 설명하였고, Chomsky의 사상으로부터는 학생이 스스로 세상을 탐구하도록 돕는 조력자로서의 교사 역할을 강조하였다. 한편, 김달효(2019)는 교사리더십과 더불어 사회정의를 실천하기 위한 교육행정과 교육정책 차원의 리더십도 언급하였다.

② 기회균등

교육의 기회균등은 여성, 인종, 장애인 등에 대한 교육적 차별을 최소화하기 위한 핵심 주제로 논의되었다. 1980년대에는 '백인, 남성, 엘리트, 비장애인' 등을 중심으로 설계된 기존 교육체제를 비판하면서 교육과정 등 교육 활동 전반에 대한 급진적 변화(Taylor, 1987)를 강조하였다. 1990년대에는 시장이론에 기반한 학교

선택, 교육의 민영화 등으로 발생하는 문화적, 경제적 자본의 불평등을 해소하는 교육리더십을 논의하였다(Ball, 1993; Chubb & Moe, 1990; Morgan, 1992).

<표 7-2> '기회균등'이 표기된 논문

시기	본문	키워드	제목
1970~1979	1	0	0
1980~1989	17	0	1
1990~1999	23	0	1
2000~2009	23	2	0
2010~2019	25	1	0

출처: Lumby & Moorosi (2022).

공정의 리더십(equitable leadership)은 교육의 기회균등을 실천하는 대표적인 용어로 사용된다. Leithwood(2021)는 학교에서 수행된 공정의 리더십에 관한 26편의 논문을 분석하였다. 26편의 논문은 뉴질랜드, 캐나다, 홍콩, 미국, 영국, 호주 등 다양한 국가에서 수행된 연구로서 경제적 어려움이나 이중 언어를 사용하는 학생이 소속된 학교를 연구 대상으로 한 것이다. 즉, Leithwood(2021)는 종교, 인종, 장애 등 특별한 도움을 필요로 하는 학생을 위한 공정의 리더십과 그 효과에 관한 선행연구를 종합적으로 분석하였다. 분석 결과, 교육리더는 가정, 학교, 지역사회와 협력체제를 구축하고, 인종, 문화, 언어 등 다양한 배경의 학생을 배려하며, 교사의 교육 활동을 적극적으로 지원하는 리더십을 발휘한 것으로 확인되었다. 즉, 교육리더가 공정성을 지향하는 리더십을 발휘한 경우 그 결과는 매우 효과적인 것으로 나타났다.

한편, Woo(2021)는 위계선형모형을 적용하여 미국과 한국의 교사리더십, 학업성취도, 학교의 사회·경제적 배경 간 관계를 분석하였다. 이 연구에서는 사회·경제적 수준이 낮은 학교에서 교사리더십 역할을 공정의 리더십(equitable leadership) 개념으로 접근하고, 분산적 리더십과 연관 지어 설명하였다. 특히 학교에서 리더십이 교사들에게 분산되었을 때, 교사는 문제 해결과 의사결정 과정에서 심사숙고하여 다양한 배경을 가진 학생을 배려하고(Spillane, 2005; Woods,

2015), 교사들이 함께 학습하고 의사결정에 참여하는 과정에서 형평성을 추구하는(Galloway & Ishimaru, 2017; García & Guerra, 2004; Lipman, 1997) 등 긍정적인 효과가 나타남을 강조하였다. 또한, 공정의 리더십이 학교의 사회·경제적 수준과 학업성취도 관계에 미치는 조절효과를 분석한 결과, 미국의 경우 사회·경제적 수준이 낮은 학교와 학업성취도 사이의 부적관계가 '분산적 리더십'이 높은 학교에서 약하게 나타났다. 한국의 경우에는 사회·경제적 수준이 낮으나 높은 학업성취도를 보인 학교에서 교사의 '협업' 활동이 빈번한 것으로 보고하였다.

③ 다양성

〈표 7-3〉에서와 같이, 다양성이란 용어는 1970년대 학술지에 처음으로 등장(Hughes, 1974)하였고, 1980년대까지 가치중립을 설명하기 위해 사용되었다. 또한, 다양성 담론은 1990년대에 학교선택에 대한 대안(Glatter, 1999)으로 논의되었고, 2000년대에는 인종(Coleman, 2012)으로 전환되었다. 2000년대 이후 현재까지는 다양성을 하나로 통합하는 교육리더십에 관한 논의가 이어지고 있다.

<표 7-3> '다양성'이 표기된 논문

시기	본문	키워드	제목
1970~1979	18	0	0
1980~1989	46	0	0
1990~1999	57	0	0
2000~2009	143	7	11
2010~2019	16	6	17

출처: Lumby & Moorosi (2022).

다양성과 교육리더십에 관한 국내 연구는 인종 측면보다 다문화 교육 측면에서 수행되었다. 이는 한국에서도 이주민과 이주 배경을 가진 학생수가 증가하는 추세에 따른 것으로 보인다. 선행연구는 주로 교장의 리더십이 교사의 다문화 교육에 미치는 영향을 분석(구하라, 김지현, 2021; 문진철, 2016; 송효준, 김지현, 함승환, 2019; 이은지, 함승환, 2018)하였다. 특히 교장의 문화감응적 리더십에 초점을 두었다. 연구자들은 교장의 문화감응적 리더십을 '이주 배경을 가진 학생들의 언어, 문화적 다양성을 충분히 고려하고 이를 포용하는 방식으로 교사와 교육과정을 변화시키는 리더십'으로 정의하고 리더십의 효과를 분석하였다.

송효준 등(2019)은 '문화다양성 교육현황 실태조사'를 활용하여 전국 다문화 정책 학교에 재직 중인 교사들을 대상으로 교장의 문화감응적 교수리더십과 교사의 다문화적 교수효능감을 분석하였다. 이 연구에서는 교장의 문화감응적 교수리더십을 '학교의 교육과정을 문화감응적 형태로 개선하기 위해 교사와 함께 노력하고, 학생의 다양성을 효과적으로 포용하는 방식의 수업을 지원하기 위해 교사들에게 필요한 도움을 제공하며, 교사들로 하여금 교실 내 다양성 관리를 위한 전문성 향상 기회에 참여하도록 독려하는 행위'로 정의하였다. 연구 결과, 교장의 문화감응적 교수리더십이 높게 발휘되는 학교일수록 교사의 다문화적 교수효능감이 뚜렷하게 커지는 경향을 보고하였다.

구하라, 김지현(2021)도 '문화다양성 교육현황 실태조사'를 활용하여 다문화적 교사효능감과 다문화교육 실행의 과정에서 교장의 문화감응적 리더십의 조절효과를 위계선형모형으로 분석하였다. 연구 결과, 교장의 문화감응적 리더십 수준이 높을수록 문화적 교사효능감과 다문화 교육 실행이 강화되는 것으로 나타났다.

④ 젠더

교육리더십 분야에서 젠더 불평등에 관한 연구는 1970년대(Morris of Grasmere, 1974; Soubry, 1978)에 시작되었다. 이 시기의 연구는 주로 남성과 여성 사이에 존재하는 권한의 차이에 초점을 두었다. 1980년대에는 남성과 여성의 리더십 차이 (Hough, 1988; Johnston, 1986)를 분석하기 시작하였고, 교육리더십 연구에서 여성이 과소평가된 문제(Weightman, 1989) 등이 논의되었다. 또한, 20세기 말에는 페미니즘에 기반한 연구(McCrea & Ehrich, 1999)가 본격화되었고, 21세기 젠더 이슈는 여성과 밀접하게 관련된 사회적 특성 차원에서 논의되고 있다.

<표 7-4> '여성'이 표기된 논문

시기	본문	키워드	제목
1970~1979	0(15)	0(0)	0(0)

1980~1989	37(51)	0(0)	2(3)
1990~1999	55(63)	0(0)	2(4)
2000~2009	122(94)	7(1)	5(5)
2010~2019	247(164)	20(10)	11(13)

출처: Lumby & Moorosi (2022).

젠더 이슈에서 여성리더십은 중요한 주제이다. 지금까지 여성리더십은 생물학적 구분, 특성적 구분, 여성주의적 구분으로 구분된다. 생물학적 구분은 여성리더십(female leadership)으로 지칭된다. 여성리더십은 성별의 차이에 초점을 두고 '남성과 여성 중 누가 더 유능한 리더인가?'(Eagly, Karau, & Makhijani, 1995)라는 질문에서 시작하여 성 역할에 대한 기대로 이어졌다. 특성적 구분에서의 여성적 리더십(feminine leadership)은 여성적인 특성을 부각한 것이다(Loden, 1985). 즉, 남성리더에 비해 여성리더에게서 상대적으로 더 많이 확인되는 리더십 특성이다. 여성주의적 구분인 여성주의 리더십(feminist leadership)은 성 차별의 관점을 극복하기 위한 목적에서 출발한 것으로 불평등한 권력 구조, 관행, 가치를 극복하는 데 목적이 있다(Barton, 2006).

교육리더십 연구에서는 생물학적 차원, 특성적 차원, 여성주의 차원의 접근을 확인할 수 있다. 국외 연구로는 남교장과 여교장의 리더십 행동 차이 분석(Fischel & Pottker, 1979; Mintzberg, 1973), 여교장의 리더십 특성 분석(Marshall & Mitchell, 1989), 여교장에 대한 교사의 인식 분석(Bass, 1990; Morsink, 1966) 등이 있다. 국내 연구에서는 주로 여교장의 리더십에 관한 연구가 수행되었는데, 초기연구는 차별과 불평등 측면에서 여교장과 남교장의 리더십 차이에 초점을 두었다. 최근에는 페미니즘과 젠더 이슈 측면에서 대안적 리더십이 논의되고 있다. 국내에서 수행된 여교장리더십은 교사가 인식하는 여교장의 리더십(서용희, 2015; 송연숙, 조영하, 2014; 정우진, 2008), 교육조직에서의 여교장리더십(권동택, 2005; 장지영, 2007), 남교장과 여교장의 차이 및 효과(김영옥, 정바울, 김현진, 2012; 김은형, 이성은, 2011; 민무숙, 2005; 서용희, 2013; 한유경, 김은영, 윤수경, 2011), 여교장의 특성 분석(권리라, 2011; 김일환, 1993; 민무숙, 허현란, 2000; 박상완, 2017), 교장과 교사의 성별 일치 효과 분석(양민석, 임선빈, 2020) 등이 있다.

2 공유와 교육리더십

제6장에서 확인된 교육리더십 연구 동향의 두 번째 쟁점은 연구 대상의 확대이다. 연구 대상의 확대는 교육리더십의 공유를 의미한다. 즉, 전통적인 교육리더십의 연구 대상이었던 교장을 중심으로 위·아래로의 공유의 필요성이 논의되었다. 아래로의 확대는 교사의 다양한 역할수행에 따른 교사리더십을 의미하고, 위로의 확대는 교육행정가인 교육감, 교육부 장관 등의 리더십을 말한다. 전자인 교사리더십에 관한 연구는 상당히 진척된 반면, 후자인 교육행정가의 리더십에 관한 연구는 부진한 실정이다. 여기서는 공유의 관점에서 교육리더십 연구 대상의 확대를 살펴본다.

1) 리더십 공유의 개념

최근 리더십 연구는 리더십을 특정한 개인에 집중하지 않고 여러 구성원으로 확대하고자 하는 논의가 활발하다. 이러한 논의는 조직을 둘러싼 환경이 불확실하고 복잡해지면서 리더 중심의 전통적인 이론에 한계가 존재한다는 비판에서 시작되었다고 볼 수 있다. 즉, '리더-추종자'로 이원화된 리더십 이론이 가진 한계가 지적되고, 공식적인 리더뿐 아니라 주요한 역할을 담당하는 구성원과 리더십을 공유하는 상호작용적인 영향력이 강조된 것이다.

리더십의 공유는 분산, 위임, 팀, 민주, 협력, 공동 등 다양한 용어들로 표현된다. 교육행정 분야에서는 공유와 분산의 개념을 기반으로 하는 분산적 리더십에 주목하고 있다. 분산적 리더십은 분산인지의 개념에 토대를 둔다. 분산인지는 인간의 인지적 과정이 사람, 환경, 인공물 등에 분산되며 이러한 것들과 상호작용하는 것(Huchins, 1995)으로 정의된다. 분산적 리더십의 개념은 연구자들에 따라 네트워크를 강조한 개념(Gronn, 2002), 상호작용으로서 실행을 강조한 개념(Spillane, Halverson, & Diamond, 2001), 공동체성을 강조한 개념(Harris, 2004)으로 미묘한 차이가 있다.[1]

이러한 리더십의 공유는 교육리더십 연구 동향의 쟁점 중 하나인 연구 대상 확

---

[1] 분산적 리더십에 관한 세부 내용은 제2장 '교육리더십의 역사'를 참고할 것.

대와 밀접하게 관련된다. 리더십을 공유하는 것은 리더의 범위 확대를 의미하는데, 이는 조직 내에서의 리더십 공유와 조직 간 또는 조직 밖에서의 리더십 공유를 모두 포함한다. 이와 관련하여 분산적 리더십의 네트워크 측면을 강조했던 Harris(2008)는 학교 내, 학교 간, 학교 밖에서의 분산적 리더십이 상호의존적으로 작동하는 순환 구조를 제시하였다. 첫째, 학교 내 분산적 리더십은 학교에서의 역할과 책임에 따라 리더십을 수행하도록 재구조화하는 것을 의미한다. 따라서 학교 내 분산적 리더십은 교육리더십의 범위를 교사까지 확대시키는 데 작용한다. 교사리더십은 학교 교육에 관련된 역할과 책임을 갖는 모든 교사가 수행하는 역할로 규정할 수 있다(Muijs & Harris, 2007). 학교 내에서 교사리더십이 실천되기 위한 조건으로는 의사결정 참여 확대, 전문성 개발을 위한 다양한 기회 부여, 협력 또는 공동의 작업이 가능한 신뢰 문화 조성 등이 언급되었다. 둘째, 학교 간 분산적 리더십은 학교의 경계를 넘어 다른 학교와 지역 공동체로의 확장을 의미한다. 이는 지속가능한 학교 개혁을 위해 전체적인 변화를 강조했던 체제 리더십과 일맥상통한다. 체제 리더십은 기존 학교 개혁의 실패를 극복하기 위한 대안으로 제시된 것(Hopkins, 2001, 2008)으로 교장은 자신의 학교뿐 아니라 어려움에 처한 다른 교장을 지원하여 궁극적으로 학교 체제 전반을 개선하는 데 초점을 둔다(주현준, 김민희, 박상완, 2014). 셋째, 학교 밖 분산적 리더십은 학교 교육에 직·간접적으로 관련된 여러 기관의 참여와 파트너십을 의미한다. 학교 밖 기관 중 교육행정기관은 직접적으로 관련되어 있다. 특히 교육리더십 연구에서 학교와 교육청과의 파트너십은 매우 비중 있게 논의되어 왔다. 교육청의 리더십은 학교 내 리더십을 공유하고 실천하는 데에 중요한 역할을 한다(Honig, 2012).

2) 공유와 교육리더십

교육리더십의 쟁점인 연구 대상의 확대는 교장 중심에서 교사리더십으로의 확대와 교육감 등 교육행정가 리더십으로의 확대로 요약된다. 역사적으로 교육리더십 연구에서 교사리더십과 교육행정가의 리더십에 관한 연구가 전무한 것은 아니지만 교장리더십에 비해 상대적으로 부족한 것은 사실이다. 특히 교육행정가의 리더십은 그 중요성에도 불구하고 상대적으로 교사리더십에 비해 활발하게 논의되지 못하고 있다.

교사리더십에 대한 논의는 1980년대부터 현재까지 지속적으로 이어지고 있다. 교사리더십은 국가나 교육행정기관이 주도하는 기존 학교개혁 방식의 한계에서 벗어나 교사가 주체가 되는 대안적 교육개혁론에서 주목받았다(Katzenmeyer & Moller, 1993; Lieberman & Miller, 2004). 즉, 교사리더십은 교사가 자율과 권한을 가지고, 주체적이고 능동적으로 리더십을 발휘하는 것이 교육개혁의 핵심이라는 인식에서 비롯되었다고 할 수 있다. 이와 관련하여 김병찬(2019)은 객관주의 교육관에서 구성주의 교육관으로의 변화, 분권형 교육체제로의 전환, 단위학교에서의 교사 자율과 재량 확대 등을 배경으로 제시한 바 있다.

지난 40년 동안 국내외 연구자들은 교사리더십의 개념, 특성, 역량, 개발, 효과 등 광범위한 주제를 탐구해 왔다. 2000년대 초반부터는 분산적 리더십에 관심이 높아지면서 교사리더십 연구가 더욱 활발해지고 있다. 국내외 선행연구에서는 교사리더십이 실질적으로 실천되기 위해서는 학교 내에서의 변화뿐 아니라 교육청과 교육부 차원의 변화가 필수요소로 언급되고 있다. 그러나 교사리더십의 실천에 영향을 주는 교육감 또는 교육부 장관의 리더십에 관한 연구는 매우 부족하다.

(1) 교육청(학교구) 수준의 교육리더십

지난 1980년대부터 단위학교의 성공적인 운영에 교육청의 역할이 유의미하다는 연구 결과(Bridges, 1982; Rowan, 1983)가 보고되었다. 교육청은 기본적으로 지역의 학교를 효과적으로 지원하고, 상위 교육행정기관과 일선 학교를 매개하며, 지방의 교육자치를 실현하는 역할을 담당한다. 따라서 교육청에 소속된 교육행정가의 리더십은 교육리더십 연구에서 매우 중요한 주제이다.

교육청을 대표하는 교육행정가는 교육감이다. 연구자에 따라서는 교육장, 교육전문직, 일반직 공무원을 교육행정가에 포함하는 경우도 있지만, 일반적으로 교육행정가는 교육감을 의미한다. 국내외 연구자들은 지난 1980년대부터 현재까지 교육감 리더십의 중요성을 인식하고 관련 연구를 수행해 왔다. 국외 연구자들은 학교구(school district) 수준에서 리더십과 학교 현장의 변화에 초점을 두었다. 선행연구는 주로 교육감 리더십이 학생의 학업성취도, 교장의 리더십 등에 어떤 영향을 주었는지 분석하였다. 예를 들어, 교육청 개혁을 비롯하여 교육감 리더십의 특성, 효과 등 다양한 주제를 탐구하였다.

Murphy와 Hallinger(1986)는 학업성취도가 높은 캘리포니아주 학교구의 교육감 12명을 대상으로 면담을 실시하고 교육감의 직·간접적인 수업리더십이 교장 리더십에 긍정적인 영향을 준다는 결과를 도출하였다. Wills와 Peterson(1992)은 주정부의 교육정책에 대한 교육감의 대응 전략을 분석하였다. 이 연구에서는 학교구의 크기(소규모, 중규모, 대규모)에 따라 효과적인 교육감 리더십 전략의 차이를 확인하였다. Childress, Elmore와 Grossman(2006)은 도시지역 학교구 개혁의 일환으로 '공교육 리더십 프로젝트 연구'를 수행하였다. 이 연구에서는 4년의 기간 동안 15개 학교구의 성공과 실패를 확인하였다. 연구 결과, 성공 요인으로 교수-학습 개선을 위한 전략, 협력적 문화 조성, 높은 책무성과 기대, 이해 당사자들의 지원 유도, 학교 환경과 자원 관리 등이 조합된 리더십을 제시하였다. 그리고 수업리더십 측면에서 학교구의 역할이 탐구되었다. 연구자들(Augustine et al., 2009; Gallucci & Swanson, 2006; Hatch, Hill, & Roegman, 2016; Honig & Rainey, 2014; Honig, Venkateswaren, & McNeil, 2017; Torres, Bulkey, & Kim, 2020)은 학교 내에서 공유된 학습 기회의 중요성과 이를 위한 학교구의 구조적 지원이 학교 변화와 개선의 밑바탕이 된다는 결과를 보고하였다. 학교구 차원에서 학교의 수업리더십을 직접 지원하고, 발전 전략을 함께 모색할 때, 학교장의 리더십에 의미 있는 변화가 나타났다.

국내 연구는 단위학교의 학업성취도 또는 교장의 리더십과의 관련성에 초점을 두었던 국외 연구와 다소 차이를 보였다. 미국의 경우, 학교구마다 교육감이 존재함에 따라 학교구 단위의 사례연구가 수행된 반면, 국내 연구자들은 교육전문직, 교육장, 교육감을 대상으로 연구를 수행하였는데, 주로 법적 기준에 따른 권한과 직무, 제도 개편에 따른 역할 변화를 분석하고 그에 요구되는 리더십을 제시하였다. 우정남(2005)은 교육전문직에 요구되는 리더십으로 교육정책 리더십, 인간관리 리더십, 단위학교 리더십을 제시하였고, 이윤식(2006)은 윤리-문화적 리더십, 변혁-참여의 리더십, 합법적 리더십, 교육정책-비전제시의 리더십, 조직관리-인사 리더십, 교육과정-수업리더십, 창의적 기획 리더십을 제안하였다. 또한, 주철안 등(2022)은 교육전문직에 해당하는 장학관으로 임명하는 교육장의 리더십을 교육전문직의 리더십과 중첩된 것으로 보고, 지역사회 연계 리더십을 추가로 제시하였다. 한편, 교육감에 관한 연구는 직선제 선출제도에 집중하여 리더십 차원의 연구는 부족한 편이다. 앞서 소개한 국외 연구와 같이 교육감 리더십이 단위학교와 교장리더십에 주는 영향을 경험적으로 분석한 사례는 극히 일부(곽진규, 2016; 주철안 외, 2022)에 불과하다. 곽진규(2016)는 직선제 교육감에게 요구되는 리더십으로 변화지향 리더십, 소통 리더십, 상호존중 리더십, 설득의 리더십을 제시하였고, 주철안 등(2022)은 교육자치 리더십, 문제 해결 리더십, 정치적 리더십을 제시하였다.

(2) 교육부 수준의 교육리더십

교육부 차원의 리더십은 정부 차원에서 추진하는 교육개혁의 수행, 교육정책의 개발 및 집행 등 포괄적 범주에서 논의되었다. 미국의 경우, 주(state) 단위의 강한 분권화로 인하여 연방정부의 교육부 또는 교육부 장관의 리더십에 관한 실증적 연구를 찾아보기 어렵다. 반면, 지방자치와 지방교육자치제도가 운영 중인 한국의 경우에는 교육부의 역할과 교육부 장관에 대한 관심이 높은 편이다.

교육부 장관의 리더십은 교육정책과 관련한 의사결정의 과정에서 논의되었는데, 교육적 관점보다 정치적·행정적 관점이 강하게 나타났다. 최근 전 세계 6개 대륙의 전직 교육부 장관의 모임인 The Varkey Foundation(2018)은 각국 교육부 장관의 실제적 경험과 연구를 기초로, 성공적인 리더십의 4가지 원칙으로 존중, 신념, 탄력성, 개혁 의지를 제시한 바 있다. 국내에서 정부 부처 장관의 리더십에 관한 논의는 행정학 분야를 중심으로 전개되어 왔다. 대표적으로 박동선, 함성득, 정광호(2003)의 저서인『장관론』을 비롯하여 다수의 학술연구 결과가 발표되어 왔는데, 2차례 교육부 장관직을 수행했던 안병영 장관이 스스로의 경험을 토대로 작성한 논문(안병영, 1999, 2002, 2003, 2017)도 발표되었다.

한편, 교육행정학 분야에서는 2000년대부터 교육부 장관을 연구하기 시작하였다. 교육부 장관에 관한 연구는 개인적 배경 분석(양정호, 2004), 리더십 특성(박남기, 임수진, 2019; 전영평, 2016; 조영기, 2005), 시·도교육감과의 관계(김규태, 2016; 유동훈, 2016) 등을 탐구하였다. 지금까지 수행된 선행연구는 심층면담을 사용한 일부 연구를 제외하고 대부분은 문헌 분석에 의존하였다. 또한, 선행연구는 교육 리더십의 관점보다 정치적·행정적 리더십 차원에서 접근된 경향이 강한 것이 특징이다. 대표적인 연구를 소개하면 다음과 같다.

조영기(2005)는 문헌연구를 통해 한국(47명)과 일본(59명)의 교육부 장관의 배경 요인(대학 전공, 사회경력, 재임기간, 초임연령)을 수집하고 이들 요인 간의 상관관계를 분석한 후, 해임 및 사임 사례 등을 종합적으로 분석하여 교육부 장관에게 필요한 리더십을 도출하였다. 연구 결과, 교육부 장관에게 요구되는 리더십으로 이해집단 간 조정 능력, 교육의 질 제고를 위한 자원 동원 능력, 공평한 교육정책 추진 능력, 대통령 및 타 부처와 관계 유지 능력, 사회 변혁을 위한 변혁적 리더십, 상황에 따른 리더십을 도출하였다.

전영평(2016)은 문헌연구를 통해 안병영 교육부 장관의 리더십 사례를 분석하였다. 이 연구에서는 'EBS 수능방송과 수능 인터넷서비스 제공'을 성공적인 교육정책 사례로 선정하여 정책의 추진 배경 및 과정을 분석하였다. 연구 결과, 교육개혁을 위한 비전과 핵심가치 설정 및 성과 도출 능력, 정책 철학의 정립 및 의지 구현 능력, 정책 및 프로그램의 기획, 실행, 모니터링 및 환류 능력을 포괄하는 자기주도적 정책리더십을 도출하였다.

한편, 박남기, 임수진(2018, 2019)은 역대 교육부 장관 5명과 전직 교육부 공무원 4명을 대상으로 심층면담을 실시하고, '내각 운용 유형과 임명 배경에 따른 리더십 사례'와 '교육부 내부를 대상으로 한 사례'를 각각 분석하였다. 전자의 경우, 교육부 장관의 권한은 임명 배경(실세형/전문가형), 대통령과의 관계, 대통령의 내각 운영 유형(집권형/위임형)에 따라 다양하고, 행정적·정치적 균형감이 있는 리더십의 필요성을 도출하였다. 후자의 경우, 수집된 자료를 구조적 프레임, 인간자원적 프레임, 정치적 프레임, 문화상징적 프레임의 틀로 분석하였다. 연구 결과, 구조적 프레임에서는 합리적인 인사 원칙과 관행 존중, 인간자원적 프레임에서는 공감대 및 소통–경청의 리더십, 포용의 리더십, 사기 진작 리더십 등이 강조되었다. 정치적 프레임에서는 갈등관리 리더십을, 문화상징적 프레임에서는 내부적 시각에 대한 이해의 리더십을 언급하였다.

3 식민성과 교육리더십

제6장에서 다루었던 교육리더십 연구 동향의 세 번째 쟁점은 연구 풍토의 개선

에 관한 것이다. 교육리더십 연구 풍토의 문제는 국가별 역사와 사회적 맥락에 따라 다소 차이가 있었다. 국외의 경우(특히 미국)는 역사적으로 뿌리 깊게 자리 잡고 있는 인종차별의 문제에서 파생된 교육과 교육리더십에 대한 비판이 주를 이루고 있다. 한편, 한국을 포함한 비서구권 국가에서는 서구화된 이론과 연구 방법을 무비판적으로 차용하는 학풍에 대한 반성이 강하게 나타났다. 관련 선행연구에서는 이러한 현상을 식민성의 개념으로 설명하고 있는데, 여기서는 식민성에 기초한 교육리더십의 문제를 다룬 국내외 연구 사례를 소개한다.

1) 식민성과 교육

식민성(coloniality)은 정치, 경제, 사회, 문화, 교육 등 다양한 분야에서 익숙하게 논의된 개념이다. 식민성과 함께 사용되는 식민주의는 일정한 영토에 대한 배타적인 정치적 지배를 의미하는데, 정치적 독립 이후에도 지속되는 불균등한 관계를 표현하는 데 주로 사용되었다. 식민주의는 인종 간 지배와 착취의 관계를 반영하거나 합리화시키는 개념에서 출발하였고, 식민성은 이러한 식민주의 개념에 영향을 받아 형성된 자기 정체성의 상실 또는 정체성이 결여된 잘못된 근대성을 의미한다(이길상, 2000). 정리하면, 식민주의는 외세가 영토와 주민을 군사적으로 점령하고 나아가 직접 통치하는 것을 지칭하고, 식민성은 식민주의의 문화적 논리가 식민주의가 끝난 이후까지도 잔존하고 증식되는 것을 말한다. 식민주의 이후 나타난 탈식민주의(post-colonialism)는 정치 또는 경제적 종속을 넘어 사회, 문화 등 다양한 분야로 영역이 확대되었다(이윤미, 2000). 즉, 탈식민주의는 모든 형태의 위계적이고 차별적인 인식체계, 질서, 제도를 비판하고 이를 극복함으로써 불평등을 해소하고 궁극적으로 주체성을 회복하고자 하는 담론이라고 할 수 있다.

교육에 있어서 식민성은 자국의 전통적인 교육이 다른 국가에서 통용되는 교육을 표준으로 설정되는 현상으로 해석된다. 우리나라의 경우에는 일본의 식민지 교육으로 일본식 학교제도, 일본어 강제 교육, 일본 문화 중심의 교육 등이 행해졌다. 또한, 동시대에 서양 선교사들이 기독교 정신과 미국 문화에 입각한 교육활동을 전개하기도 하였다. 해방 이후에는 미국 교육사절단의 파견 등 본격적으로 미국식 교육의 영향을 받게 되었다. 이러한 서구 교육기관을 통해 양성된 근대 주체들은 해방 이후 미국의 권력과 문화를 배경으로 우리 교육의 주도 세력으로 활동하였다(이길상, 2000).

한편, 비서구권 국가를 중심으로 학문의 식민성에 대한 반성적 성찰도 활발하게 전개되었다. 비서구권 국가에서는 서양 중심적 학문풍토에서 벗어나 토착적인 정체성을 확립하는 주체성이 강조되었다. 우리나라에서도 20세기 초반부터 소위 학문의 한국화를 주장하는 논의들이 본격적으로 등장하였다. 대표적으로, 조동일(1993)은 서양에서 만들어진 지식을 수입하는 '학문의 수입상' 노릇을 청산하여, 학문의 의존에서 자립으로, 수입에서 생산으로 방향을 바꾸고, 현재의 문제를 스스로 해결하는 창의력과 세계 학문의 새로운 방향을 개척하는 노력을 요구하였다. 김영민(1997)은 서양의 학문을 준거로 삼아 그에 맞추어 사유하고 행동하는 학자들을 '기지촌 지식인'이라고 비판하였고, 김석수(2003)는 우리의 현실을 분석한 토대 위에서 서구의 이론을 반성적으로 수용하지 못하고 서구의 이론을 먼저 분석하고 거기에 우리의 현실을 꿰맞추는 형식을 취하는 '무주체성'을 비판한 바 있다.

한국 교육학의 탈식민성에 대한 논의는 대략 1960년대부터 시작되었다고 할 수 있다(김복영, 2004). 이 시기에는 무비판적으로 수용되었던 미국의 교육학 이론에 대한 비판과 한국의 실정에 맞는 교육학 이론의 필요성이 제기되었고, 1970년대 교육학의 보편성과 특수성에 초점을 둔 논쟁으로 이어졌다. 1980년대와 1990년대에는 한국 교육학의 토착화 논의로 확대되었다. 한국 교육학의 식민성에 대한 대표적인 논의는 역사분석을 통한 한국 교육학의 식민성 특징 조명(김인회, 1980), 한국과 미국 간 지식 전이로 한국 교육학의 성격 분석(이종각, 1983), 교육학 연구에서 탈식민적 연구 주제 영토화 주장(김영천, 조재식, 2001) 등이 있다. 즉, 한국 교육학에서 탈식민성은 무분별한 외국 이론(특히 미국)의 도입에 대한 비판과 우리나라의 정치, 경제, 사회, 문화의 맥락에 맞는 고유한 이론과 연구 방법 개발을 핵심으로 한다.

2) 식민성과 교육리더십

교육리더십의 식민성은 크게 백인 우월주의에 입각한 인종차별의 관점과 서구 중심적 학문 지배에 따른 토착성 상실의 관점으로 구분될 수 있다. 전자는 역사적으로 인종차별에 깊은 뿌리가 있는 미국에서 주로 논의된 것이고, 후자는 비서구권 국가의 학문적 정체성에 대한 비판의식에서 비롯된 해석이다.

(1) 인종차별의 관점

인종차별은 특정한 인종 집단이 다른 인종에게 행하는 차별적 행위를 의미한다. 피부색에 따른 인종차별은 산업화가 본격적으로 시작된 18세기부터 형성되기 시작하였는데, 특히 아프리카의 노예무역 규모가 커지고, 19세기 중반까지 노예제도가 공식적으로 유지되면서 흑인에 대한 인종차별이 극심했다. 미국에서는 1960년대까지 주정부의 자치권과 인종 분리라는 미명 하에 관습적으로 인종차별이 이루어졌다. 현재는 법적으로 인종차별은 금지되었지만, 여전히 중요한 사회적 이슈이다.

교육과 교육리더십의 식민성은 백인 우월주의에 기초한 인종차별과 특권화된 유럽 중심의 인식론에 깊은 뿌리가 있다. 학교 현장에서는 백인 중심의 리더십이 절대적인 헤게모니로 자리 잡았고, 이를 뒷받침하는 교육리더십 연구에서는 유럽 중심의 인식론이 하나의 표준으로 인식되어 왔다. 연구자들(Ahlquist & Hickling-Hudson, 2004; Calderon, 2014; Phillips & Bhavnagri, 2002; Tikly, 2004; Wolfe, 2006)은 백인 우월주의에 따른 교육의 식민성 문제를 지속적으로 비판하고 이를 극복하기 위한 대안을 제시해 왔다. 또한, 학술연구 측면에서도 일찍이 교육리더십의 식민성 문제를 비판하고 탈식민성을 위해 노력할 것을 주장해 왔다. 예를 들어, 미국의 교육행정학을 대표하는 학술단체인 'University Council of Educational Administration(UCEA)'는 대표 학술지인 『Education Administration Quarterly(EAQ)』에 게재된 논문을 재검토하여 유럽 중심의 인식론에 대한 맹신으로 새로운 접근법을 꺼리는 부정적 학풍을 비판하였다(Campbell, 1979, 1981; Donmoyer, 1991; Fendler & Muzaffar, 2008; Scheurich & Young, 1997). 이러한 인종차별의 관점에서 본 교육리더십의 식민성에 대한 논의(Ladson-Billings & Tate, 2006; Wright, 2022)는 최근까지도 활발하게 전개되고 있다. Wright(2022)는 「Brown vs. Board of Education of Topeka」(1954)[2] 이후부터 현재까지 이어지고 있는 교육리

---

2 「Brown vs. Board of Education of Topeka」(1954)는 미국 캔자스주 토피카(Topeka)에 살고 있던 Oliver Brown이 초등학교 3학년인 자신의 딸, Linda Brown이 피부색이 다르다는

더십에서의 식민성을 비판적으로 다루었다. 특히 교육리더십에 있어서 백인 우월주의와 유럽 중심의 인식론이 지적인 규범으로 작동해 왔던 문제를 비판하고, 이를 극복하기 위한 탈식민성을 강조하였다. 또한, 교육리더들이 탈식민성을 위한 노력에 동참하고, 재정확보를 위해 노력해야 하며, 이를 교육활동 전반에 반영해야 한다고 주장하였다.

(2) 토착성 상실의 관점

16세기 이후 자본주의, 과학, 예술, 학문 등 근대적 제도 출현의 중심에는 유럽의 팽창과 식민 지배가 자리 잡고 있다. 이는 주변부라고 일컬어지는 비서구권 국가의 근대화 과정에 크게 작용하였다. 즉, 서구중심의 근대성으로 포장된 식민성으로 인해 비서구권 국가들이 정체성을 상실한 것이다. 비서구권 국가에서는 서구화된 학문풍토가 지배하는 지식의 식민성 문제에서 벗어나 토착적인 정체성을 확립하기 위해 노력해 왔다. 이는 '근대화＝서구＝보편＝합리'의 도식과 같은 식민주의 사고체계에서 벗어나 자국의 토착성을 중시하는 과정으로 볼 수 있다.

교육리더십 분야에서도 서구화된 이론과 연구가 헤게모니를 갖는 식민성 현상을 비판해 왔다. 연구자들(Fitzgerald, 2003; Grosfoguel, 2008; Hallinger & Leithwood, 1998; Ortiz, 2009; Wolfe, 1999)은 서구화된 인식론이 보편화되면서 대안적인 인식론이 경시되는 문제와 서구의 리더십 이론이 절대적인 기준으로 작용하여 비서구 국가의 정체성이 상실되는 현상을 지적하였다. 최근 Khalifa, Khalil, Marsh와 Halloran(2019)은 교육리더십 연구가 탈식민성과 토착성을 지향하기 위한 방안을 제시하였다. Khalifa 등(2019)은 교육리더십의 탈식민성과 토착성을 주제로 작성된 선행연구를 종합적으로 검토하여 다음의 다섯 가지 특징을 제시하였다. 첫째, 자기성찰을 통해 자국의 토착성을 인식하는 것이다. 이는 자국의 고유한 지식기반을 존중하고, 이를 토대로 교사의 전문성 발달과 교육과정 개발, 학교 구성원 간 협력적인 분위기를 조성하는 리더십을 의미한다. 둘째, 임파워먼트를 통한 자기결정을 추구하는 것이다. 다양한 개인과 학교 공동체에 권한을 위임하여 자기동기

이유로 집에서 가까운 학교가 아닌 1마일이나 떨어진 흑인들만 다니는 학교를 다녀야 하는 것에 대해 소송을 제기한 사건에 대한 연방 대법원의 판결이다.

화를 추구하고 비판적 사고를 갖도록 하는 리더십이다. 셋째, 학교 구성원의 가치를 인정하는 것이다. 학생을 비롯한 학교 공동체의 다양성을 인정하고 이를 지원하기 위해 헌신하는 리더십이다. 넷째, 이타심과 봉사정신에 기반한 리더십이다. 학생을 포용하는 서번트 리더십을 발휘하는 것이다. 다섯째, 소통을 통한 협력이다. 학교, 가정, 지역사회의 협력체계를 만들고, 집단 의사결정을 지원하는 리더십이다. 한편, 주현준(2016)은 교육리더십 연구에서 무분별하게 차용된 이론을 지적하면서 정체성 혼란을 지적하였다. 한국의 교육리더십 연구에 미국 중심의 리더십이 유입된 경로, 전파 과정, 적용 가능성을 면밀하게 분석하고, 한국의 고유한 교육환경에 적합한 한국형 교육리더십 연구가 필요함을 주장하였다.

요약

제6장 '교육리더십의 연구 동향'에서는 국내외에서 언급된 주요한 쟁점으로 연구 주제의 심화, 연구 방법의 다양화, 연구 범위의 확대, 연구 풍토의 개선 등을 확인하였다. 제7장에서는 교육리더십 연구의 쟁점 가운데 연구 주제, 연구 범위, 연구 풍토에 초점을 두었다. 연구 주제로는 사회정의와 교육리더십을, 연구 범위로는 공유와 교육리더십을, 그리고 연구 풍토에 대해서는 식민성과 교육리더십을 정리하였다.

사회정의를 위한 교육리더십은 학력 격차를 최소화하기 위한 노력, 소수집단이나 소외집단을 통합하기 위한 설득, 다양성을 존중하고 지원하는 학교 문화 조성 등으로 요약된다. 이와 관련하여 사회정의와 교육리더십에서는 사회정의, 기회균등, 다양성, 젠더와 관련된 교육리더십 연구를 소개하였다.

공유와 교육리더십에서는 교육리더의 확대와 교육리더십 공유의 관점에서 교육청(학교구)과 교육부 차원의 리더십을 정리하였다. 전통적인 교장리더십 중심에서 교사리더십으로의 확대와 교육감 등 교육행정가 리더십으로의 확대를 설명하였다.

마지막으로 식민성과 교육리더십에서는 인종차별의 관점과 토착성 상실로 구분하여 설명하였다. 국외(특히 미국)의 사례에서는 역사적으로 뿌리 깊게 자리 잡고 있는 인종차별의 문제에서 파생된 교육과 교육리더십에 대한 비판을 확인하였고, 비서구권 국가의 사례에서는 서구화된 이론과 연구 방법을 무비판적으로 차용하는 학풍에 대한 반성을 살펴보았다.

논의 및 연구 문제

● 교육에서의 사회정의를 실천하기 위한 교육리더십은 어떻게 정의되어야 하는가?

● 한국에서 사회정의에 관한 교육은 어떤 관점에서 접근해야 하고, 이를 위한 리더십 교육은 어떻게 실천할 수 있는가?

● 학교 간 리더십 공유, 학교 밖 리더십 공유는 가능한 것인가?

● 교육감과 교육부 장관을 대상으로 하는 교육리더십 연구는 어떻게 설계되어야 하는가?

● 교육리더십의 식민성을 극복하고 한국형 교육리더십 모형 창출에 기여할 수 있는 연구는 무엇인가?

📖 참고문헌

곽진규(2016). 직선 교육감의 리더십 발휘에 관한 연구: A지역 전직 교육감의 실천사례를 중심으로. 연세대학교 교육대학원 석사학위논문.

구하라, 김지현(2021). 다문화적 교사효능감과 다문화교육 실행의 관계에서 학교장리더십의 조절효과 탐색. 교육학연구, 59(5), 247-274.

권동택(2005). 교육조직에서의 여성 지도자와 젠더 리더십. 교육과학연구, 10, 91-102.

권리라(2011). 초등학교 여교장의 상징적 지도성 특성 연구. 이화여자대학교 대학원 박사학위논문.

김규태(2016). 교육감과 교육부장관 관계의 정치학. 한국교육정치학회 춘계학술대회 자료집.

김기수, 심승환, 홍석노, 양지훈(2019). 사회정의교육의 방향과 과제. 경기도교육청.

김달효(2014). 사회정의를 위한 교육의 이론적 고찰. 수산해양교육연구, 26(3), 474-484.

김달효(2019). 사회정의와 교육리더십. 서울: 문음사.

김병찬(2019). 왜 교사 리더십인가. 서울: 학지사.

김복영(2004). 탈식민주의 이론의 교육적 함의. 한국교육논단, 3(1), 39-56.

김석수(2003). 한국 근대화와 철학계 지식인의 문제. 사이, 통권2호. 104-119.

김영민(1997). 탈식민성과 우리 인문학의 글쓰기. 서울: 민음사.

김영옥, 정바울, 김현진(2012). 교장과 교사의 성별에 따른 학교장의 지도성 영향 비교 분석. 교육행정학연구, 30(3), 265-290.

김영천, 조재식(2001). 교육과정 분야에서의 질적 연구. 교육인류학연구, 4(3), 25-81.

김원식(2012). 정의론과 여성주의: 아이리스 영의 경우를 중심으로. 사회와 철학, 24, 23-50.

김은형, 이성은(2011). 학교장의 성별에 따른 감성리더십과 교사의 직무만족도와의 관계. 열린교육연구, 19(2), 29-47.

김인회(1980). 한국인의 교육학. 서울: 이성사.

김일환(1993). 초등 여교장의 진로 발달 연구. 건국대학교 대학원 박사학위논문.

문진철(2016). 학교장의 변혁적 지도성이 교사의 다문화교육 효능감을 매개로 교사의 다문화교육 헌신에 미치는 영향: 다문화교육 중점학교를 중심으로. 국민대학교 대학원 박사학위논문.

민무숙(2005). 남녀 교장의 지도성에 대한 교사 인식 분석. 교육사회학연구, 15(3), 153-178.

민무숙, 허현란(2000). 여교장의 지도성 효과 및 특성에 관한 연구. 서울: 한국여성개발원.

박남기, 임수진(2018). 대통령의 내각운영 유형과 장관 임명 배경에 따른 교육부장관 리더십 사례 연구. 교육행정학연구, 36(3), 203-229.

박남기, 임수진(2019). 교육부 부처 내부를 대상으로 한 교육부장관 리더십 사례 연구. 교육행정학연구, 37(1), 277-305.

박동선, 함성득, 정광호(2003). 장관론. 서울: 나남출판.

박상완(2017). 우리나라 여교장의 특성 분석. 교육행정학연구, 35(1), 233-261.

서용희(2013). 학교장의 여성적 리더십 특성에 대한 연구. 부산대학교 대학원 박사학위논문.

서용희(2015). 중학교 학교장의 여성적 리더십 특성에 관한 질적 연구: 교사 인식을 중심으로. 교육행정학연구, 33(1), 257-285.

송연숙, 조영하(2014). 여교장의 지도성에 대한 교사인식에 관한 혼합방법연구. 교육문제연구, 27(3), 103-124.

송효준, 김지현, 함승환(2019). 학교장의 문화감응적 교수리더십과 다문화적 교수효능감: 전문적 협력문화의 매개효과. 교육행정학연구, 37(3), 167-192.

심성보(2011). 인간과 사회의 진보를 위한 민주시민교육. 서울: 살림터.

안병영(1999). 개혁과정과 장관의 역할: 문민정부 교육개혁을 중심으로. 연세행정논총, 24, 1-24.

안병영(2002). 장관의 교체와 정책의 안정성: 정책연속성 확보를 위한 시론. 한국행정연구, 10(4), 32-61.

안병영(2003). 한국 장관의 역할, 유형, 그리고 정책영향력. 연세대 사회과학논집, 33, 1-26.

안병영(2017). 교육정책 결정 과정에서 정치와 행정의 역할과 조화. 한국교육정치학회(편), 한국교육정치학회 연차학술대회자료집.

양민석, 임선빈(2020). 교장과 교사의 성별 일치와 교사 만족도 간의 관계 분석. 한국교원교육연구, 37(3), 81-107.

양정호(2004). 한국 교육부 장관에 대한 연구: 장관, 그들은 누구인가?. 교육행정학연구,

22(4), 213-229.

우정남(2005). 교육전문직의 지도성 개발. 한국교원교육학회 춘계학술대회 자료집.

유동훈(2016). 교육부장관 인사청문회 질의 및 답변 전략 연구. 교육정치학연구, 23(4), 17-41.

이길상(2000). 근대 교육주체의 특성과 한국 교육의 식민성. 한국교육사학, 22(2), 51-68.

이돈희(1992). 교육정의론. 서울: 교육과학사.

이윤미(2000). 개항기 교육의 식민성: 서구적 근대성 수용의 논리와 수용의 결과. 한국교육사학, 22(2), 1-24.

이윤식(2006). 교원의 교육지도성 프로그램 개발. 한국교원교육연구, 23(2), 231-266.

이은지, 함승환(2018). 이주배경 학생 밀집에 따른 교사의 어려움: 학교장의 문화감응적 교수리더십의 조절효과. 한국교원교육연구, 35(3), 127-152.

이종각(1983). 외국이론의 도입과 교육이론의 토착화. 한국교육학회, 21(1), 67-82.

장지영(2007). 교육 조직에서의 여성 리더십에 관한 고찰. 초등교육학연구, 14(1), 165-180.

전영평(2016). 정책의 성공과 장관의 리더십: 안병영 교육부장관의 〈EBS수능방송 및 수능인터넷서비스 사례〉. 행정논총, 54(1), 71-102.

정우진(2008). 교사의 여교장 리더십 지각변인 탐색연구. 교육행정학연구, 26(1), 189-212.

조동일(1993). 우리 학문의 길. 서울: 지식산업사.

조영기(2005). '교육(인적자원)부 장관의 임용관련 요인과 리더십'에 관한 연구. 한국교육, 32(1), 271-299.

주철안, 강석봉, 서용희, 이상철, 이영내, 홍창남(2022). 교육리더십. 서울: 학지사.

주현준(2016). 교육리더십 연구의 재조명. 교육행정학연구, 34(1), 25-45.

주현준, 김민희, 박상완(2014). 교육지도성. 경기: 양서원.

한유경, 김은영, 윤수경(2011). 학교장 성별에 따른 중학교 학생의 학업성취도 차이 분석. 교육행정학연구, 29(3), 329-350.

허병기(2014). 롤스의 정의론에 기초한 교육정의 탐구. 도덕교육연구, 26(3), 191-213.

Ahlquist, R., & Hickling-Hudson, A. R. (2004). The challenge to deculturalisation: Discourses of ethnicity in the schooling of indigenous children in Australia and the USA. In A. Hickling-Hudson, J. Matthews, & A. Woods (Eds.), *Disrupting preconceptions: Postcolonialism and education* (pp. 39-56). Flaxton, Queensland,

Australia: Post Pressed.

Anyon, J. (2005). *Radical possibilities: Public policy, urban education, and a new social movement*. New York: Routledge.

Augustine, C. H., Gonzalez, G., Ikemoto, G. S., Russell, J., Zellman, G. L., Constant, L., Armstrong, J., & Dembosky, J. W. (2009). *Improving school leadership: The promise of cohesive leadership systems*. Rand Corporation.

Ball, S. J. (1993). Education markets, choice and social class: The market as a class strategy in the UK and the USA. *British Journal of Sociology of Education, 14*(1), 3-19.

Barton, T. R. (2006). Feminist leadership: Building nurturing academic communications. *Advancing Women in Leadership Journal, 22*, 1-8.

Bass, B. M. (1990). Women and leadership. In B. M. Bass (3rd ed.), *Handbook of leadership: Theory, research, and managerial applications*. The Free Press.

Bates, R. (2006). Educational administration and social justice. *Education, Citizenship, and Social Justice, 1*(2), 141-156.

Berkovich, I. (2014). A socio-ecological framework of social justice leadership in education. *Journal of Educational Administration, 52*(3), 282-309.

Black, W. R., & Murtadha, K. (2007). Toward a signature pedagogy in educational leadership preparation and program assessment. *Journal of Research on Leadership Education, 2*(1), 1-29.

Blackmore, J. (2002). Leadership for socially just schooling: More substance and less style in high risk, low trust times?. *Journal of School Leadership, 12*(2), 198-222.

Blackmore, J. (2009). Leadership for social justice: A transnational dialogue. *Journal of Research on Leadership Education, 4*(1), 1-10.

Blackstone, T. (1983). Education for tomorrow. *Educational Management and Administration, 11*(2), 84-94.

Bridges, E. M. (1982). Research on the school administrator: The State of the art. *Educational Administration Quarterly, 18*(3), 12-33.

Bull, B. L. (2008). *Social justice in education*. New York: Palgrave Macmillan.

Calderon, D. (2014). Uncovering settler grammars in curriculum. *Educational Studies, 50*(4), 313-338.

Campbell, R. F. (1979). A critique of the Educational Administration Quarterly.

Educational Administration Quarterly, 15(3), 1-19.

Campbell, R. F. (1981). The professorship in educational administration: A personal view. *Educational Administration Quarterly, 17*(1), 1-24.

Chapman, L., & West-Burnham, J. (2010). *Education for social justice: Achieving wellbeing for all.* A&C Black.

Childress, S., Elmore, R., & Grossman, A. (2006). How to manage urban school districts. *Harvard Business Review, 84*(11), 55-68.

Chubb, J. E., & Moe, T. M. (1990). *Politics, markets, and America's schools.* Washington: The Brookings Institution.

Coleman, M. (2012). Leadership and diversity. *Educational Management Administration and Leadership, 40*(5), 592-609.

Dantley, M. (2002). Uprooting and replacing positivism, the melting pot, multiculturalism, and other impotent notions in education leadership through an African American perspective. *Education and Urban Society, 34*(3), 334-352.

Dantley, M. E., & Tillman, L. C. (2010). Social justice and moral transformative leadership, In C. Marshall & M. Oliva (Eds.), *Leadership for social justice: Making revolutions in education* (pp.18-34). Allyn & Bacon.

Donmoyer, R. (1991). Postpositivist evaluation: Give me a for instance. *Educational Administration Quarterly, 27*(3), 265-296.

Eagly, A. H., Karau, S. J., & Makhijani, M. G. (1995). Gender and the effectiveness of leaders: A meta-analysis. *Psychological Bulletin, 117*(1), 125-145.

Fendler, L., & Muzaffar, I. (2008). The history of the bell curve: Sorting and the idea of normal. *Educational Theory, 58*(1), 63-82.

Fischel, A., & Pottker, J. (1979). Performance of women principals: A review of behavioral and attitudinal studies. In M. C. Berry (Ed.), *Women in educational administration: A book of readings* (pp. 24-31). Washington, DC: National Association for Women Deans, Administrators and Counselors.

Fitzgerald, T. (2003). Changing the deafening silence of Indigenous women's voices in educational leadership. *Journal of Educational Administration, 41*(1), 9-23.

Fraser, N. (2003). *Redistribution or recognition: A political philosophical exchange.* London: Verso.

Fraser, N. (2007). Prioritizing justice as participatory parity: A reply to Kompridis and

Forst. In K. Olsen (Ed.), *Adding insult to inquiry* (pp. 327−346). London: Verso Print.

Furman, G. (2004). The ethic of community. *Journal of Educational Administration, 42*(2), 215−235.

Furman, G. (2012). Social justice leadership as praxis: Developing capacities through preparation programs. *Educational Administration Quarterly, 48*(2), 191−229.

Galloway, M. K., & Ishimaru, A. M. (2017). Equitable leadership on the ground: Converging on high−leverage practices. *Education Policy Analysis Archives, 25*(2), 1−34.

Gallucci, C., & Swanson, J. (2006). *Aiming high: Leadership for district−wide instructional improvement.* Center for the Study of Teaching and Policy.

García, S. B., & Guerra, P. L. (2004). Deconstructing deficit thinking: Working with educators to create more equitable learning environments. *Education and Urban Society, 36*(2), 150−168.

Glatter, R. (1999). From struggling to juggling: Towards a redefinition of the field of educational leadership and management. *Educational Management and Administration, 27*(3), 253−266.

Goddard, J. T. (2005). Toward glocality: Facilitating leadership in an age of diversity. *Journal of School Leadership, 15*(2), 159−177.

Goldfarb, K. P., & Grinberg, J. (2002). Leadership for social justice: Authentic participation in the case of a community center in Caracas, Venezuela. *Journal of School Leadership, 12*(2), 157−173.

Greenfield, W. D. (2004). Moral leadership in schools. *Journal of Educational Administration, 42*(2), 174−196.

Gronn, P. (2002). Distributed leadership as a unit of analysis. *The Leadership Quarterly, 13*(4), 423−451.

Grosfoguel, R. (2008). World−system analysis and postcolonial studies: A call for dialogue from the "coloniality of power" approach. In R. Krishnaswamy & J. C. Hawley (Eds.), *The postcolonial and the global* (pp. 94−104). Minneapolis: University of Minnesota Press.

Hallinger, P., & Leithwood, K. (1998). Unseen forces: The impact of social culture on school leadership. *Peabody Journal of Education, 73*(2), 126−151.

Harris, A. (2004). Distributed leadership and school improvement: Leading or misleading?. *Educational Management Administration and Leadership, 32*(1), 11–24.

Harris, A. (2008). *Distributed school leadership: Developing tomorrow's leader*. London: Routledge.

Hatch, T., Hill, K., & Roegman, R. (2016). Investigating the role of instructional rounds in the development of social networks and district-wide improvement. *American Educational Research Journal, 53*(4), 1022–1053.

Honig, M. I. (2012). District central office leadership as teaching: How central office administrators support principals' development as instructional leaders. *Educational Administration Quarterly, 48*(4), 733–774.

Honig, M. I., & Rainey, L. R. (2014). Central office leadership in principal professional learning communities: The practice beneath the policy. *Teachers College Record, 116*(4), 1–48.

Honig, M. I., Venkateswaran, N., & McNeil, P. (2017). Research use as learning: The case of fundamental change in school district central offices. *American Educational Research Journal, 54*(5), 938–971.

Honneth, A. (2001). Recognition or redistribution? Changing perspectives on the moral order of society. *Theory, Culture & Society, 18*(2–3), 43–55.

Hopkins, D. (2001). *School improvement for real*. London: Falmer Press.

Hopkins, D. (2008). Realising the potential of system leadership. In B. Pont, D. Nusche, & D. Hopkins (Eds.), *Improving school leadership, Vol. 2: Case studies on system leadership* (pp. 21–35). Paris: OECD.

Hough, J. (1988). Gender bias in educational management and administration. *Educational Management and Administration, 16*(1), 69–74.

Houghton, V. P., & Gear, T. E. (1974). Management science and recurrent education. *Educational Administration Bulletin, 3*(1), 13–25.

Huchins, E. (1995). *Cognition in the wild*. Cambridge. MA: MIT Press.

Hughes, M. G. (1974). A world perspective on educational administration: Some sources and materials. *Educational Administration Bulletin, 2*(2), 69–73.

Johnston, J. (1986). Gender differences in teachers' preferences for primary school leadership. *Educational Management and Administration, 14*(3), 219–226.

Katzenmeyer, M., & Moller, G. (1993). *Awakening the sleeping giant* (3rd ed.). Thousand Oaks, CA: Corwin Press.

Khalifa, M. A., Khalil, D., Marsh, T. E., & Halloran, C. (2019). Toward an indigenous decolonizing school leadership: A literature review. *Educational Administration Quarterly, 55*(4), 571–614.

Ladson-Billings, G., & Tate, W. F. (Eds.). (2006). *Education research in the public interest: Social justice, action, and policy.* Teachers College Press.

Larson, C., & Murtadha, K. (2002). Leadership for social justice. In J. Murphy (Ed.), *The educational leadership challenge: Redefining leadership for the 21st century* (pp. 134–161). Chicago, IL: University of Chicago Press.

Leithwood, K. (2021). Review of evidence about equitable school leadership. *Education Sciences, 11*(8), 377.

Lieberman, A., & Miller, I. (2004). *Teacher leadership.* New Jersey: John Wiley & Sons, Inc.

Lipman, P. (1997). Restructuring in context: A case study of teacher participation and the dynamics of ideology, race, and power. *American Educational Research Journal, 34*(1), 3–37.

Loden, M. (1985). *Feminine leadership or how to succeed in business without being one of the boys.* New York: Times Books.

Lumby, J., & Moorosi, P. (2022). Leadership for equality in education: 50 years marching forward or marching on the spot?. *Educational Management Administration & Leadership, 50*(2), 233–251.

Marshall, C. (2004). Social justice challenges to educational administration: Introduction to a special issue. *Educational Administration Quarterly, 40*(1), 5–15.

Marshall, C., & Mitchell, B. (1989). Women's careers as a critique of the administrative culture. paper presented at the annual meeting of the American Educational Research Association. San Francisco.

McCrea, N., & Ehrich, L. (1999). Changing leaders' educational hearts. *Educational Management and Administration, 27*(4), 431–440.

Mintzberg, H. (1973). *The nature of managerial work.* New York: Harper & Row.

Morgan, G. (1992). Children are clients: What have primary pupils got to say about equal opportunities?. *Educational Management and Administration, 20*(3), 193–

197.

Morris of Grasmere. (1974). The administrator today. *Educational Administration Bulletin, 2*(2), 25−31.

Morsink, H. M. (1966). A comparison of the leader behavior of fifteen men and fifteen women secondary school principals in Michigan. Doctoral dissertation. University of Michigan.

Muijs, D., & Harris, A. (2007). Teacher leadership in action: three case studies of contracting schools. *Educational Management Administration & Leadership, 35*(1), 111−134.

Murphy, J., & Hallinger, P. (1986). The superintendent as instructional leader: Findings from effective school districts. *Journal of Educational Administration, 24*(2), 213−236.

Ortiz, P. R. (2009). Indigenous knowledge and language: Decolonizing culturally relevant pedagogy in a Mapuche intercultural bilingual education program in Chile. *Canadian Journal of Native Education, 32*, 93−114.

Phillips, J. S., & Bhavnagri, N. P. (2002). The Maasai's education and empowerment: Challenges of a migrant lifestyle. *Childhood Education, 78*, 140−146.

Pratte, R. (1979). *Pluralism in education: Conflict, clarity and commitment*. IL: Thomas.

Rapp, D. (2002). Social justice and the importance of rebellious imaginations. *Journal of School Leadership, 12*(3), 226−245.

Rawls, J. (1971). *Theory of justice*. Cambridge, MA: Harvard University Press.

Riester, A.F., Pursch, V., & Skrla, L. (2002). Principals for social justice: Leaders of school success for children from low−income homes. *Journal of School Leadership, 12*(3), 281−304.

Rowan, B. (1983). *Instructional effectiveness in school districts: A conceptual framework*. San Francisco: Far West Laboratory for Research and Development.

Ryan, J. (2006). Inclusive leadership and social justice for schools. *Leadership and Policy in Schools, 5*(1), 3−17.

Scheurich, J. J., & Young, M. D. (1997). Coloring epistemologies: Are our research epistemologies racially biased?. *Educational Researcher, 26*(4), 4−16.

Sergiovanni, T. J. (1992). *Moral leadership: Getting to the Heart of School Improvement*. San Francisco: Jossey−Bass.

Shields, C. M. (2004). Dialogic leadership for social justice: Overcoming pathologies of silence. *Educational Administration Quarterly, 40*(1), 111−134.

Shields, C. M., Bishop, R., & Mazawi, A. E. (2005). *Pathologizing practices: The impact of deficit thinking on education.* New York: Peter Lang.

Skrla, L., & Scheurich, J. J. (2001). Displacing deficit thinking in school district leadership. *Education and Urban Society, 33*(3), 235−259.

Skrla, L., Scheurich, J. J., Garcia, J., & Nolly, G. (2004). Equity audits: A practical leadership tool for developing equitable and excellent schools. *Educational Administration Quarterly, 40*(1), 133−161.

Soubry, G. (1978). The training of headmasters. *Educational Administration, 7*(1), 16−32.

Spillane, J. P. (2005). Distributed leadership. *Educational Forum, 69*(2), 143−150.

Spillane, J. P., Halverson, R., & Diamond, J. B. (2001). Toward a theory of leadership practice: A distributed perspective. *Journal of Curriculum Studies, 36*(1), 3−34.

Taylor, E. (2006). A critical race analysis of the achievement gap in the United States: Politics, reality, and hope. *Leadership and Policy in Schools, 5*(1), 71−87.

Taylor, H. (1987). The redefinition of equality of opportunity. *Educational Management and Administration, 15*(1), 13−18.

Theoharis, G. (2007). Social justice educational leaders and resistance: Toward a theory of social justice leadership. *Educational Administration Quarterly, 43*(2), 221−258.

Theoharis, G., & O'Toole, J. (2011). Leading inclusive ELL: Social justice leadership for English language learners. *Educational Administration Quarterly, 47*(4), 646−688.

The Varkey Foundation. (2018). *Four principles for ministers of education to lead and succeed in government.* The Varkey Foundation.

Tikly, L. (2004). Globalisation and education in Sub−Saharan Africa: A postcolonial analysis. In A. Hickling−Hudson, J. Mathews & A. Woods (Eds.), *Disrupting preconceptions: Postcolonialism and education* (pp. 109−126). Flaxton, Queensland, Australia: Post Pressed.

Torres, A. C., Bulkey, K., & Kim, T. (2020). Shared leadership for learning in Denver's Portfolio Management Model. *Educational Administration Quarterly, 56*(5), 819−855.

Valencia, R. R. (1997). *The evolution of deficit thinking: Educational thought and practice.* London: Falmer.

Valencia, R. R. (2010). *Dismantling contemporary deficit thinking: Educational thought and practice.* New York: Routledge.

Wade, R. (2007). *Social studies for social justice.* New York: Teachers College Press.

Wang, F. (2018). Social justice leadership theory and practice: A case of Ontario. *Educational Administration Quarterly, 54*(3), 470−498.

Weightman, J. (1989). Women in management. *Educational Management and Administration, 17*(3), 119−122.

Wills, F. G., & Peterson, K. D. (1992). External pressures for reform and strategy formation at the district level: Superintendents' interpretations of state demands. *Educational Evaluation and Policy Analysis, 14*(3), 241−260.

Wolfe, P. (1999). *Settler colonialism and the transformation of anthropology: The politics and poetics of an ethnographic event.* London Cassel.

Wolfe, P. (2006). Settler colonialism and the elimination of the native. *Journal of Genocide Research, 8,* 387−409.

Woo, H. (2021). Teacher leadership and student achievement in the United States and South Korea. Doctoral dissertation. Pennsylvania State University.

Woods, P. A. (2015). Distributed leadership for equity and learning. *Revista Lusofona de Educacao, 30*(30), 175−187.

Wright, J. (2022). The deep root of inequity: Coloniality, racial capitalism, educational leadership, and reform. *Educational Administration Quarterly*, 0013161X211029483.

Young, I. M. (1990). *Justice and the politics of difference.* New Jersey: Princeton University Press.

Zembylas, M. (2010). The emotional aspects of leadership for social justice: Implications for leadership preparation programs. *Journal of Educational Administration, 48*(5), 611−625.

교육리더십의
양적연구 방법론*

교육리더십 연구는 1950년대 '교육행정의 이론화 운동(theory movement in educational administration)' 이후 현재까지 실증주의 인식론에 토대를 둔 양적연구가 활발하게 수행되고 있다. 제8장 '교육리더십의 양적연구 방법론'에서는 실증주의 인식론에 바탕을 둔 양적연구에 초점을 두었다. 교육리더십 연구에서 사용된 양적연구 방법의 특성을 정리하고, 연구의 질을 평가하기 위한 내용을 소개하였다.

---

* 제8장은 '주현준(2020). 교장리더십에 관한 양적연구의 문제와 과제: 연구 방법을 중심으로. 교육행정학연구, 38(2), 113-136.'을 참고하여 작성하였음.

1 교육리더십의 양적연구

1) 교육리더십 연구와 실증주의 인식론

　인식론(epistemology), 존재론(ontology), 가치론(axiology)은 모든 학문 분야에서 철학적 탐구의 핵심 영역이다(박선형, 2013). 이 가운데 인식론은 세상이나 사물을 보는 관점 또는 틀(이돈희, 1991)로서, 연구자가 어떤 인식론으로 현상을 바라보는 가에 따라 연구의 목적, 방법, 결과가 달라진다. 따라서 연구에 활용되는 논리와 방법은 연구자가 갖는 인식론에 의해 결정된다.

　양적연구 방법론은 실증주의 인식론에 바탕을 둔다. 김병찬(2013)은 교육행정 학의 실증주의 인식론의 특성을 〈표 8-1〉과 같이 정리하였다. 〈표 8-1〉에 정리 된 바와 같이, 실증주의 인식론은 철저하게 가치를 배제하고 과학적, 논리적 검증 을 강조하는 것으로 실증주의와 행동주의 철학에 기반을 둔다. 또한, 실증주의 인 식론은 객관적(실증적), 이론(법칙) 중심, 연구자와 연구 대상자(자료)의 분리를 중 시한다. 그러나 실증주의 인식론에 기초한 연구는 학교 현장에의 적용 실패, 연구 결과의 객관성 보장 부족, 반대 사례 존재 등으로 비판을 받기도 한다.

〈표 8-1〉 교육행정의 실증주의 인식론

주요 관점	실증주의
주요 주장	• 과학적 관리 전통 • 행동과학적 접근 • 가치의 배제 • 수학적·논리적 검증 강조 • 과학적 통계 • 가설 연역적 검증
기반	• 실증주의 • 행동주의
주요 학자	• Halpin • Simon • Griffiths • Willover
비판	• 과학적 관리 및 규범적 적용이 학교 현장에서 실패로 나타남 • 가치 영역 배척 • 관찰 자체의 객관성을 보장하지 못함 • 다양한 반대 사례 존재

출처: 김병찬(2013: 148)을 이 책에 맞게 수정하였음.

양적연구의 특성은 비교와 측정을 통해 인식되는 관계적 속성을 밝히며, 수식, 도형, 척도 등과 같은 가공된 언어를 사용하여 표준화를 추구하는 것으로 요약된다. 연구 방법을 설명하는 다양한 기준에 따라 양적연구 방법의 특성을 정리해 보면 〈표 8-2〉와 같다. 양적연구 방법은 연구의 초점이 양적인 것에 있고, 대표성을 띤 표본을 활용하여 실험 또는 통계 방법으로 분석한다. 즉, 양적연구는 외부자적 입장에서 인위적으로 만든 도구를 활용하여 자료를 수집하고 간접적으로 분석하여 결과를 도출하는 방법이라고 할 수 있다.

〈표 8-2〉 양적연구 방법의 특성

구분	특성
연구의 초점	양(얼마나 많이)

방법	실험, 통계
표본	대표
자료 수집	도구를 활용한 수집
가설과 이론	사전 확정
맥락	연구와 현상의 맥락 분리
연구자와 피연구자의 관계	일방적, 간접적 (응답자, 피실험자)
연구자의 입장	외부자적 입장
연구 결과	정확, 특정 범위, 환원

　1950년대 이전까지 교육리더십 연구(주로 교장리더십 연구)는 객관성이 결여된 개인적인 경험, 전임자의 선례 등에 기초한 처방적인 방식에 의존하였다(Moore, 1964). 연구자들(Getzels, Lipham, & Campbell, 1968; Griffiths et al., 1964; Halpin, 1958)은 이러한 사상적 믿음, 개인적 경험, 처방적인 방식을 비판하고 실증주의에 토대를 둔 과학적 원리를 적용한 교육리더십 연구의 필요성을 주장하였다. 이에 교육리더십 연구는 1950년대 초반에 시작된 '교육행정의 이론화 운동'을 계기로 변화되었다. 교육행정의 이론화 운동은 1930년대 초 유럽에서 미국으로 유입된 사회과학자들이 다양한 관점에서 정치, 사회현상에 대한 체계적인 분석 방법을 제공함에 따라 교육행정학 내에서도 고전적 조직이론이나 인간관계론과 구분되는 엄정한 과학적 접근이 소개된 것으로 이를 학계에서 '신 운동(the new movement)' 또는 '이론화 운동(the theory movement)'으로 명명하면서 행동과학적 접근이 교육행정학의 주류 연구 방법으로 정착하는 계기가 되었다(박선형, 2002). 이론화 운동은 '가설 연역적 연구, 보편적 개념으로서의 행정, 교육체제에 대한 행동과학적 접근'을 주요 골자로 하고, 논리실증주의로부터 전적으로 영향을 받았다(Culbertson, 1988). 종합하면, 이론화 운동 이후 교육리더십 연구는 실증적인 증거, 논리적 관계, 수학적 검증과 통계방법에 기초한 논리실증주의 인식론으로 수행되었다.

　한편, 교육리더십 연구에 사용된 통계방법은 지속적으로 발전해 왔다. 이론화 운동 이후 1970년대까지 교육리더십 연구에서는 평균과 표준편차 정도를 제공하는 기술통계 또는 이변량분석 등과 같은 초급단계의 통계기법이 주로 사용되었다. 그러나 1980년대부터 1990년대까지 분산분석, 회귀분석 등이 사용되었고, 1990년대 이후 현재에는 구조방정식, 위계선형모형 등 소위 고급통계기법이 사용되고 있다. 이와 관련하여 신현석(2020)은 고급통계를 사용하는 양적연구의 증가 현상을 연구 문제의 성격과 관련지어 설명하였다. 신현석(2020)은 최근 연구 문제들이 보다 정밀하게 제시되고, 현상 분석을 위한 연구 설계 자체가 복합해지는 경향으로 인하여 개별적인 현상 개념 간의 관계를 인과관계 측면에서 분석할 필요성이 높아짐에 따라 고급통계방법이 활용되는 것으로 설명하였다.

2) 교육리더십 양적연구 방법 성찰

교육리더십은 국내외 공통적으로 교육행정학 분야의 중요한 연구 주제이다(김병찬, 유경훈, 2017; 서정화, 1997; 신현석, 2020; 신현석, 박균열, 전상훈, 주휘정, 신원학, 2009; 임연기, 김훈호, 2018; 조동섭, 김왕준, 2013; 주삼환, 1987; Campbell, 1979; Murphy, Vriesenga, & Storey, 2007). 그러나 교육리더십 연구에 사용된 연구 방법의 비중에서 국내와 국외의 차이가 있다. 미국의 경우, 교육리더십 연구에 적용된 양적연구 방법과 질적연구 방법의 비율이 비슷하거나 질적연구 방법이 다소 높은 편이지만, 국내에서는 양적연구 방법의 비중이 높다(신현석, 주영효, 정수현, 2014). 〈표 8-3〉에서와 같이, 2001년부터 2011년 사이에 발표된 국내 교육리더십 연구에서 양적연구 방법이 절대적으로 높은 비율을 보였다(신상명, 2013).

〈표 8-3〉 국내 교육리더십 관련 연구 방법

영역 \ 연구 방법	문헌연구	양적연구	질적연구	통합연구
교육리더십	9	26	4	2

출처: 신상명(2013: 271).

양적연구 방법으로 분석된 교육리더십 연구에서는 주로 통계기법을 활용하였다. 통계는 양적연구를 대표하는 기법으로 수량적 사실이나 자료를 수집, 조직, 요약, 분석, 해석하는 방법이다(Howell, 2010). 통계의 기능은 수량적 자료들을 있는 그대로 제시하는 기술통계와 모집단에서 추출한 표본의 자료를 통해 모집단의 특성 등을 추정하는 추리통계로 구분된다. 통계는 확률적 표현이기 때문에 오차가 존재하고 이를 최소화하는 노력이 중요하다. 따라서 통계 분석을 활용한 양적 연구에서는 연구가설을 명확하게 설정해야 하고, 측정도구는 신뢰성과 타당성이 확보되어야 하며, 표본은 대표성을 가져야 함은 물론, 분석 결과가 제시하는 통계적 의미와 실제 의미 또한 정확하게 해석되어야 한다.

　교육리더십 연구자들은 지난 1960년대부터 실증주의에 기반한 통계 분석의 전 과정을 체계적으로 성찰하고 개선 방안을 제시하기 위해서 성찰을 거듭하였다. 대표적으로 1960년대(Erickson, 1967; Lipham, 1964), 1970년대(Haller, 1979), 1980 년대(Bridges, 1982; Murphy, Hallinger, & Mitman, 1983; Rowan, Bossert, & Dwyer, 1983), 1990년대(Hallinger, Heck, 1996; Heck & Hallinger, 1999), 2000년대(Goff & Finch, 2015; Hallinger & Heck, 2011) 등으로 이어졌다. 이들은 공통적으로 한 차원 높은 과학적인 방법으로 변모할 것을 주장하였는데, 발전 방향은 크게 다음의 두 가지 방식으로 요약할 수 있다. 하나는 이론에 기초한 연구모형의 정합성을 높이 는 것이고, 다른 하나는 수집된 데이터를 분석하는 방법을 더 정교하게 다듬어 엄 밀성을 추구하는 것이다.

(1) Murphy, Hallinger와 Mitman의 연구

　Murphy 등(1983)은 교육리더십 양적연구 방법론에 주목하고 1970～1980년대 에 수행된 선행연구를 고찰하여 다음과 같은 네 가지 주요한 문제점을 확인하였 다. 첫째, 일반화의 문제이다. 교육리더십 효과성을 측정하는 다수의 연구에서 초 등학교와 사회·경제적으로 소외된 대도시 학생들에 편중된 표집이 이루어졌고, 제한적인 종속변수(예컨대, 학업성취도 가운데 수학 또는 읽기 성적)를 사용하여 연구 결과의 일반화를 어렵게 만들고 있다고 지적하였다. 둘째, 설명력의 문제이다. 교 육리더십 연구가 인과관계, 개별 연구 결과들의 관련성과 효과성 등을 충분하게 설명하지 못한 점을 비판하였다. 또한, 선행연구는 교육청(학교구), 단위학교, 학 급 간 교육리더십의 연계성을 설명하지 못하고, 관련 정책과 교육의 실제에도 영 향을 주지 못한 점을 지적하였다. 셋째, 효과성 지표의 문제이다. 교육리더십의 효과를 설명하는 많은 지표들이 교수-학습 지원, 교육과정 조정, 학업성취도 평 가 등과 같은 구체적인 리더십 행동 지표로 전환되지 못하고 있었다. 넷째, 연구 결과 적용의 문제이다. 연구 방법론의 결함이 확인되었음에도 불구하고 연구 결과를 각종 프로그램에 성급하게 적용하는 문제를 확인하였다.

(2) Goff와 Finch의 연구

Goff와 Finch(2015)는 교육리더십 양적연구 방법의 문제점과 대안을 제시하였다. 이 연구에서는 양적연구에서 사용되는 데이터에 초점을 두었다. 기존 교육리더십 양적연구를 검토한 결과, 주로 설문조사 방법으로 횡단 데이터를 수집하고 이를 토대로 교육리더십과 관련 변수 간의 인과성을 설명하려고 하였다. 수집된 자료는 과거에는 기술통계, 상관관계 분석, 요인분석, 회귀분석 등을 사용하였으나 최근에는 구조방정식, 위계선형모형 등 정교화된 방법을 사용하는 것으로 나타났다. 이에 Goff와 Finch(2015)는 고도화된 분석 방법과 무관하게 횡단 데이터가 가진 한계에 주목하였다. 특히 횡단 데이터는 잠재변인 간의 인과성을 충분히 설명하지 못하고 오히려 왜곡된 해석의 위험성이 있음을 지적하면서 그 대안으로 종단 데이터를 활용한 분석을 제안하였다.

2 교육리더십 양적연구의 문제와 과제

1) 교육리더십 양적연구의 질

양적연구는 수량적으로 측정할 수 있는 연구 문제 또는 연구가설을 검증하는 탐구방법으로 체계적인 절차에 따라 이루어진다. 연구자에 따라 양적연구의 절차는 다소 차이가 있지만, 일반적으로 '문제 제기(인식) → 가설설정 → 연구 설계 → 자료 수집 → 자료 분석 → 가설검증 → 결론도출'의 절차에 따라 진행된다. 현상에 대한 문제 제기를 시작으로 잠정적인 결론인 가설을 설정하고, 설정된 가설을 증명하기 위한 연구 설계가 이루어진다. 연구 설계에서는 연구 대상 선정, 분석단위와 연구 범위의 설정, 변수의 조작적 정의 등이 수행되는데, 연구 설계는 실험적 연구, 준실험적 연구, 비실험적 연구로 분류된다. 자료 수집 단계는 실험법이나 질문지법 등이 사용된다. 수집된 자료는 통계방법을 활용하여 분석함으로써 가설을 검증하게 된다. 자료 분석 결과, 처음 설정한 가설과 일치하면 가설이 채택되고, 그렇지 않으면 기각되어 현상에 대한 결론이 도출된다.

이와 같이 양적연구는 체계적인 절차에 따라 수행되어야 하고, 각 단계마다 반드시 충족되어야 할 기준이 있다. 이와 관련하여, 교육리더십 연구자들은 양적연구의 질을 평가하기 위해 일종의 기준을 제시한 바 있다. Kmet, Lee와 Cook(2004)은 British Sociological Association Medical Sociology Group에서 개발한 자료를 토대로 양적연구의 질을 평가하기 위한 체크리스트를 〈표 8-4〉와 같이 제시하였다.

〈표 8-4〉 양적연구의 질 체크리스트

	범주	충족 (2점)	부분적 충족 (1점)	미충족 (0점)
1	연구목적과 연구 문제가 충실하게 진술되었는가?			
2	연구 설계가 명확하고 적절한가?			
3	연구 대상 선정 방법 또는 투입 변수에 대한 진술이 되었는가?			
4	연구 대상의 특성을 충분히 설명하였는가?			
5	중재 또는 임의 할당에 대해 진술되었는가?			
6	연구자의 중재 또는 비공개가 보고되었는가?			
7	연구 주제의 중재 또는 비공개가 보고되었는가?			
8	측정방법과 결과를 진술하였는가? 통계적 편의(오차), 평균 등을 보고하였는가?			
9	표집이 적정한가?			
10	분석 방법이 진술되어 있는가? 분석 방법이 적정한가?			
11	분석 결과의 분산값이 제시되었는가?			
12	변수가 통제되었는가?			
13	결과 보고 내용이 상세한가?			
14	분석 결과에 따라 결론이 제시되었는가?			

출처: Kmet, Lee와 Cook(2004)을 이 책에 맞게 수정하였음.

한편, 주현준(2020)은 교육리더십 양적연구에서 각 단계별로 점검해야 하는 기준을 연구모형, 표집, 측정도구, 분석 방법, 결과 해석으로 구분하고 각 기준의 세부 사항을 다음과 같이 제시하였다.

(1) 연구모형

연구모형은 실증 분석을 위한 연구모형이 제시되어 있으며, 이러한 모형 설정이 엄밀한 선행연구 분석에 근거한 이론적 논의에 따라 이루어졌는지 여부를 판단하기 위한 기준이다. 최근 교육리더십 양적연구에서 주로 활용하는 구조방정식모형은 선험적인(a priori) 모형 설정을 통해 연구자가 설정한 가설의 타당성 여부를 실증적으로 검토하는 확인적(confirmatory) 속성을 지닌다(Kline, 2019). 따라서 연구자는 연구모형 설정의 기초가 되는 이론적인 근거와 실증연구 결과를 제시함으로써 변수 간의 관계성 및 방향성, 자신이 설정한 연구모형의 타당성 등을 선험적으로 입증해야만 한다.

(2) 표집

표집은 실증 분석을 위한 자료 수집에 있어 표본 선정 및 표집 과정에 대한 설명이 기술되어 있다. 표집은 이러한 과정을 통하여 수집된 표본이 추정하고자 하는 모집단의 특성을 잘 대변하고 있는지를 나타내는 '표본의 대표성'이 확보되었는지 여부를 판단하기 위한 기준이다. 추리 통계는 기본적으로 전수조사가 불가능한 모집단의 특성을 파악하기 위하여 이를 대표할 수 있는 표본을 얼마나 잘 표집하였는지에 따라 추정의 성패가 결정된다. 이에 교육리더십 양적연구를 수행하는 데에도 연구의 관심이 되는 모집단을 어떻게 설정하였으며, 모집단을 대표할 수 있는 표본을 표집하기 위하여 임의(random) 혹은 체계적 표집에서 고려해야 할 사항들을 자세하게 기술해 줄 필요가 있다. 특히 설문조사 자료에 대한 통계 분석이 주로 이루어지는 교육리더십 연구의 경우 표본의 대표성 확보는 연구 결과의 타당도 및 신뢰도 확보에 있어 핵심이라고 할 수 있다.

(3) 측정도구

측정도구는 분석에 활용된 잠재 변수 및 측정 변숫값을 도출하기 위하여 활용된 측정도구의 출처 및 해당 도구의 신뢰도와 타당도에 대한 정보가 논문에 기술되

어 있는지 확인하는 기준이다. 교육리더십에 관한 양적연구들의 경우 주로 설문
지를 활용하여 자료를 수합하기 때문에 일정 부분 측정오차를 포함할 수밖에 없
다. 따라서 특정 문항이 측정하고자 하는 변수들을 정확하게 측정하고 있는지, 측
정된 문항들이 반복 가능성을 띠고 있는지 등을 나타내는 설문조사지의 타당도
및 신뢰도는 자료의 질을 나타내 주는 중요한 정보 중 하나이다.

(4) 분석 방법

분석 방법은 수집된 자료에 대한 분석 방법과 과정에 대한 설명이 자세하게 기
술되어 있으며, 논문에 활용된 분석 방법이 연구 문제에 대한 해답을 제시하는 데
있어 적절한 방법인지 여부를 확인하기 위한 기준이다. 교육리더십 양적연구에서
주로 활용하고 있는 분석 방법인 고급통계 방법이 타당한 방식으로 활용되고 있
으며, 해당 연구 방법이 연구목적에 부합하는지, 가령 변수 간의 인과관계를 탐색
하는 논문의 경우 이러한 인과관계를 입증하는 데 적절한 분석 방법이 활용되었
는지 여부 등을 판단하기 위한 것이다.

(5) 결과 해석

결과 해석은 해당 논문의 분석 결과가 명료하게 제시 · 기술되어 있으며, 연구
문제에 대한 답을 효과적으로 제시하고 있는지를 판단하는 기준이다. 연구자가
주된 관심을 가지는 변수 간의 관계가 상관관계인지 인과관계인지에 따라 활용하
는 분석 방법 및 이에 따른 분석 결과의 해석에 주의를 기울여야 한다. 교육리더
십 양적연구에서 있어 주로 활용되는 구조방정식모형의 경우 처치변수와 종속변
수 오차항 간의 상관관계로 인해 발생하는 내생성(endogeneity)[1] 이슈로부터 자유
로울 수 없다는 한계점을 안고 있는데, 만약 변수 간의 인과관계를 추정하는 연구
에서 이러한 구조방정식모형을 활용한다면 표집 및 모형 설정뿐만 아니라, 특히
해석에 있어 각별한 주의가 요구된다.

---

1 내생성(endogeneity)은 선형모형에서 설명변수와 오차항의 상관이 0이 아닌 경우를 의미한
다. 즉, 설명변수와 오차항 간에 체계적인 어떤 관계가 존재하는 상황을 말한다. 이 경우 설
명변수가 오차항에 대해 내생적이라고 한다. 내생성을 유발하는 원인은 누락변수, 역의 인
과관계, 자기선택, 측정오차가 있다.

2) 선행연구

양적연구 방법의 관점에서 교육리더십 연구의 동향을 분석한 선행연구에서는 주로 연구에 사용된 통계방법의 빈도를 기준으로 현상을 설명하였다. Hallinger(2011)는 1983년부터 2010년까지 양적연구 방법을 사용하여 교장의 수업리더십을 분석한 박사학위논문을 분석한 결과, '기술통계→이변량 분석→다분량 분석→고급통계 기법' 순으로 변화되는 현상을 확인하였다. 이러한 현상은 한국에서도 확인된다. 신현석(2020)에 따르면, 1983년부터 2013년까지『교육행정학연구』에 게재된 통계방법 사용 추이는 〈표 8-5〉와 같다. 이 분석에서는 통계방법을 네 가지로 구분하였는데, 기술통계는 평균과 표준편차를 제시한 수준이고, 초급통계는 t/F검정, 카이제곱 검정 등이며, 중급통계는 분산분석, 회귀분석 등이다. 고급통계는 판별분석, 군집분석, 구조방정식모형, 위계선형모형 등이다. 1990년대 말부터 등장한 고급통계의 사용 빈도는 2000년 이후 급격하게 증가하였다.

〈표 8-5〉 연도별 통계방법 사용 추이

기준	1983~1989	1990~1999	2000~2009	2010~2013	계
기술통계	0(0%)	13(16.5%)	13(8.6%)	3(3.4%)	29(9%)
초급통계	2(40%)	19(24.1%)	36(23.8%)	7(8.0%)	64(19.9%)
중급통계	3(60%)	35(44.3%)	49(32.5%)	27(31.0%)	114(35.4%)
고급통계	0(0%)	12(15.2%)	53(35.1%)	50(57.5%)	115(35.7%)
계	5(100%)	79(100%)	151(100%)	87(100%)	322(100%)

출처: 신현석(2020).

최근 교육리더십 연구에서는 구조방정식모형, 위계선형모형 등이 주로 사용되고 있다. 그러나 통계방법의 사용빈도에 기초한 해석이 아닌 정합성을 확인하는 연구는 많지 않았다. 특히 통계기법의 사용에 오류가 있는지 확인하거나 논문의 질을 평가하는 데 다소 소홀하였다. 여기서는 교사리더십에 관한 양적연구의 질을 평가한 Schott, van Roekel과 Tummers(2020)와 교장리더십에 관한 양적연구의 질을 평가한 주현준(2020)을 소개한다.

(1) Schott, van Roekel과 Tummers의 연구

Schott 등(2020)은 데이터베이스를 활용하여 2014년부터 2018년까지 교사리더 십을 주제로 발표된 논문 1,128편을 선별하여 총 93편을 분석하면서 연구 방법의 질을 평가하였다. 이 연구에서는 앞서 〈표 8-4〉에 소개한 Kmet 등(2004)의 체크 리스트를 활용하였다. 총 93편 중 이론연구 9편을 제외한 84편 가운데 양적연구 방법만을 사용한 논문은 12편, 질적연구 방법만을 사용한 논문은 59편이었고 혼 합연구 방법을 사용한 논문은 13편이었다. 〈표 8-6〉은 양적연구 방법 체크리스 트에 따라 평가한 결과이다.

〈표 8-6〉 평가 결과

기준 평균	연구 문제	연구 설계	연구 방법	연구 대상	임의 할당	비공개 (연구 자)	비공개 (연구 주제)	산출	표집	분석 방법	분산값	변수 통제	결과 도출	결론
12편	2.00	1.67	1.27	1.33	해당없음			1.67	1.60	1.50	1.25	0.44	1.83	1.83
13편 (혼합포함)	1.08	1.38	1.60	0.62				1.17	2.00	1.14	0.50	0.00	1.38	1.23

출처: Schott et al. (2020).

교사리더십에 관한 양적연구 방법의 질을 평가한 Schott 등(2020)의 연구 결과를 정리하면 다음과 같다. 첫째, 연구 문제, 결과도출, 결론의 평균점수는 높게 나타났 다. 연구 문제의 평균값은 2점으로 모든 연구가 연구목적과 연구 문제를 충실하게 진술한 것으로 나타났다. 또한, 연구 문제에 대한 답으로 결과도출(평균 1.83)을 상 세하게 제시하였고, 결과에 근거한 결론(평균 1.83)을 제시한 것으로 평가되었다. 둘째, 변수 관련 기준의 평균점수는 낮게 나타났다. 변수 통제의 평균은 0.44로 가 장 낮았고, 분산 값의 평균도 1.25로 낮게 평가되었다. 연구자들은 양적연구 방법 에서 변수 통제가 적절하게 이루어지지 않는 것으로 판단하였다. 셋째, 혼합연구 방법이 포함된 경우 평균점수가 현저하게 낮아졌다. 양적연구 방법만을 사용한 12편의 평균점수와 혼합연구 방법을 포함한 13편의 평균점수는 큰 차이를 보였 다. 양적연구 방법을 사용한 논문의 평균점수는 0.7점으로 연구 방법의 질을 평가 하는 기준 점수인 0.75점보다 낮았다. 이러한 분석 결과를 토대로 Schott 등(2020)

은 양적연구 방법의 문제로 특정 시점에서 실시한 설문조사 자료에만 의존하는 연구편향과 내생성 문제를 지적하였고, 이를 극복하기 위해 변수의 개념을 명확하게 정의하고, 자료 분석 시 철저하게 변수를 통제하는 방법론 측면을 강조하였다.

(2) 주현준의 연구

주현준(2020)은 2009년부터 2019년까지『교육행정학연구』에 게재된 교장리더십 관련 논문 32편을 분석하였다. 이 연구에서는 교장리더십과 관련 변수 간의 관계를 양적연구 방법으로 분석한 논문을 분석 대상으로 하였는데, 〈표 8-7〉과 같은 분석 기준과 평가 척도를 적용하였다.

〈표 8-7〉 분석 기준과 평가 척도

기준	미충족(0점)	부분적 충족(1점)	충족(2점)
연구모형	분석을 위한 연구모형이 제시되어 있지 않음.	연구모형은 제시되어 있지만, 모형 설정과 관련된 이론적 논의(선행연구기반)가 부족함.	이론적 근거(선행연구 분석 포함)에 기반하여 연구모형의 타당성을 분명하게 제시함.
표집	표집 과정 및 표본의 대표성에 대한 설명이 생략됨.	표집 과정에 대한 설명은 제시되어 있지만, 표본의 대표성에 대한 설명이 불분명함.	표집 과정 및 표본의 대표성에 대한 설명이 분명함.
측정도구	측정도구의 출처와 자료 수집 · 분석에 활용된 측정도구의 신뢰도 및 타당도에 대한 설명이 생략됨.	자료 수집 · 분석에 활용된 측정도구의 신뢰도 및 타당도에 대한 설명이 제시되지만, 출처에 대한 설명이 부족함.	측정도구의 출처와 자료 수집 · 분석에 활용된 측정도구의 신뢰도 및 타당도에 대한 설명이 분명하게 제시됨.
분석 방법	데이터 분석 방법과 과정에 대한 설명이 생략됨.	데이터 분석 방법과 과정에 대한 설명이 있지만 연구목적과의 연계성이 불분명함.	데이터 분석 방법과 과정에 대한 설명이 명확하게 제시되어 있으며, 연구목적과 개념적으로 일치함.
결과 해석	분석 결과가 분명하게 제시되지 않으며, 분석 결과를 통하여 연구 문제에 대한 해답을 분명하게 제시하지 않음.	분석 결과가 분명하게 제시되지만, 연구 문제에 대한 해답을 충분히 제시하지 못함.	분석 결과가 명료하고, 연구 문제에 대한 분명한 해답이 제시됨.

출처: 주현준(2020).

〈표 8-8〉은 분석 기준별 평가 결과를 정리한 것이다. 다섯 가지 기준 가운데 연구모형의 평균점수가 1.81로 가장 높았고, 측정도구 1.66, 표집 1.28 순으로 평가되었다. 반면, 분석 방법은 1.16, 결과 해석은 1.19로 상대적으로 낮은 점수로 평가되었다.

〈표 8-8〉 평가 결과

기준	연구모형	표집	측정도구	분석 방법	결과 해석	총점
평균	1.81	1.28	1.66	1.16	1.19	7.09

출처: 주현준(2020).

① 연구모형

연구모형의 평균점수는 1.81점으로 평가되었다. 분석 대상에 포함된 32편의 논문 모두 연구모형을 제시하고 있으며, 이 중 26편의 논문은 선행연구 분석에 근거하여 변수 간의 관계 및 방향성을 설정하였다. 그러나 6편의 논문은 연구모형을 제시하고 있지만, 연구모형 설정이 이론적 근거에 기반하여 이루어지기보다는 연구자의 가설적인 관계 설정에 근거함으로써 타당성이 다소 부족하였다.

② 표집

표집의 평균점수는 1.28점으로 평가되었다. 전체 32편의 논문 중 24편은 연구자가 작성한 설문지에 기반한 조사 자료를 분석하였으며, 8편은 층화집락추출법(stratified cluster sampling)에 기반한 한국교육개발원 및 OECD 등이 제공하는 통계 자료를 활용하였다. 32편의 논문 모두 표집과정을 기술하고는 있지만, 연구자가 직접 자료를 수합한 24편의 논문 중 한 편을 제외한 23편의 논문은 표본의 대표성을 확인하기 어려운 편의 표본인 것으로 나타났다.

③ 측정도구

측정도구의 평균점수는 1.66점으로 평가되었다. 분석 대상 32편의 논문 중 21편의 논문들은 측정도구의 출처, 특히 특정 요인을 나타내는 문항들의 경우 신뢰도와 관련된 정보를 상세하게 제공한 반면, 11편의 논문들은 문항 신뢰도에 대한 정보를 제공하고 있지 않거나, 신뢰도를 제공하더라도 낮은 신뢰도를 보이는 문항들을 활용하여 분석을 실시하는 문제가 확인되었다.

④ 분석 방법

분석 방법의 평균점수는 1.16점으로 평가되었다. 32편의 논문 중 대다수인 27편의 논문이 분석 방법을 잘못 활용하고 있거나, 연구목적에 부합하지 않은 분석 방법을 활용하고 있는 것으로 나타났다. 이러한 오류는 구조방정식모형을 활용한 논문들에서 집중적으로 나타났다. 주요한 문제점을 정리하면 다음과 같다.

첫째, 구조방정식모형을 활용한 논문들의 경우 요인 추출 방법을 기술하지 않거나, 요인 추출 방법 중 하나인 탐색적 요인분석을 적용하더라도 잘못된 방식인 주성분 분석을 활용하고 있는 것으로 나타났다. 주성분분석과 탐색적 요인분석은 근본적으로 서로 다른 분석 방법(김주환, 김민규, 홍세희, 2009)인데, 연구자들이 혼동하여 잘못된 방식으로 요인을 추출한 것으로 나타났다.

둘째, 추정 방법과 관련해서도 추정 방식을 기술하지 않거나, 이를 기술하더라도 해당 추정 방법을 선택한 이유 및 근거를 기술하지 않은 것으로 나타났다. 요인분석에서 가장 많이 활용되는 추정 방법은 최대우도법과 주축요인추출법이었는데, 이 둘은 수집된 자료에 대한 가정, 과정의 복잡성, 투입된 변수에 대한 가정 등에 있어 큰 차이를 보인다. 이러한 가정의 충족 여부 등에 대한 기술은 분석 결과의 정확성 측면에서 매우 중요한 이슈임에도 불구하고 대부분의 구조방정식 활용 논문들에서 한계를 보이고 있었다.

셋째, 구조방정식모형 분석 결과의 해석 측면에 있어 요인의 회전(직각 회전 또는 사각 회전) 또한 중요한 이슈인데, 분석 대상 논문들의 상당수는 요인 회전과 관련된 기술이 빠져 있거나, 이를 기술하더라도 직각 회전의 한 종류인 Varimax(Variance is maximized) 방법을 활용한 것으로 나타났다. 직각 회전은 구조방정식 내 요인들이 서로 독립적이라는 전제 조건하에 활용되는 방법인데, 실제 교육학을 포함한 사회과학에서 다루는 대부분의 현상에서 추출된 잠재 요인들의 상관관계가 0이라는 가정은 매우 비현실적이다(김주환 외, 2009). 이에 직각 회전을 활용한 논문들의 경우 이러한 가정의 충족 여부를 논문에 기술할 필요가 있지만, 분석 대상 논문들 중 이와 같은 기술이 포함된 논문은 한 편도 없는 것으로 나타났다.

넷째, 구조방정식 활용 논문들의 대다수는 최종 분석 모형의 적합도 지수 (goodness of fit)를 제공함으로써 해당 모형의 타당도를 주장하고 있지만, 일부 논문들의 경우 적합도가 낮은 모형을 최종 모형으로 선택하고 그에 따른 분석 결과를 제시하는 등의 문제점을 나타냈다.

다섯째, 분석 방법과 관련하여 구조방정식모형을 활용한 모든 논문들은 문항묶음(parcelling)을 통하여 다수의 측정 변수들의 값을 요약한 후, 이를 추정하고자 하는 요인을 구성하는 하위 측정 변숫값으로 활용하여 요인분석을 실시하는 경향을 보였다. 문항묶음이란 설문조사와 같이 리커트 척도로 제작된 문항들에 대하여 동일한 특성을 측정하는 문항들끼리 평균하거나 총점을 구하여 해당 특성을 요약하는 기법을 가리킨다(Kline, 2019). 그러나 이러한 문항묶음을 만들어 분석을 실시할 경우 각 문항묶음에 포함된 문항들의 일차원성 가정이 충족되어야 하는데, 해당 가정이 충족되지 않을 경우 요인구조가 은폐되어 분석 결과의 왜곡을 가져올 수 있다. 따라서 이러한 가정의 충족 여부에 대한 점검은 구조방정식모형 분석에 앞서 필수적인 사항이라 할 수 있다. 그러나 구조방정식모형을 활용한 모든 논문들은 이러한 문항묶음을 활용하여 분석을 실시하였음에도 불구하고, 이를 위한 가정의 충족 여부에 대한 점검은 이루어지지 않은 것으로 나타났다.

⑤ 결과 해석

결과 해석의 평균점수는 1.19점으로 평가되었다. 대부분의 연구들, 특히 구조방정식모형을 활용한 대부분의 연구들은 결과의 해석에 있어 공통적으로 상관관계와 인과관계를 혼동하는 오류를 범하고 있었다. 상관관계란 '잠을 적게 자는 학생일수록 술·담배·자살의 유혹이 크다.'와 같이 한 변수와 다른 변수들이 공변(共變)하는 관계를 가리키는 개념이다(강창희, 이정민, 이석배, 김세움, 2013: 39). 이에 반해 인과관계란 '수면량을 줄이면 일탈가능성이 높아진다.'와 같이 선행하는 한 변인이 후행하는 다른 변인의 원인이 되는 관계를 가리키는 개념이다(강창희 외, 2013: 39). 즉, 상관관계는 단순히 변수 간의 공변 여부만을 나타내는 개념인데 반해, 인과관계는 누락변수(omitted variable)의 가능성, 역의 인과관계(reverse causation), 자기선택(self-selection) 등과 같이 원인 변수의 내생성을 유발하는 요인들이 제대로 통제된 이후 정의될 수 있는 개념이다. 그러나 구조방정식모형을 활용한 대부분의 교장리더십 양적연구들은 '특정 리더십 유형'이 학교효과성, 교사 헌신 등과 같은 '특정 종속변수'에 미치는 영향 혹은 효과를 추정하는 인과관계를 탐색하는 데 주안점을 두고 있으며, 이러한 연구들의 대부분은 논문 제목에 관련 용어들을 포함하고 있다. 이들 연구들이 주로 차용하고 있는 구조방정식모형은 통계학적으로 연구자가 주로 관심을 가지는 처치변수와 종속변수의 오차항 간의 상관관계로 인해 발생하는 내생성 이슈에 대해 어떠한 처치도 가하지 않는, 변수 간의 관계성을 중시하는 다변량분석모형이다. 이에 구조방정식모형을 활용하여 인과성을 주장하거나, 특히 방향성이 포함된 변수 간의 관계를 설정할 경우 엄밀한 선행연구 분석 및 이론적 논의를 통하여 이를 뒷받침하거나, 도구변수나 경향점수매칭 등의 방법들을 활용하여 이를 기술적으로 보정해 주어야 한다. 그러나 분석 대상 논문들의 경우 대부분 이러한 측면에서 한계점을 보이고 있었다.

이러한 분석 결과를 토대로 주현준(2020)은 다음과 같은 개선 방안을 제안하였다.

첫째, 교장리더십에 관한 양적연구는 특정 통계기법을 편중되게 사용하였다. 2009년부터 2019년까지 발표된 다수의 논문에서는 구조방정식모형을 활용한 것으로 확인되었다. 구조방정식모형은 기존에 사용되었던 집단 간 차이분석, 상관관계 분석, 회귀분석보다 진화된 통계방법인 것은 분명하다. 그러나 구조방정식모형이 지나치게 남용되는 현상이 '고급통계방법을 사용해야 연구의 질이 높아진다는 근거 없는 맹목적 믿음'(신현석, 2017)에 기인하는 것은 아닌지 연구자의 자성과 학회 차원의 연구 풍토 혁신을 위한 자정 노력이 요구된다. 따라서 학회 차원에서 잘못된 연구관행의 문제가 공론화될 수 있는 기회를 마련해야 한다. 학술대회에서 기존과 같이 연구 방법에 대한 추상적인 반성이나 성찰이 아닌 실제 논문의 오류 사례를 냉철하게 지적하고 비판할 수 있다면, 무분별한 복제 및 무비판적인 연구 방법의 적용으로 인한 질적 수월성 저하의 문제는 어느 정도 극복될 수 있을 것이다.

둘째, 연구 대상 논문들 간 질적 수준이 상당한 편차를 보였다. 평가 결과를 요약해 보면, 10점 만점으로 평가된 논문은 한 편도 없었고, 9점에 해당하는 논문이 3편, 8점이 6편, 7점이 15편, 6점이 7편이었으며, 5점에 해당하는 논문이 1편이었다. 이와 같이 동시대에 동일한 학술지에 게재된 논문들 간 질적인 차이는 논문심사 과정에서 비롯된 것으로 유추할 수 있다. 이에 학술지 논문심사 과정의 개선이 필요하다. 현재와 같이 3인의 심사위원을 위촉하는 방식을 고수한다는 가정에서 최소 1명 이상은 연구 방법 전문가가 위촉될 수 있도록 해야 한다. 교장리더십 양적연구에서 고급통계기법의 사용이 증가하는 추세인 점을 감안해 보면, 앞으로 계량경제학 및 행동경제학, 심리학 등 새롭게 등장하는 양적연구 방법론이 보다 많이 활용될 것으로 예상된다. 따라서 연구 방법 전문가로 구성된 심사위원 인력 풀을 강화하고 필요시 타 분야 통계전문가들이 심사에 참여할 수 있도록 제도적 보안이 요구된다.

셋째, 다수의 논문에서 통계방법상 오류가 반복되고 있었다. 분석 기준별로 확인된 심각한 문제들은 낮은 평가를 받은 논문들에서 공통적으로 확인되었다. 이는 전문학술지에 게재된 선행연구를 관성적으로 따라하는 일종의 '모방적 동형화'(DiMaggio & Powell, 1983)에 기인한 것으로 해석된다. '표집'에서는 표본의 대표성이 확보되지 않았고, '분석 방법'과 관련해서는 구조방정식의 활용에 있어 반드시 거쳐야 할 가정에 대한 점검이 이루어지지 않거나 심지어 구조방정식모형을 잘못 활용하고 있었다. 또한, '결과 해석' 측면에서도 구조방정식모형이 태생적으로 안고 있는 한계를 인식하지 못하거나, 요인들 간의 구조적인 관계를 인과관계로 과대 또는 잘못 해석하여 독자들에게 제공하고 있었다. 이러한 문제는 중·장기적으로 연구 방법론 교육 강화를 통해 학문 후속세대 양성으로 극복되어야 한다. 특히 학문후속세대인 신진연구자들이 연구 방법론을 정확하고 체계적으로 배울 수 있도록 대학원의 교육과정을 개편해야 한다. 현재 교육행정학 전공 대학원 과정에서 연구 방법론 교육은 매우 부실하고(신현석, 2017), 일회성 세미나 등이 난무한 실정이다. 따라서 개별 대학뿐 아니라 학회 차원에서 선도적으로 연구 방법론 관련 교육과정을 개발하여 보급하는 방안을 검토해야 한다.

요약

1950년대 소위 '교육행정의 이론화 운동' 이후 현재까지 실증주의 인식론에 토대를 둔 양적 연구가 활발하게 수행되고 있다. 국내외 교육리더십 연구에서도 실증주의 인식론을 바탕으로 통계기법을 활용한 다양한 연구가 수행되었다. 특히 한국의 교육리더십 연구에서는 양적 연구 방법을 활용한 비중이 질적연구 방법에 비해 높다.

국내외적으로 양적연구 방법을 활용한 교육리더십 연구 결과가 축적됨에 따라 연구 방법의 한계를 확인하고 개선하기 위한 지속적인 성찰이 이루어졌다. 연구 방법론에 대한 성찰은 주로 연구모형의 정합성을 높이고, 연구 방법의 엄밀성을 추구하는 방향에서 논의되었다. 그러나 양적연구 방법을 사용한 선행연구의 문제를 직접적으로 다루거나 논문의 질을 평가하는 시도가 미진한 편이다.

제8장 '교육리더십의 양적연구 방법론'에서는 실증주의 인식론에 바탕을 둔 양적연구 방법의 특성과 관련 논문의 질 평가를 소개하였다. 양적연구 방법은 연구의 초점, 방법, 표본, 자료 수집, 가설과 이론 등을 기준으로 그 특성을 정리하였고, 교육리더십 연구에 사용된 통계방법의 변화를 소개하였다. 그리고 교육리더십 양적연구의 질 평가와 관련하여 국내외 평가 기준을 설명하고, 이를 활용하여 선행연구를 평가한 연구 결과를 상세하게 소개하였다.

논의 및 연구 문제

● 실증주의 인식론에 기반한 교육리더십 연구의 한계는 무엇이고, 실증주의의 대안으로 제시된 인식론은 과연 유용한가?

● 교육리더십 연구에 사용된 양적연구 방법은 긍정적인 방향으로 발전되었는가? 향후 어떤 방향으로 나아가야 하는가?

● 교육리더십에 사용된 통계기법의 고도화는 바람직한 현상인가?

● 교육리더십 양적연구의 질을 평가하기 위한 적합한 기준과 방법은 무엇인가?

● 교육리더십 양적연구의 질을 개선하기 위한 제도적 방안은 무엇인가?

📖 **참고문헌**

강창희, 이정민, 이석배, 김세움(2013). 관광정책 및 관광사업 프로그램 평가방법. 문화체육관광부 정책연구과제(SF0712202).

김병찬(2013). 교육행정의 인식론적 기반. 한국 교육행정학 연구 핸드북(pp. 143-166). 한국교육행정학회 편. 서울: 학지사.

김병찬, 유경훈(2017). 교육행정학 게재 논문의 연구 동향 특징 분석: 연구주제 및 연구 방법을 중심으로. 교육행정학연구, 35(4), 261-288.

김주환, 김민규, 홍세희(2009). 구조방정식모형으로 논문 쓰기. 서울: 커뮤니케이션북스.

박선형(2002). 교육행정 이론발달의 철학적 연원에 대한 고찰. 교육행정학연구, 20(4), 133-157.

박선형(2013). 교육행정학 연구의 철학적 기반. 한국 교육행정학 연구 핸드북(pp. 113-142). 한국교육행정학회 편. 서울: 학지사.

서정화(1997). 한국교육행정학회의 활동과 기여. 교육행정학연구, 15(3), 15-26.

신상명(2013). 학교조직과 리더십. 한국 교육행정학 연구 핸드북(pp. 265-278). 한국교육행정학회 편. 서울: 학지사.

신현석(2017). 한국 교육행정학의 정체성: 이론 탐색의 의의와 지향성. 교육행정학연구, 35(1), 195-232.

신현석(2020). 한국 교육행정학論. 서울: 교육과학사.

신현석, 박균열, 전상훈, 주휘정, 신원학(2009). 한국 교육행정학의 연구 동향 분석: 교육행정학연구를 중심으로. 교육행정학연구, 27(4), 23-56.

신현석, 주영효, 정수현(2014). 한국 교육행정학 분야 질적 연구 동향 분석. 교육행정학연구, 32(3), 53-81.

이돈희(1991). 교육철학. 서울: 한국방송통신대학교 출판부.

임연기, 김훈호(2018). 한국 교육행정학 연구의 성과와 과제. 교육행정학연구, 32(4), 415-437.

조동섭, 김왕준(2013). 학교행정 연구의 성찰과 과제. 한국 교육행정학 연구 핸드북(pp. 239-264). 한국교육행정학회 편. 서울: 학지사.

주삼환(1987). 교육행정학의 과제: 한국 교육행정학의 연구방향. 교육행정학연구, 5(1), 40-58.

주현준(2020). 교장리더십에 관한 양적연구의 문제와 과제: 연구방법을 중심으로. 교육행정학연구, 38(2), 113-136.

Bridges, E. (1982). Research on the school administrator: The state-of-the-art, 1967-1980. *Educational Administration Quarterly, 18*(3), 12-33.

Campbell, R. F. (1979). A critique of the educational administration quarterly. *Educational Administration Quarterly, 15*(3), 1-9.

Culbertson, J. A. (1988). A century's quest for a knowledge base. In N. J. Boyan (Ed.), *Handbook of research on educational administration* (pp. 3-26). New York: Longman.

DiMaggio, P. J., & Powell, W. W. (1983). The iron cage revisited: Institutional isomorphism and collective rationality in organizational Fields. *American Sociological Review, 48*(2), 147-160.

Erickson, D. (1967). The school administrator. *Review of Educational Research, 37*(4), 417-432.

Getzels, J., Lipham, J., & Campbell, R. (1968). *Educational administration as a socialprocess.* New York: Harper & Row.

Goff, P., & Finch, M. (2015). Challenges and opportunities for education leadership scholarship: A methodological critique. Paper presented at the annual meeting of the University Council on Educational Administration, San Diego, CA.

Griffiths, D. E. (Ed.). (1964). *Behavioral science and educational administration: The sixty-third yearbook of the national society for the study of evaluation, part 2.* Chicago: NSSE.

Haller, E. (1979). Questionnaires and the dissertation in educational administration. *Educational Administration Quarterly, 15*(1), 47-66.

Hallinger, P. (2011). A review of three decades of doctoral studies using the principal instructional management rating scale: A lens on methodological progress in educational leadership. *Educational Administration Quarterly, 47*(2), 271-306.

Hallinger, P., & Heck, R. H. (1996). Reassesing the principal's role in school effectiveness a review of empirical research, 1980-1995. *Educational Administration*

Quarterly, 32(1), 5–44.

Hallinger, P., & Heck, R. H. (2011). Conceptual and methodological issues in studying school leadership effect as a reciprocal process. *School Effectiveness and School Improvement, 22*(2), 149–173.

Halpin, A. W. (1958). *Administrative theory in education*. Chicago: Midwest Center, University of Chicago.

Heck, R. H., & Hallinger, P. (1999). Conceptual models, methodology, and methods for studying school leadership. In J. Murphy & K. Seashore-Louis (Eds.), *The 2nd handbook of research in educational administration* (2nd ed., pp. 141–162). San Francisco, CA: McCutchan.

Howell, D. C. (2010). *Statistical methods for psychology* (7th ed.). Pacific Grove, CA: Wadsworth Cengage .

Kline, R. B. (2015). *Principles and practice of structural equation modeling* (4th ed.). 이현숙, 장승민, 신혜숙, 김수진, 전경희 역(2019). 구조방정식 모형: 원리와 적용. 서울: 학지사.

Kmet, L. M., Lee, R. C., & Cook, L. S. (2004). Standard quality assessment criteria for evaluating primary research papers from a variety of fields. Alberta Heritage Foundation for Medical Research (AHFMR).

Lipham, J. (1964). Organizational character of education: Administrative behavior. *Review of Educational Research, 34*(4), 435–454.

Moore, H. B. (1964). The ferment in school administration. In D. E. Griffiths (Ed.), *Behavioral science and educational administration: The sixty-third yearbook of the national society for the study of education, part 2* (pp. 11–32). Chicago: NSSE.

Murphy, J., Hallinger, P., & Mitman, A. (1983). Problems with research on educational leadership: Issues to be addressed. *Educational Evaluation and Policy Analysis, 5*(3), 297–305.

Murphy, J., Vriesenga, M., & Storey, V. (2007). Educational Administration Quarterly, 1979–2003: An analysis of types of work, methods of investigation, and influences. *Educational Administration Quarterly, 43*(5), 612–628.

Rowan, B., Bossert, S. T., & Dwyer, D. C. (1983). Research on the effective schools: A cautionary note. *Educational Researcher, 12*(4), 24–31.

Schott, C., van Roekel, H., & Tummers, L. G. (2020). Teacher leadership: A systematic review, methodological quality assessment and conceptual framework. *Educational Research Review, 31*, 1−24.

교육리더십의 질적연구 방법론*

교육행정학 분야에서 질적연구는 1970년대 'Griffiths-Greenfield-Willover 논쟁' 이후 본격적으로 도입되었고, 한국 교육행정학 연구에서는 2000년대 접어들어 질적연구 방법을 적용한 논문이 증가하는 추세이다. 제9장 '교육리더십의 질적연구 방법론'에서는 질적연구의 개념과 특징 그리고 질적연구의 절차를 소개하고, 교육리더십에 적용된 질적연구의 동향과 문제점을 정리하였다.

---

* 제9장은 '주현준(2022). 교육리더십에 관한 질적연구의 문제와 과제. 지방교육경영, 25(3), 31-48.'을 참고하여 작성하였음.

1 질적연구의 개관

1) 질적연구의 개념과 특징

질적연구의 개념은 한마디로 정의하기 어렵다. 그 이유는 '질(quality)'이 가진 의미가 매우 독특하기 때문이다. 질이란 '어떤 대상이 가지고 있는 독특한 특성과 성격'을 지칭하는 단어이다. 따라서 질은 하나의 절대적인 기준에 따라 비교하기 어렵고, 비교하기 위한 표준을 설정하는 것이 불가능하다. 이러한 특성과 성격으로 인하여 질적연구의 개념은 주로 계량화된 '양(quantity)'을 기준으로 현상을 이해하는 양적연구와 비교하여 설명된다.

질적연구와 양적연구는 인식론적 배경부터 다르다(조용환, 1999). 양적연구는 실증주의 인식론에 바탕을 두고, 자료의 명료성, 엄밀성, 신뢰성을 확보하는 데 유용한 계량적인 방법을 사용한다. 반면, 질적연구는 현상학적 인식론에 기초하여 고유한 속성을 확인한다. 이러한 차이로 인하여 양적연구는 객관적 관찰을 바탕으로 하는 자연현상을 탐구하는 데 적합하지만, 매우 복잡한 관계로 형성되어 있는 사회현상을 이해하기 어려운 측면이 있다. 따라서 양적연구의 한계를 극복하는 대안으로 등장한 질적연구는 후기실증주의, 구성주의 등에 기초한 것으로 현상을 이해하는 새로운 관점으로 주목받았다(김병찬, 2003; 조용환, 1999; Creswell, 2013; Mason, 1996).

양적연구와 질적연구의 성격을 비교한 결과는 〈표 9-1〉과 같다. 우선, 연구의 초점이 양적연구는 양(얼마나 많이)에 있지만 질적연구는 질(본성과 본질)에 있다. 다음으로, 방법의 측면에서는 실험과 통계를 사용하는 양적연구와 달리 질적연구는 주관과 경험에 의존한다. 또한, 양적연구는 수식, 도형, 척도 등과 같은 가공된 언어를 사용하여 표준화를 추구하지만, 질적연구는 자연언어에 의존하는 맥락을 중시한다(이종승, 2009; 주현준, 2020; Howell, 2010). 이러한 특성을 종합해 보면, 양적연구는 비교와 측정을 통해 인식되는 관계적 속성을 밝히는 데 목적이 있는 반면, 질적연구는 비교와 측정 이전의 고유한 속성을 확인하는 데 목적이 있다.

<표 9-1> 양적연구과 질적연구의 성격 비교

구분	양적연구	질적연구
연구의 초점	양(얼마나 많이)	질(본성과 본질)
방법	실험, 통계	주관, 경험
표본	대표	임의
자료 수집	도구를 활용한 수집	연구자의 직접 수집
가설과 이론	사전 확정	상황에 따라 변경
맥락	연구와 현상의 맥락 분리	연구의 맥락과 현상의 맥락 일치
연구자와 피연구자의 관계	일방적, 간접적 (응답자, 피실험자)	상호적, 직접적 (참여자, 제보자, 현지인)
연구자의 입장	외부자적 입장	내부자적 입장
연구 결과	정확, 특정 범위, 환원	포괄, 총체, 확장

출처: 주현준(2020: 116).

연구자들은 다양한 관점에서 질적연구의 특징을 제시하고 있다. 예컨대, Everhart(1988)는 구성주의적 관점, 과정 중시, 총체적 접근, 연구 도구로서 연구자 역할 등을 제시하였고, Borg와 Gall(1989)은 자연적·총체적 접근, 의도적 표집, 귀납적 분석, 현장이론 개발, 순환적 연구 설계, 직관적 통찰, 사회적 과정 강조 등으로 설명하였으며, Mason(1996)은 해석주의적 접근, 사회적 맥락 관심, '이해'에 중점 등을 강조하였다. 이러한 질적연구의 특징을 종합하면, 구성주의 인식론에 토대를 두고, 자연적·총체적 맥락을 강조하고, 활동이나 사건의 과정에 주목하며, 귀납적 접근을 시도하는 것으로 정리할 수 있다(김병찬, 2003).

한편, 유기웅, 정종원, 김영석, 김한별(2018)은 질적연구의 다섯 가지 특징을 다음과 같이 설명하였다. 첫째, 질적연구는 현상에 대한 심층적 이해를 목적으로 한다. 질적연구는 연구 대상이 되는 사회현상과 그것과 관련되는 연구 참여자들이 자신의 상황에 대해 어떻게 생각하고 이해하고 있는지를 연구자가 깊이 있게 이해하기 위한 시도이다. 둘째, 질적연구는 심층적 이해를 위해 현장활동을 중시한다. 연구자는 자신이 직접 관찰한 상황, 연구 참여자의 경험, 연구 맥락에서 생산된 자료 등 풍부한 텍스트를 수집하기 위해서 노력한다. 셋째, 질적연구는 귀납적으로 접근한다. 질적연구는 연구자가 현장에서 직접 확보한 자료를 기초로 의미를 도출하여 연구 현상을 이해하는 접근방식을 취한다. 넷째, 질적연구에서 연구자는 자료 수집의 도구로서의 역할을 한다. 질적연구는 면담, 관찰 등과 같은 자료 수집의 과정을 거치는데, 이때 연구자가 핵심적인 연구 도구가 된다. 다섯째, 질적연구는 현상의 질을 해석하는 것을 연구 주제로 한다. 질적연구는 연구 현상이 왜 발생하고, 어떻게 변화되는지와 같이 연구 문제에 대한 답을 구한다.

2) 질적연구의 절차

양적연구와 마찬가지로 질적연구도 표준화된 연구 과정이 있는 것은 아니다. 오히려 질적연구는 양적연구에 비해 융통성이 크고, 명백하게 규정된 연구 절차나 연구 영역이나 연구 대상의 한계도 없다(신현석, 2020: 280). 이러한 질적연구의 특성과 관련하여, 김영천(2007)은 질적연구의 설계가 연구 이전에 결정되는 것이 아니라 연구가 진행되면서 점차적으로 구체화되는 점을 강조하면서 '유연한 연구 설계'로 표현한 바 있다. 그러나 질적연구가 갖는 이러한 융통성이 연구 절차와 연구내용을 완전히 무시할 수 있다는 의미는 아니다. 다른 연구 방법과 마찬가지로 질적연구에서도 연구 설계 과정상 중요한 절차가 생략되거나 간과되어서는 안 되며, 논문에서도 독자가 반드시 알아야 할 연구의 기본적인 내용은 명확하고 구체적으로 제시되어야 한다(Willis, 2007). 따라서 연구 설계, 연구 실행, 결과보고에 이르는 일련의 연구 과정에서 질적연구로서 갖추어야 한 기본 요건을 충족해야 한다. 여기서는 편의상 '연구 계획→연구 실행→결과보고' 순으로 설명한다.

(1) 연구 계획

연구 계획 단계에서는 연구 주제 및 연구 문제를 선정하고, 이에 적합한 연구 방

법 및 연구 참여자를 선정한다. 연구 주제 및 연구 문제 선정은 무엇을 연구할 것
인지를 결정하는 과정이다. 이를 위해서는 연구 주제 및 연구 문제와 관련된 문헌
과 선행연구를 충분히 검토해야 한다. 연구 주제는 연구자의 일상적인 삶에서 시
작하여 사회적·정치적 문제에 이르기까지 광범위하게 고려되고, 전문 서적이나
학술지 등을 통해서 모색될 수도 있다. 연구 주제가 선정된 후에는 연구 문제를
구체화해야 한다. 질적연구에서는 현상에 대한 과정과 의미를 탐구하는 '왜' '어떻
게'와 같은 질문을 연구 문제로 선정하게 된다.

　다음으로는 연구 주제와 연구 문제에 가장 적합한 연구 방법을 결정해야 한다.
질적연구에 사용되는 연구 방법은 문화기술지, 근거이론, 사례연구, 내러티브 연
구, 현상학, 실행연구, 생태학적 연구 등으로 매우 다양하다(Creswell, 2013; Denzin
& Lincoln, 1994; Spradley, 1980). 각 연구 방법들은 특별히 강조된 자료 수집, 분석
절차, 연구자의 역할 등이 있다. 따라서 이러한 특징을 고려하여 연구목적과 연구
주제에 적합한 방법을 선정해야 한다. 여기서는 교육학 분야에서 주로 사용되는
문화기술지, 근거이론, 사례연구, 현상학적 연구, 실행연구, 내러티브 연구의 특징
을 간략하게 소개한다.

① 문화기술지

　문화기술지(ethnography)는 한마디로 특정 집단의 문화적 맥락을 탐색하는 것이
다. 즉, 특정한 사회집단의 구성원들이 공유하는 문화의 의미를 내부자적 관점에
서 탐색하고, 그 문화가 생산·유지·발전되는 과정을 외부자적 관점에서 이해하는
연구 방법이다(Bogdan & Biklen, 2007). 이러한 문화기술지는 특정한 문화권에서
생활하고 있는 사람들의 고유한 문화의 형성 과정 및 방법을 탐구하는 민속방법
론(ethnomethodology)과 유사하다고 할 수 있다. 문화기술지의 전통은 19세기 문
화인류학자들이 문명화되었다고 믿었던 자신들의 문화적 전통과 덜 문명화된 다
른 사회집단(아프리카 부족집단 등)의 문화를 비교하고자 했던 문화인류학에 근간
을 둔다. 20세기에는 연구 대상이 되는 특정한 문화권에 일정 기간 머무르면서 자
료를 수집하는 방법적 측면이 강조되었다. 종합하면, 문화기술지는 특정한 사회집
단의 문화적 의미를 깊게 이해하기 위한 연구에 가장 적합한 연구 방법이고, 참여관
찰은 문화기술지에서 가장 일반적으로 사용되는 자료 수집 방법이라고 할 수 있다.

② 근거이론

근거이론(grounded theory)은 수집한 자료에 근거하여 이론을 도출하기 위한 연구 방법이다. 이는 개인 간 반복적인 상호작용으로 사회가 어떻게 보전되고 생성되는지 이해하기 위한 기준 프레임을 뜻하는 상징적 상호작용론(symbolic interactionism)에서 파생된 연구 방법이다. 즉, 근거이론 방법은 사람들의 행위가 어떤 구조적 조건에서 어떤 과정으로 이루어짐으로써 현상이 드러나는지를 설명할 수 있는 개념적 틀을 발견 혹은 구성하는 것이다(유기웅 외, 2018). 근거이론에서는 자료 수집을 위한 표집(이론적 표집, 이론적 포화 표집), 반복적 비교에 의한 범주화와 코딩(개방 코딩, 축 코딩, 선택적 코딩), 해석의 과정을 거쳐 이론을 도출하게 된다. 종합하면, 근거이론은 관심 현상이 작동하는 이론을 찾고자 하는 목적으로 수행되는 연구에 가장 유용한 연구 방법으로서 코딩과 범주화의 과정을 거쳐 이론을 도출하는 귀납적 연구 방법이다.

③ 사례연구

사례연구(case study)는 특정 사례를 종합적으로 이해하기 위한 연구 방법이다. 특정 사례가 인정받기 위해서는 시간적·공간적으로 분명한 경계 체제(boundary system)가 있어야 한다. 즉, 사례연구는 다른 사례와 구분 지을 수 있는 사례의 세부적이고 심층적인 자료를 수집하여 탐색하는 것이다. 연구자는 관심을 갖는 특정한 사례를 연구 대상으로 선정하는데, 사례의 특수성에 관심을 두는 내재적 사례연구와 사례가 내포하는 특성이 주는 지식이나 정보에 관심을 두는 도구적 사례연구로 구분된다. 또한, 하나의 사례로 충분한 자료가 확보되지 않을 경우 복수의 사례를 탐구하는 다중적 사례연구가 수행될 수 있다. 종합하면, 사례연구는 연구자가 관심을 갖는 특수성이 있는 주제를 다루는 연구에 적합한 연구 방법이라고 할 수 있다.

④ 현상학적 연구

현상학적 연구(phenomenology research)는 연구 참여자의 경험을 의미하는 현상을 연구하는 방법이다. 다시 말해, 1인칭 시점에서 직관적으로 체험하는 현상의 본질을 밝히는 것이다. 현상학 자체는 Husserl의 초월론적 현상학과 Heidegger의

해석학적 현상학 등으로 구분되는데, 이러한 철학적 원리에 다양한 해석과 주장이 더해지면서 현상학적 연구는 간명하게 설명되기 어려운 것이 사실이다. 그러나 현상학적 연구의 핵심은 연구 참여자의 직관성과 연구자의 선입견 배제에 있다. 종합하면, 현상학적 연구는 주관적인 경험의 의미와 본질을 파악하기 위한 연구에 적합한 연구 방법이다.

⑤ 실행연구

실행연구(action research)는 문제 상황을 실제적으로 개선하기 위한 연구 방법이다. 즉, 실행연구는 이론적 수준의 이해를 넘어서 현실적으로 문제 상황을 개선할 수 있는 전략을 도출하고 적용하는 실용적 목적으로 수행된다. 따라서 실행연구는 연구자와 연구 참여자가 문제 상황에 함께 속해 있고 상호작용을 통해 진행되며, 개선을 위해 노력한다. 또한, 연구 과정에서 연구 주체들의 성찰이 강조되며 이를 통해 변화와 성장에 이르는 것이 중요하다. 종합하면, 실행연구는 같은 문제 상황에 있는 연구자와 연구 참여자가 실제적인 개선을 위해 수행하는 연구에 적합한 연구 방법이다.

⑥ 내러티브 연구

내러티브 연구(narrative research)는 연구 참여자의 이야기를 통해 그 속에 담긴 경험을 이해하는 연구 방법이다. 즉, 연구 참여자가 이야기하는 삶 전체 또는 개별 경험을 해석하는 과정이라고 할 수 있다. 내러티브 연구로 인정되기 위해서는 연구 참여자의 이야기가 기승전결과 같은 연결성을 갖고 있는 하나의 텍스트로 구성되어야 한다. 이러한 내러티브 연구는 연구 참여자의 경험의 해석이라는 측면에서 해석학적 연구와 유사하다. 그러나 해석학적 연구는 해석의 주체가 연구자인 반면, 내러티브 연구는 연구 참여자의 관점에서 경험을 해석하고 기술한다. 종합하면, 내러티브 연구는 연구 참여자의 경험을 중심으로 그들의 삶을 이해하기 위한 연구에 유용한 연구 방법이라고 할 수 있다.

연구 계획 단계에서는 마지막으로 연구 참여자를 선정해야 한다. 질적연구에서 연구 참여자는 연구 문제에 가장 심도 있는 답을 줄 수 있는 충분한 지식, 경험, 태도를 갖고 있어야 한다. 따라서 연구자는 임의적인 표집이 아닌 의도적 표집을 통해 연구 참여자를 선정한다. 의도적 표집에는 전형적 표집, 특수 표집, 최대편차 표집, 편리한 표집, 눈덩이 표집 등이 있다.

(2) 연구 실행
연구 실행은 자료 수집과 자료 분석으로 구분된다.

① 자료 수집
질적연구에서 주로 사용되는 자료 수집 방법으로는 관찰, 면담, 문서 등이 있다. 각 방법들은 장·단점이 있기 때문에 어떤 방법을 선택할지는 연구 문제와 연구 환경을 고려해서 신중하게 결정해야 한다. 또한, 필요시에는 복수의 방법을 선택할 수도 있다.

• 관찰
관찰은 시각을 활용한 방법으로 현장 상황에 대한 직접적인 경험을 제공해 주는 장점이 있다. 또한, 기존에 갖고 있던 선입관으로부터 자유롭고 면담으로 얻을 수 없는 자료 수집이 가능하다. 관찰에는 참여 관찰/비참여 관찰, 내부자 관찰/외부자 관찰, 공개적 관찰/잠복적 관찰, 장기 관찰/단기 관찰, 구조화된 관찰/비구조화된 관찰 등 다양한 형태가 있다.

• 면담
면담은 질적연구에서 가장 보편적으로 활용되는 방법이다. 면담은 언어를 사용한 상호작용으로 연구 참여자의 사고, 감정, 의도 등과 같은 자료를 수집하는 데 도움을 준다. 면담의 종류는 구조화 정도에 따라 구조화 면담/반구조화 면담/비구조화 면담으로 구분되는데, 어떤 형태가 유용한지는 연구자의 궁극적 의도를 기준으로 선택해야 한다. 면담에서는 연구 참여자와의 공감대(rapport) 형성과 연구자의 경청 자세가 매우 중요하다.

- **문서**

문서는 관찰이나 면담과 다르게 직접적인 접촉이나 상호작용 없이 간접적으로 자료를 수집하는 방법이다. 질적연구에서 활용되는 문서에는 자필로 작성된 문서를 비롯하여 시각화된 자료 등 모든 형태의 인공물을 활용할 수 있다. 문서의 종류는 개인 문서(일기, 편지, 자서전 등), 공적 문서(법규문서, 공고문서, 비치문서 등), 각종 인공물, 온라인 형태의 문서 등이 있다.

② 자료 분석

자료 분석은 연구 문제에 대한 답을 수집된 자료에서 찾는 과정이다. 즉, 수집된 자료를 조직화하고, 해석할 단위로 분리하여 패턴을 찾는 과정이라고 할 수 있다. 질적연구에서 자료 분석은 자료 수집이 마무리된 후에 실시하는 양적연구와 다르게 자료 수집과 동시에 이루어져야 한다. 자료 분석법은 앞서 소개한 연구 방법에 따라 차이가 있을 수 있다. 여기서는 교육학 분야에서 주로 사용되는 반복적 비교분석법을 간략하게 소개한다.

- **반복적 비교분석법**

반복적 비교분석법(constant comparison method)은 근거이론에서 한 현상을 설명하는 이론을 도출하기 위한 자료 분석법으로 개발(Glaser & Strauss, 1967)되었지만, 근거이론 이외의 다른 질적연구에서 빈번하게 사용되고 있다. 반복적 비교분석법은 개방 코딩, 범주화, 범주 확인의 과정으로 이루어진다. 개방 코딩은 자료의 특성을 분석하고 이해하는 작업으로 연구자가 자료에 이름(단어 등)을 붙이거나 떠오르는 생각, 질문 등을 기록한다. 개방 코딩 후에는 범주화 작업을 한다. 범주화는 개방 코딩 과정에서 기록한 이름(단어 등)을 반복적으로 비교하여 상위 범주로 분류하고 이름을 붙이는 작업이다. 이러한 범주화는 분석 코딩(Richards & Morse, 2007) 또는 축 코딩(Strauss & Corbin, 1990)으로 지칭되기도 한다. 마지막으로, 범주 확인은 범주화 작업으로 구성된 범주가 수집된 자료의 특성을 잘 설명하고 있는지 원자료를 다시 확인하는 과정이다. 범주 확인 과정을 통해 필요시 범주의 재수정이 이루어진다.

(3) 결과보고

결과보고는 질적연구의 가장 마지막 과정이다. 다시 말해, 결과보고는 서론, 이론적 배경, 연구 방법, 연구 결과, 논의와 같은 글쓰기 과정이다. 여기서는 연구 결과에 대한 내용을 소개한다.

① 연구 결과

연구 결과 작성은 연구자가 찾아낸 것을 밝히는 것으로 글쓰기 중 가장 핵심이다. 일반적으로 질적연구에서는 연구 결과를 범주에 따라서 기술하고 범주를 뒷받침하는 증거자료를 제시한다. 연구 결과를 뒷받침하는 증거자료는 2~3개 정도가 적합하고, 면담 전사자료, 연구자 기록, 수집된 문서 등을 직접 제시하거나 표, 그림 등 다양한 형태로 제시할 수도 있다.

2 교육리더십의 질적연구

1) 교육리더십 질적연구 동향

교육리더십은 국내외를 막론하고 교육행정학에서 과거부터 현재까지 가장 활발하게 연구되어 왔다. 이는 교육행정학 관련 논문의 동향을 분석한 국내외 연구(서정화, 1982; 신현석, 2009; 이수정, 김승정, 임희진, 2018; 임연기, 김훈호, 2018; 주삼환, 1987; Campbell, 1979; Murphy, Vriesenga, & Storey, 2007)에서 공통적으로 확인되었다. 또한, 질적연구 방법을 사용한 교육행정학 논문에서도 교육리더십이 가장 높은 빈도를 보였다. 신현석, 주영효, 정수현(2014)은 1980년부터 2014년까지『교육행정학연구』『교육학연구』『한국교육』『한국교원교육연구』에 게재된 190편의 질적연구 방법을 사용한 논문을 분석한 결과 '학교 조직 및 경영'이 23.2%로 가장 높은 비율을 보였다.

그러나 연구 방법 측면에서는 국내와 국외의 경향이 다소 차이가 있다. 미국 교육행정학을 대표하는 학술지인『Educational Administration Quarterly(EAQ)』의 경우 양적연구 방법보다 질적연구 방법을 사용한 논문의 비율이 높거나 유사한 수준이다(이수정 외, 2018; Murphy et al., 2007). 반면, 한국의 경우 질적연구는 1980년대 이후 증가추세이지만 양적연구에 비해 여전히 낮다(신현석 외, 2014).

(1) 국외 동향

Murphy 등(2007)은 1979년부터 2003년까지 『EAQ』에 게재된 논문 570편을 분석하였는데, 그 결과 질적연구의 비율이 50.9%로 가장 높았고, 양적연구 37.0%, 혼합연구 12.1% 순으로 나타났다. 한편, 이수정 등(2018)은 2000년부터 2017년까지 『EAQ』에 게재된 401편의 논문을 분석한 결과, 연구 주제에서는 리더십 연구가 40.9%로 가장 높았고, 연구 방법에서는 질적연구의 비중이 32.4%로 양적연구 35.2%와 근소한 차이를 보였다.

『EAQ』에 질적연구 논문이 게재되기 시작한 것은 1980년대 초반부터이다(김병찬, 2010). 그 이유는 제8장에서 소개한 바와 같이, 1950년대 '교육행정의 이론화 운동' 이후 1970년대 'Griffiths-Greenfield-Willover 논쟁'이 있기 전까지 교육행정학은 일반적인 원리와 법칙을 탐구하고자 하는 목적과 방법이 지배적인 위치를 차지하고 있었기 때문이다. 교육행정학에서 질적연구는 1950년대부터 소수의 연구자들에 의해 수행되어 오면서 1970년대 연구 방법론적 논쟁을 기점으로 관심과 주목을 받게 되었다고 할 수 있다(Everhart, 1988). 이와 관련하여 Everhart(1988)는 교육행정학 분야의 질적연구를 검토하여 교육행정 과업의 구조화 과정, 교육조직의 변화 과정, 학교 교육의 사회 · 정치적 맥락에 관한 연구로 구분하였다. 또한, 김병찬(2003)은 2000년부터 2002년까지 『EAQ』에 게재된 질적연구 논문을 분석하여 다섯 가지 유형(교육행정 과업 특성, 교육행정 과정, 교육행정가 훈련 과정, 교육개혁 진행 과정, 비판이론 및 페미니즘적 관점)을 확인하였다. 이 다섯 가지 유형의 질적연구에서는 공통적으로 교육리더십을 다루고 있었다. 예컨대, 교육행정 과업 특성, 교육행정 과정, 교육개혁 진행 과정에 관한 연구에서는 교육장과 교장의 리더십을 탐구하였고, 교육행정가 훈련에 관한 연구에서는 학교행정가와 교육청 담당자를 연구 대상으로 하였다. 또한, 비판이론 및 페미니즘 관점 연구에서는 라틴계 교육장 및 여성 교육장을 연구 대상으로 하였다.

(2) 국내 동향

한국 교육행정학에서 질적연구의 비율은 1980년대 이후 증가 추세이지만 양적연구에 비해 여전히 낮다(신현석 외, 2014). 1983년부터 2009년까지『교육행정학연구』에 게재된 논문의 경향을 분석한 신현석(2013)의 연구 결과를 보면, 연구 주제에서는 학교 조직 및 경영이 22.3%로 가장 높았고, 질적연구 방법은 1983~1989년 0%, 1990~1999년 1.68%, 2000~2009년 8.36%로 증가추세를 보였다. 또한, 임연기, 김훈호(2018)는 2010년부터 2017년까지『교육행정학연구』에 게재된 논문 449편을 분석한 결과, 초·중등교육 분야의 연구 주제 중 조직 및 경영이 29.8%로 가장 높은 비중을 차지하였고, 연구 방법에서는 양적연구 55.2%, 문헌연구 26.7%, 질적연구 14.5%, 혼합연구 방법 3.6% 순으로 나타났다.

한편, 신현석 등(2014)은 1980년부터 2014년까지『교육행정학연구』『교육학연구』『한국교육』『한국교원교육연구』에 게재된 질적연구 방법을 사용한 교육행정학 논문 190편의 동향을 분석하였다. 분석 결과, 연구 영역에서는 학교 조직 및 경영이 23.2%로 가장 높았고, 연구 유형에서는 사례 분석이 48.9%로 가장 높았으며, 자료 수집 방법에서는 면담이 31.1%로 가장 높았다.

2) 교육리더십 질적연구의 문제와 과제

교육행정학 연구에서 질적연구의 등장은 연구 방법에 대한 지속적인 성찰의 결과로 볼 수 있다. 여러 차례 소개한 바와 같이 1950년대 이후 지배적인 패러다임으로 사용되었던 양적연구에 대한 비판은 질적연구의 대안적 가치를 높이는 계기가 되었다. 특히 교육행정학에서 가장 관심이 높은 주제였던 교육조직과 교육리더십을 둘러싼 맥락이 점차 복잡해지면서 이를 탐구하기 위한 연구 방법론에 대한 근본적인 문제제기가 발생하였고, 그 결과 질적연구의 필요성이 대두되었다(Honig, 2006). 또한, 원인과 결과를 분석하기 위해 가설-연역적 접근법을 사용한 기존 교육리더십 연구 방법의 한계를 비판하고, 사람, 장소, 맥락 간의 상호작용에 대한 이해와 해석을 강조하는 인식론으로 전환의 중요성이 대두되었다(McLaughlin, 2006; Spillane, Reiser, & Gomez, 2006).

한국 교육행정학계에서도 지난 60년간 학문의 정체성에 관한 비판적 논의(강영삼, 2005; 노종희, 1987; 신현석, 2017; 이일용, 2003; 이종재, 2002; 임연기, 2003; 허병기, 2003)를 지속해 오면서 연구 방법에 대한 성찰(김병찬, 2013; 변기용, 2018)을 거듭해 왔다. 특히, 1950년대 한국의 교육행정학이 태동한 이후 현재까지 연구 방법 측면에서 양적연구와 문헌연구가 차지하는 비중이 질적연구에 비해 높은 현상을 지적하였다(신현석 외, 2014). 이러한 연구 방법 편중의 원인으로 논리실증주의 중심의 학풍, 질적연구에 대한 체계적인 교육시스템 부재에 따른 학문 후속세대 발굴 부족 등이 지목되었다. 한편, 김병찬(2003)은 질적연구의 필요성을 교육행정의 다차원적인 활동과 현상을 포괄적으로 다루기 위한 종합적인 시각의 필요성, 실재를 중시하는 교육행정학의 학문적 특성으로 현장을 보다 정확하게 이해하기 위함, 한국의 토착화된 이론을 개발하고 연구 환경을 조성하기 위한 현장연구로서 질적연구를 언급하였다. 이러한 성찰은 질적연구 방법에 대한 관심을 높이고 실제 학술 활동으로 이어졌다.

한국 교육행정학에서 질적연구 방법을 활용한 논문은 2000년대에 접어들어 비약적으로 증가하는 추세를 보였다(신현석 외, 2014). 그러나 질적연구의 증가 추세에도 불구하고 논문의 질을 확인하는 노력은 상대적으로 부족하였다. 예컨대, 연구목적에 적합한 연구 유형을 구분하고, 엄밀하게 자료 수집 방법을 선정하는 등 '질적연구다운' 형태를 갖추었는지 확인하는 작업을 찾아보기 어려웠다. 이와 관련하여 국외 사례로 교사리더십에 관한 질적연구를 평가한 Schott, van Roekel과 Tummers(2020)와 국내 사례로 교육리더십에 관한 질적연구를 평가한 주현준(2022)을 소개한다.

(1) Schott, van Roekel과 Tummers의 연구

Schott 등(2020)은 데이터베이스(ISI web of science and scopus)를 활용하여 2014년부터 2018년까지 교사리더십을 주제로 발표된 논문을 분석하였다. 이 연구에서는 데이터베이스를 통해 검색된 1,128편 가운데 연구 주제, 연구 대상, 연구 설계, 출판연도, 언어(영문), 심사 과정을 기준으로 최종 93편을 선별하였다. 93편의 논문은 『Educational Management Administration and Leadership』을 비롯한 총 53개의 학술지에 게재된 논문이었고, 미국을 포함한 총 29개 국가의 사례에 관한 연구였다. 총 93편 중 이론연구 9편을 제외한 84편 가운데 질적연구만을 사용한 논문은 59편으로 약 70%의 높은 비율을 나타냈다. 59편의 연구에서는 자료 수집방법으로 주로 면담이 사용되었고, 일부 연구에서는 자료 분석, 관찰, 현장기록 등이 사용되었다. 질적연구 방법의 질을 평가하기 위해서 〈표 9-2〉와 같이 Kmet, Lee와 Cook(2004)의 질적연구 방법 체크리스트를 활용하여 평균값을 도출하였다.

<표 9-2> 질적연구 방법 체크리스트

	범주	충족 (2점)	부분적 충족(1점)	미충족 (0점)
1	연구목적과 연구 문제가 분명하게 진술되었는가?			
2	연구 설계가 명확하고 적절한가?			
3	연구의 맥락이 명확한가?			
4	이론적 틀/지식 체계와 연계되어 있는가?			
5	표집 전략이 설명되고, 적절하며, 정당한가?			
6	자료 수집 방법이 명확하게 기술되고 체계적인가?			
7	자료 분석이 명확하게 설명되고 체계적인가?			
8	신뢰도 확보를 위한 검증 절차를 거쳤는가?		X	
9	결과에 근거한 결론을 도출하였는가?			
10	자료 수집에 영향을 줄 수 있는 개인적 특성 등을 명확하게 평가했는가?			

출처: Kmet 등(2004)을 이 책에 맞게 수정하였음.

질적연구 방법을 사용한 총 59편의 논문을 평가한 결과는 〈표 9-3〉과 같다. 평가 결과의 특징을 정리하면 다음과 같다. 첫째, 전반적으로 질적연구 방법의 평가 결과가 낮게 나타났다. 특히 자료 수집, 자료 분석, 연구 성찰의 평균값은 각각 0.68, 0.91, 0.81로 매우 낮았다. 둘째, 양적연구 방법에 비해 질적연구 방법의 질이 낮은 것으로 나타났다. 평가를 위한 기준이 다소 상이하지만 제8장 〈표 8-6〉에 소개한 양적연구 방법의 평가 결과와 비교해 보면, 각 기준별로 질적연구 방법의 평균값이 낮음을 알 수 있다. 동일한 기준에 해당되는 연구 문제(양적연구 2.0/질적연구 1.75), 연구 설계(양적연구 1.67/질적연구 1.25), 결과도출(양적연구 1.83/질적연구 1.16)에서 차이를 보였다. 셋째, 혼합연구 방법이 포함된 경우 평균점수가 크게 낮아졌다. 질적연구 방법만을 사용한 59편의 평균점수와 비교했을 때, 혼합연구 방법을 포함한 13편의 평균점수는 일부 기준(연구 맥락, 결과도출, 연구 성찰)을 제외하고 모두 더 낮았다. 이러한 분석 결과를 토대로 Schott 등(2020)은 불분명한 자료 수집과 자료 분석, 제한적인 통제 등을 질적연구 방법의 결함으로 지적하고, 이를 개선하기 위한 노력의 필요성을 제기하였다.

<표 9-3> 평가 결과

기준 평균	연구 문제	연구 설계	연구 맥락	이론 연계	표집 전략	자료 수집	자료 분석	검증 절차	결과 도출	연구 성찰
59편	1.75	1.25	1.65	1.37	1.19	0.68	0.91	1.23	1.16	0.81
13편 (혼합포함)	1.38	0.62	1.85	1.23	0.92	0.50	0.46	1.23	1.23	1.23

출처: Schott et al. (2020).

(2) 주현준의 연구

주현준(2022)은 질적연구 방법으로 수행된 교육리더십 논문의 질을 평가하기 위해 2000년부터 2021년까지 『교육행정학연구』에 게재된 16편의 논문을 분석하였다. 이 연구에서는 질적연구 방법의 질을 평가하기 위해서 <표 9-4>와 같은 평가 기준과 평가 척도를 도출하였다.

<표 9-4> 질적연구 방법 평가 기준과 평가 척도

기준	미충족(0점)	부분적 충족(1점)	충족(2점)
연구 설계	질적연구의 당위성에 대한 충분한 설명이 생략됨.	질적연구의 당위성을 설명하였지만, 질적연구에 대한 인식과 이해가 분명하지 않음.	질적연구에 대한 인식과 이해를 토대로 연구의 당위성을 충분히 설명함.
연구 방법	연구 방법의 선택 사유에 대한 설명이 생략됨.	연구 방법의 선택 사유를 설명하였지만, 연구 주제와 연구목적에 적합하지 않음.	연구 방법의 선택 사유가 명확하고, 연구 주제와 연구목적에 적합함.
자료 수집	자료 수집 방법에 대한 설명이 생략됨.	자료 수집 방법을 설명하였지만, 타당성에 대한 설명이 부족함.	자료 수집 방법의 타당성에 대한 설명이 분명하게 제시됨.
표집	연구 참여자 적절성에 대한 설명이 생략됨.	연구 참여자에 대한 설명은 있지만, 적절성이 불명확함.	연구 참여자 적절성에 대한 설명이 명확함.

자료 분석	자료 분석의 시기와 방법에 대한 설명이 생략됨.	자료 분석 과정을 설명하였지만, 시기 또는 방법에 대한 설명이 불명확함.	자료 분석의 시기와 방법에 대한 설명이 명확함.
분석 결과	범주와 증거자료의 연계성이 없음.	범주와 증거자료의 연계성이 부족함.	범주와 증거자료의 연계성이 타당함.

출처: 주현준(2022).

① 평가 기준과 평가 척도

- 연구 설계: 연구 설계는 질적연구에 대한 이해도와 질적연구의 당위성을 평가하기 위한 기준이다. 질적연구는 고유한 철학적 기반과 인식론에 토대를 두고 있기 때문에 질적연구자의 연구 설계에 대한 자각이 수반되어야 한다(임도빈, 2009). 따라서 연구자는 질적연구 방법에 대한 문제의식에서 출발하여 질적연구의 특징을 충분히 인지하고 이를 구체적인 연구 문제로 제시함으로써 질적연구의 당위성을 독자에게 이해시켜야 한다.

- 연구 방법: 연구 방법은 연구자가 선정한 연구 유형의 선정 사유를 명확하게 기술하고 있는지 여부를 판단하는 기준이다. 질적연구의 대표적인 연구 유형인 문화기술지, 근거이론, 사례연구, 현상학적 연구, 실행연구, 내러티브 연구 등은 목적과 방법이 상이하고, 각 유형들은 특별하게 강조된 자료 수집 방법, 분석절차, 연구자의 역할 등의 성질을 갖는다. 그러므로 연구자는 탐구하고자 하는 연구목적과 연구 주제에 적합한 연구 유형을 선택해야 한다.

- 자료 수집: 자료 수집은 자료 수집에 활용된 방법의 타당도를 평가하는 기준이다. 질적연구에서 보편적으로 활용되는 면담은 일정한 형식과 구조를 갖는 언어적 의사소통으로 직접 관찰하기 어려운 피면담자의 사고, 감정, 의도 등을 수집하는 데 도움이 된다는 장점을 갖고 있으면서, 동시에 단편적이고 피상적인 내용이 포함될 수 있다는 단점이 있다. 이와 같이, 질적연구에서 주로 사용되는 자료 수집 방법인 관찰, 면담, 문서 등은 각각 장·단점이 있다. 따라서 연구자는 이러한 질적연구 방법의 특성과 함께 연구 문제 및 연구 환경을 고려하여 가장 타당한 방법을 선택해야 한다.

- 표집: 표집은 연구 참여자 선정 사유와 과정에 대한 설명이 분명하게 기술되

어 있는지를 평가하기 위한 기준이다. 질적연구에서 연구 참여자는 연구 문제에 가장 심도 있는 답을 줄 수 있는 충분한 지식과 경험을 갖고 있어야 한다. 특히 교육리더십 연구에서 주로 적용된 사례연구에서는 다른 사례와 구별되는 경계성이라는 제한성을 가져야 한다(Merriam, 1998; Punch, 2005; Stake, 1995).

• 자료 분석: 자료 분석은 수집된 자료의 분석 시기와 분석 방법이 상세하게 기술되어 있는지를 평가하는 기준이다. 질적연구에서 자료 분석은 자료 수집과 동시에 진행되어야 한다. 또한, 자료 분석의 신뢰도를 높이기 위한 과정을 거쳐야 한다. 질적연구에서는 삼각검증법, 연구 참여자 확인법, 동료 검토법, 외부 감사 등 다양한 방법으로 신뢰도를 검증할 수 있다. 따라서 연구자는 수집된 자료를 분석하고 검증하는 과정에 대해 구체적으로 기술함으로써 신뢰도를 높여야 한다.

• 분석 결과: 분석 결과는 결과로 제시된 범주와 증거자료가 연구 문제에 대한 답으로 충분한지를 판단하기 위한 기준이다. 질적연구에서는 주로 수집된 자료를 코딩과 범주화 과정을 거쳐 분석하게 된다. 이러한 과정으로 최종 도출된 결과로서의 범주와 이를 뒷받침하기 위해 제시된 근거자료는 연계성을 가져야 한다.

② 평가 결과

질적연구 방법을 사용하여 교육리더십을 연구한 총 16편의 논문을 평가한 결과는 〈표 9-5〉와 같다. 16편의 논문들은 교육부 장관, 교장, 부장교사 등 다양한 교육리더십 현상을 분석하였고, 이 가운데 11편의 논문에서 사례연구 방법을 사용하였으며, 모든 논문에서 공통적으로 자료 수집방법으로 면담을 실시하였다. 여섯 가지 기준 가운데 자료 수집의 평균점수가 1.88점으로 가장 높았고, 그 다음으로 연구 설계 1.69, 분석 결과 1.62, 자료 분석 1.56순으로 평가되었다. 반면, 연구 방법과 표집의 평균점수는 1.38로 가장 낮았다.

<표 9-5> 평가 기준별 평가 결과

기준	연구 설계	연구 방법	자료 수집	표집	자료 분석	분석 결과	총점
평균	1.69	1.38	1.88	1.38	1.56	1.62	9.51

출처: 주현준(2022).

- 연구 설계: 연구 설계의 평균점수는 1.69점으로 평가되었다. 연구 대상인 16편 논문 모두 질적연구임을 표방하고 있었지만, 3편의 논문은 관심 현상을 보는 관점으로 질적연구의 당위성을 설명하지 않거나 단순히 양적연구 일변도의 선행연구에 대한 반대 입장에서 질적연구의 필요성을 주장하는 방식으로 독자의 이해를 구하고 있었다. 또한, 1편의 논문은 질적연구에 대한 연구자의 인식과 이해를 전혀 확인할 수 없었다.

- 연구 방법: 연구 방법의 평균점수는 1.38점으로 가장 낮게 평가되었다. 총 16편의 논문 중 13편에서는 연구 방법의 선정 사유를 명시하였는데, 그 가운데 6편의 논문은 연구목적과 연구 주제에 부합하지 않는 것으로 나타났다. 예컨대, 인식주체의 직관적 체험과 경험을 드러내기 위한 현상학적 연구에 가까운 목적으로 진술하면서 실제로는 사례연구 방법을 선택하는 경우가 확인되었다. 또한, 3편의 논문에서는 연구 방법에 대한 명확한 언급이 생략되었다. 3편의 논문에서는 연구 유형에 대한 정리나 언급이 없이 질적자료 수집방법만을 강조하면서 질적연구임을 주장하였다.

- 자료 수집: 자료 수집의 평균점수는 1.88점으로 가장 높게 평가되었다. 16편의 모든 논문에서 (심층)면담을 사용하였다. 2편의 논문을 제외하고 면담이 갖고 있는 장점을 최대한 활용하였고, 10편의 논문에서는 참여 관찰, 문서자료 등을 다양한 방법을 병행하여 풍부한 자료를 수집하였다.

- 표집: 표집의 평균점수는 1.38점으로 가장 낮게 평가되었다. 모든 논문에서 연구 참여자를 선정한 이유를 제시하였지만 근거가 미약하여 적절성 문제가 나타났다. 특히 연구 방법으로 절대 다수를 차지한 사례연구(11편)의 경우에 연구 참여자의 제한성을 충분히 설명하지 못하고 있었다. 일부 연구에서는 '친분 관계' 또는 '같은 학교에서 근무한 사이' 등과 같이 경계성이 모호한 선정 이유를 기술하였다.

• 자료 분석: 자료 분석의 평균점수는 1.56점으로 평가되었다. 대부분의 논문에서는 자료 분석의 시기를 명확하게 밝히지 않았으나 자료 수집 직후로 추정할 수 있었다. 다만 1편의 논문에서는 모든 연구 대상자로부터 자료 수집을 완료한 이후에 분석을 실시하였다. 또한 다수의 논문에서는 반복 비교분석법에 충실하여 코딩과 범주화를 수행하였고, 타당도와 신뢰도를 높이기 위해 검증 과정을 거쳤다. 그러나 일부 논문에서는 분석과정에 대한 설명이 생략되었고, 검증을 위한 노력이 보이지 않았다. 그리고 3편의 논문은 분석틀을 사용하여 수집된 자료를 분석하는 연역적 접근을 시도하였고 1편의 논문에서는 연구목적과 분석틀 간 이질성이 확인되었다.

• 분석 결과: 분석 결과의 평균값은 1.62점으로 평가되었다. 총 16편의 논문 가운데 10편에서는 최종 도출된 범주와 이를 증명하기 위해 제시된 자료와의 연계성이 확인되었다. 그러나 6편의 논문에서는 범주 간 구분이 모호하거나 범주와 증거자료의 연계성이 부족한 경우가 있었다.

한편, 연구 방법별 빈도분석 결과는 〈표 9-6〉과 같다. 연구 대상인 총 16편의 논문 가운데 11편이 사례연구를 적용하였다. 나머지 5편 중 2편은 현상학적 연구를 수행하였고, 3편은 질적연구 방법에 대한 명확한 설명이 없었다.

〈표 9-6〉 연구 방법별 빈도분석 결과

기준	사례연구	현상학적 연구	없음
빈도	11	2	3

출처: 주현준(2022).

〈표 9-7〉은 총 16편 논문의 평가 점수별 분포를 정리한 자료이다. 연구 대상 논문 16편 중 절반 수준인 7편이 10점(12점 만점)으로 평가되었다. 또한, 11점과 12점으로 평가된 논문은 각각 1편과 3편이었다. 그러나 9점 이하로 평가된 논문은 5편, 최하점인 3점으로 평가된 논문은 1편이었다.

<표 9-7> 평가 점수별 빈도분석 결과

평가 점수	3점	7점	8점	9점	10점	11점	12점
빈도	1	1	2	1	7	1	3

출처: 주현준(2022).

이러한 분석 결과를 토대로 주현준(2022)은 다음과 같은 문제점과 개선 과제를 제시하였다.

첫째, 교육리더십에 관한 질적연구는 특정한 연구 방법에 편중되어 있었다. 연구 동향을 분석한 결과에서 총 16편의 논문 가운데 11편이 사례연구 방법을 사용한 것으로 나타났다. 사례연구는 문화기술지, 근거이론, 현상학적 연구, 실행연구 등 다양한 질적연구 유형 중 하나이다. 각 연구 유형은 연구목적과 그 목적을 달성하는 데 특별히 강조되는 자료 수집 방법, 분석상의 절차, 연구자의 역할이 있을 수 있다(유기웅 외, 2018). 그럼에도 불구하고, 다수의 연구에서 사례연구 방법을 선택한 이유로 제약적인 연구 환경을 추정해 볼 수 있다. 다시 말해, 한국의 연구 환경이 질적연구를 수행하기에 매우 어려운 상황에 놓여 있다고 볼 수 있다. 현실적으로 개인 연구자가 관심을 갖는 교육리더십 현상에 다가가기는 매우 어렵다. 이러한 이유로 문화기술지와 같은 연구 방법이 아닌 사례연구 위주로 수행되었을 가능성이 있다. 연구 환경의 개선은 개인의 노력만으로는 불가능하다. 따라서 연구자와 연구 현장을 이어 주는 공식적인 네트워크가 필요해 보인다.

둘째, 연구 대상 논문들 간 편차가 확인되었다. 평가 결과를 살펴보면, 최하 3점인 논문 1편, 9점 이하 5편, 10점 7편, 11점 1편, 그리고 만점인 12점으로 평가된 논문은 3편이었다. 이는 질적연구에 대한 분명한 인식과 충분한 이해를 갖춘 준비된 연구자가 있는 반면, 질적연구에 대한 기본 지식이나 경험이 부족한 연구자도 있다는 것을 보여 준다. 이러한 편차는 연구자 개인의 문제이기도 하지만 근본적으로 질적연구자 양성체제의 문제로 볼 수 있다. 이 문제와 관련하여 김병찬(2003)은 '질적연구자 양성 프로그램이 체계화되어 있지 않고 적절한 훈련 체계가 미미한 상황'이라고 지적한 바 있다. 2000년 이후 교육행정학 분야에서 질적연구의 비율이 높아지는 점을 감안할 때, 우수한 질적연구자를 양성하기 위한 체제는 반드시 재검토되어야 하겠다. 이를 위해서는 개별 대학원(전공) 수준의 자체적인 노력도 중요하지만 대학원생의 연구 방법론 교육을 위한 타 전공과의 연계 또는 타 대학원 간 연계가 필요해 보인다.

셋째, 다수의 연구에서 동일한 오류가 반복되고 있었다. 평가 기준별로 살펴보면, 연구 설계에서는 질적연구의 당위성을 단순히 양적연구에 대한 반대 입장에서 기술한 사례가 다수 있었고, 연구 방법에서는 연구 유형을 직접적으로 밝히지 않은 경우가 있었다. 그리고 자료 수집방법으로 면담을 선택한 명확한 근거를 제시하지 않았거나, 표집대상의 선정 이유가 불분명하였다. 또한, 자료 분석에서는 신뢰도 검증이 생략되었으며, 분석 결과에 제시한 범주와 증거자료의 연계성이 부족한 경우도 있었다. 이러한 문제는 교육리더십 양적연구에서 유사한 통계방법상 오류가 반복되는 현상(주현준, 2020)과 동일하다. 따라서 학술지 심사과정을 강화하는 방안이 강구되어야 할 것이다. 연구 방법 전문가로 구성된 심사위원 인력풀을 확보하고 질적연구 방법의 전문가가 위촉될 수 있는 제도적 장치가 필요하다.

📎 **요약**

국내외를 막론하고 교육행정학 분야에서 교육리더십은 가장 많이 연구된 주제이다. 교육리더십 연구는 1950년대 '교육행정의 이론화 운동'을 기점으로 실증주의 인식론에 토대를 둔 양적연구 방법을 활용한 연구가 주류를 이루었다. 그러나 1970년대 양적연구 방법론에 대한 회의론으로 시작된 소위 'Griffiths–Greenfield–Willover 논쟁' 이후 질적연구 방법을 적용한 연구가 증가하였다. 미국의 경우에는 질적연구의 비율이 양적연구와 유사하거나 더 높은 경향을 보였고, 한국의 경우에도 2000년 이후 지속적인 증가 추세를 보이고 있다.

질적연구 방법을 활용한 교육리더십 연구 비중의 증가는 연구 방법론에 대한 성찰로 이어졌다. 성찰의 주요 쟁점은 질적연구 방법의 편향성 문제, 연구자 양성을 위한 준비 미흡 차원에서 이루어졌다. 그러나 질적연구의 질을 평가하기 위한 구체적인 논의까지는 이르지 못하고 있다.

제9장 '교육리더십의 질적연구 방법론'에서는 질적연구의 개념과 특징을 정리하였다. 질적연구의 개념은 양적연구와의 비교를 통해 제시하였고, 특징은 귀납적 접근, 현장활동 중시, 현상의 질 해석, 연구 도구로서의 연구자 역할 등을 정리하였다. 또한, 질적연구의 절차는 연구 계획(연구 주제 및 연구 문제 선정), 연구 실행(자료 수집과 자료 분석), 결과보고 순으로 소개하였다. 그리고 국내외 교육행정학 분야에서 확인된 질적연구의 동향을 정리하고, 선행연구 사례를 통해 교육리더십 질적연구의 문제와 과제를 제시하였다.

📝 **논의 및 연구 문제**

● 질적연구는 실증주의 인식론에 기반한 양적연구의 대안으로 보는 것이 타당한가?

● 교육리더십 연구 주제 가운데 질적연구 방법에 적합한 연구 주제는 무엇인가?

● 교육행정학 분야에서 질적연구가 가능한 연구 환경이 조성되어 있는가? 연구 환경을 조성하기 위해 무엇이 필요한가?

● 교육리더십 질적연구의 질을 평가하기 위한 적합한 기준과 효과적인 방법은 무엇인가?

● 우수한 질적연구자를 양성하기 위한 교육체제는 어떻게 개선되어야 하는가?

📖 **참고문헌**

강영삼(2005). 한국교육행정학의 지식기반: 반성과 과제. 교육행정학회 연차학술대회 자료집(pp. 3-16). 서울: 한국교육행정학회.

김병찬(2003). 교육행정 연구에서의 질적 접근. 교육행정학연구, 21(2), 503-526.

김병찬(2010). 교육행정학 연구의 질적 연구 방법. 교육연구, 18(2), 131-184.

김병찬(2013). 교육행정의 인식론적 기반. 한국 교육행정학 연구 핸드북(pp. 143-166), 한국교육행정학회 편. 서울: 학지사.

김영천(2007). 질적연구방법론 I. 서울: 문음사.

노종희(1987). 교육행정학의 과제: 기존 개념과 내용. 교육행정학연구, 5(1), 61-68.

변기용(2018). 한국 교육행정학의 학문적 정체성과 연구 방법론에 대한 비판적 성찰: 이분법적 배타성 극복을 통한 대안적 지점의 모색을 중심으로. 교육행정학연구, 36(4), 1-40.

서정화(1982). 한국 교육행정학의 연구동향. 한국교육행정학회 연차학술대회자료집 (pp. 54-55). 서울: 한국교육행정학회.

신현석(2009). 한국적 교육행정학의 방법적 기반. 교육행정학연구, 27(3), 23-56.

신현석(2013). 교육행정학의 연구 동향. 한국 교육행정학 연구 핸드북(pp. 239-264). 한국교육행정학회 편. 서울: 학지사.

신현석(2017). 한국 교육행정학의 정체성. 교육행정학연구, 35(1), 195-232.

신현석(2020). 한국 교육행정학論. 서울: 교육과학사.

신현석, 주영효, 정수현(2014). 한국 교육행정학 분야 질적 연구 동향 분석. 교육행정학연구, 32(3), 53-81.

유기웅, 정종원, 김영석, 김한별(2018). 질적 연구방법의 이해(2판). 서울: 박영사.

이수정, 김승정, 임희진(2018). 미국 교육행정학 연구의 동향 분석: Educational Administration Quarterly 발표 논문을 중심으로. 교육행정학연구, 36(5), 271-292.

이일용(2003). 한국교육행정학 연구의 동향과 과제: 연구방법 측면. 교육행정학연구, 21(1), 355-373.

이종승(2009). 교육 · 심리 · 사회 연구방법론. 서울: 교육과학사.

이종재(2002). 교육행정학의 학문적 이론 수립의 현황과 발전좌표. 한국교육학회 학술대회논문집(pp. 115-166). 서울: 한국교육학회.

임도빈(2009). 질적연구 방법의 내용과 전략: 양적인 질적 연구와 질적인 질적 연구. 정부학연구, 15(1), 155-187.

임연기(2003). 한국 교육행정학의 학문적 특성과 과제. 교육행정학연구, 21(1), 331-353.

임연기, 김훈호(2018). 한국 교육행정학 연구 동향 및 활용 지식의 특성 분석. 교육행정학연구, 36(1), 355-382.

조용환(1999). 질적 연구: 방법과 사례. 서울: 교육과학사.

주삼환(1987). 교육행정학의 과제: 한국교육행정학의 연구동향. 교육행정학연구, 5(1), 40-58.

주현준(2020). 교장리더십에 관한 양적연구의 문제와 과제: 연구방법을 중심으로. 교육행정학연구, 38(2), 113-136.

주현준(2022). 교육리더십에 관한 질적연구의 문제와 과제. 지방교육경영, 25(3), 31-48.

허병기(2003). 한국 교육행정학 연구의 동향과 과제: 연구내용을 중심으로. 교육행정학연구, 21(1), 375-396.

Bogdan, R. C., & Biklen, S. K. (2007). *Qualitative research for education*. Boston: Pearson Education, Inc.

Borg, W. R., & Gall, M. D. (1989). *Educational research: An introduction* (5th ed.). New York: Longman.

Boyan. (Ed.). *Handbook of research on educational administration* (pp. 703-727). New York, NY: Longman.

Campbell, R. F. (1979). A critique of the Educational Administration Quarterly. *Educational Administration Quarterly, 15*(3), 1-9.

Creswell, J. W. (2013). *Educational research: Planning, conducting, and evaluating quantitative and qualitative research* (3rd ed.). Boston: Person Education.

Denzin, D., & Lincoln, Y. (1994). *Handbook of qualitative research*. London: Sage.

Everhart, R. B. (1988). Fieldwork methodology in educational administration. In N. J. Boyan (Ed.), *Handbook of research on educational administration* (pp. 703-727). A Project of the American Educational Research Association. New York: Longman.

Glaser, B., & Strauss, A. (1967). *The discovery of grounded theory: Strategies for qualitative research*. Mill Valley, CA: Sociology Press.

Honig, M. I. (Ed.). (2006). *New directions in education policy implementation: Confronting complexity*. Albany, NY: SUNY Press.

Howell, N. G. (2010). *Appreciative advising from the academic advisor's viewpoint: A qualitative study*. The University of Nebraska−Lincoln.

Kmet, L. M., Lee, R. C., & Cook, L. S. (2004). Standard quality assessment criteria for evaluating primary research papers from a variety of fields. Alberta Heritage Foundation for Medical Research (AHFMR).

Mason, J. (1996). *Qualitative researching*. London: Sage.

McLaughlin, M. W. (2006). Implementation research in education. In M. I. Honig (Ed.), *New directions in education policy implementation: Confronting complexity*. Albany, NY: SUNY Press.

Merriam, S. B. (1998). *Qualitative research and case study application in education*. San Francisco: Jossey−Bass.

Murphy, J., Vriesenga, M., & Storey, V. (2007). Educational Administration Quarterly, 1979−2003: An analysis of types of work, methods of investigation, and influences. *Educational Administration Quarterly, 43*(5), 612−628.

Punch, K. F. (2005). *Introduction to social research: Quantitative and qualitative approaches* (2nd ed.). Thousand Oaks, CA: Sage.

Richards, L., & Morse, J. M. (2007). *Read me first for a user's guide to qualitative methods*. Thousand Oaks, CA: Sage.

Schott, C., van Roekel, H., & Tummers, L. G. (2020). Teacher leadership: A systematic review, methodological quality assessment and conceptual framework. *Educational Research Review, 31*, 1−24.

Spillane, J. P., Reiser, B. J., & Gomez, L. M. (2006). Policy implementation and cognition: The role of human, social, and distributed cognition in framing policy implementation. In M. I. Honig (Ed.), *New directions in education policy implementation: Confronting complexity* (pp. 47−64). Albany, NY: SUNY Press.

Spradley, J. P. (1980). *Participant observation*. New York: Holt, Rinehart and Winston.

Stake, R. E. (1995). *The art of case study research*. Thousand Oaks, CA: Sage.

Strauss, A., & Corbin, J. M. (1990). *Basics of qualitative research: Grounded theory procedures and techniques*. Thousand Oaks, CA: Sage.

Willis, J. W. (2007). *Foundations of qualitative research: Interpretive and critical approaches.* Thousand Oaks, CA: Sage.

교육리더십과
교육팔로워십

교육리더십과 마찬가지로 교육팔로워십도 어떻게 정의하고, 어떤 관점으로 보는가에 따라 이론과 실제가 달라진다. 제10장 '교육리더십과 교육팔로워십' 에서는 팔로워십의 역사적 배경과 관련 이론을 소개하고, 팔로워십의 개념과 유형을 정리하였다. 그리고 교육팔로워십에 관한 개념과 선행연구를 소개하였다.

1 팔로워십의 역사적 배경과 관련 이론

초기 리더십 연구자들은 다양한 접근, 이론, 방법을 사용하였지만 주된 관심은 구성원이 아닌 리더에게 있었다. 이러한 리더 중심의 접근에서 구성원은 단순히 리더의 지시를 기다리는 수동적인 존재로 인식되었다(Yukl & Tracey, 1992). 소위 리더십의 초기이론이라고 할 수 있는 특성이론과 행동이론을 시작으로 변혁적 리더십과 카리스마 리더십(Bass, 1985; Conger & Kanungo, 1987)에 이르기까지 연구자들의 관심은 오로지 리더에게 집중되었고, 구성원은 리더를 따르는 단순한 추종자로 인식하였다. 단적으로, Weber(1946)의 '위인이론(great man theory)'에 따르면, 리더는 선천적으로 타고난 비범함으로 구성원에게 영향을 주는 존재이고, 구성원의 행동은 전적으로 리더의 지식에 의해 결정되는 것으로 간주하였다. 이러한 맥락에서 구성원은 추종자, 부하, 하급자 등과 같은 용어로 지칭되었다.

리더 중심의 전통적인 접근이 초기 리더십 연구에서 주류로 자리 잡았지만 이에 대한 반대 의견도 공존해 왔다. 예를 들어, 1920년대 리더와 구성원의 호혜적 관계를 언급한 Follett(1924)을 시작으로, 1970년대에는 구성원의 특성을 강조한 경로-목표 이론, LMX 이론 등이 등장하였고, 1980년대에 접어들어 Kelley(1988)에 의해 팔로워십 개념이 본격적으로 논의되었다. 이러한 흐름을 정리해 보면, 리더십 연구는 '리더 중심 → 구성원에 대한 관심 → 구성원 중심'으로 변화되어 왔음을 알 수 있다.

1) 호혜적 리더십

Follett(1924)은 공식적인 직위가 없는 조직의 구성원들도 리더십에 중요한 역할을 담당한다는 확신을 갖고 있었다. 이러한 신념에 근거하여 Follett(1924)은 리더십을 특정 개인인 리더의 전유물이 아닌 구성원과 리더의 상호작용으로 보았다. 이른바 리더와 구성원 간의 상호 호혜적 리더십(reciprocal leadership)을 주장하였는데, 이는 21세기에 주목받고 있는 리더십 공유 이론(Carson, Tesluk, & Marrone, 2007; Pearce & Conger, 2003)과 연관성이 깊다.

2) 경로-목표 이론

상황이론이 등장하면서 리더십 연구에는 리더 일변도에서 구성원의 역할로 확장한 이론들이 등장하였다. 대표적인 이론 중 하나로 경로-목표 이론(path-goal theory)을 들 수 있다. 경로-목표 이론은 1970년대 초반에 등장한 동기이론으로 대표적인 연구자는 Evans(1970), House(1971), House와 Dessler(1974) 등이다. House(1971)는 Vroom의 기대이론을 근거로 경로-목표 이론을 제시하였다. Vroom은 노력이 성과로 나타나는 기대, 성과가 보상으로 이어지는 수단성, 보상에 대한 선호도 또는 가치의 표현인 유의성으로 구성원의 개인적 동기를 설명하였다. 경로-목표 이론에서는 리더십이 기대이론에서 말하는 기대, 수단성, 유의성의 증가에 기여할 때 비로소 구성원의 동기를 유발하여 성과로 이어질 수 있다고 가정하였다. 즉, 경로-목표 이론은 구성원의 동기에 초점을 두고 구성원의 만족과 업무수행을 강화하는 것으로 리더의 유형과 구성원 특성 간의 관계를 강조한 이론이다. 따라서 경로-목표 이론은 리더 중심의 전통적 이론과 다르게 구성원의 특성과 욕구에 관심을 둔 리더십 이론이라고 할 수 있다. 한편, Northouse(2016)는 경로-목표 이론의 주요 구성요소를 [그림 10-1]과 같이 도식화하였다. 경로-목표 이론에서는 리더의 행동을 지시적·지원적·참여적·성취지향적 행동으로 구분하였다. 지시적 리더십은 구체적인 지침이나 표준 그리고 과업과정을 제공하고 규정을 마련하여 직무를 명확하게 하는 행동이다. 지원적 리더십은 구성원의 욕구나 바람에 관심을 두고 구성원의 만족을 이끌어 내는 관계를 강조하는 행동이다. 참여적 리더십은 구성원에게 의견을 구하고 구성원의 제안을 진지하게 고려하고 정보를 공유하는 행동이다. 마지막으로, 성취지향적 리더십은 도전적인 과업 목표를 설정하고 성과를 강조하며 구성원이 능력을 발휘하도록 높은 기대감을 표시하는 행동이다.

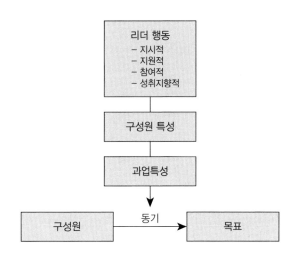

[그림 10-1] 경로-목표 이론 주요 구성요소

출처: Northouse (2016: 117).

3) LMX 이론

앞서 소개한 경로-목표 이론이 팀 단위 또는 집단적 차원의 접근인 반면, 리더-구성원 교환 이론(Leader-Member Exchange theory: LMX)은 리더와 구성원의 양자 관계에 기초한다는 점에서 차이가 있다. LMX 이론은 리더와 구성원 간의 관계에 기반하여 '같은 리더와 각기 다른 구성원 간의 관계의 질'을 처음으로 언급한 이론이라 할 수 있다. LMX 이론을 대표하는 연구자는 Dansereau, Graen과 Haga(1975), Graen(1976), Graen과 Cashman(1975), Liden과 Graen(1980) 등이 있다. 초기 LMX 이론은 리더와 구성원의 양자 간 수직적인 관계에서 차별성을 중시하였다. 즉, 한 명의 리더가 다수의 구성원들과 각각 서로 다른 관계를 발전시키고, 리더에 의해 리더와 구성원의 관계는 내집단(in-group)과 외집단(out-group)으로 구분된다고 주장하였다. 내집단에 속한 구성원은 존중, 신뢰, 애정, 충성심이 강한 반면, 외집단에 속한 구성원은 내집단에 비해 상대적으로 낮은 것으로 소개하였다. 이와 관련하여 Northouse(2016)는 리더-구성원의 수직적 양자관계와 내집단과 외집단을 [그림 10-2]와 같이 도식화하여 설명하였다. 그리고 후속연구에서는 내집단과 외집단의 단순한 구분을 넘어서 LMX 이론과 조직효과성의 관계에 집중하였다. 즉, 리더와 구성원 간 관계의 질에 따라 조직의 성과가 결정된다고 연구 결과를 보고하였다.

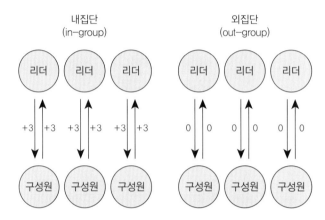

[그림 10-2] LMX 수직적 관계(내집단과 외집단)

출처: Northouse (2016: 140).

2 팔로워십의 개념과 유형

1) 팔로워십의 개념

국내외 연구자들은 팔로워십에 대한 개념을 다양한 관점에서 정의해 왔다. 국외 연구자의 경우, Kelley(1988, 1992)는 팔로워십을 조직의 목표를 달성하는 데 기여하는 구성원의 자질 또는 역할로 정의하면서, 비판적 사고와 능동적 참여를 효과적인 팔로워십의 핵심으로 제시하였다. Chaleff(1995)는 팔로워십을 구성원이 리더의 비전을 공유하고, 조직의 성공을 기대하면서 참여하는 과정으로 보면서, 팔로워십을 발휘하기 위해 구성원에게 책임을 감수할 용기, 리더를 보좌할 용기, 변화에 동참할 용기, 도전할 용기, 도적적으로 행동할 용기의 필요성을 주장하였다. Kellerman(2007)은 팔로워십을 리더와 구성원 간의 지위적 관계와 리더에 대한 구성원의 대응으로 보고, 그 유형을 무관심형, 방관형, 참여형, 활동형, 완고형으로 구분하였다. 한편, 국내 연구자의 경우, 오점록(1998)은 구성원이 사회적 역할과 조직 목적 달성에 필요한 역량을 구비하고, 조직의 권위와 규범에 따라 주어진 과업과 임무를 달성하기 위하여 바람직한 자세와 역할을 하도록 하는 제반활동으로 팔로워십을 정의하였다. 신유근(1999)은 리더십의 효과를 높이는 방향과 리더의 영향력을 따르는 구성원의 특성 및 행동방식으로, 최준원(2015)은 조직 내의 공동 및 개인 차원의 목표를 추진함에 있어서 구성원이 리더와 긴밀한 상호작용을 통해 역할을 수행하는 데 필요한 제반 역량으로 팔로워십을 정의하였다.

이와 같은 국내외 연구자의 개념에서 확인할 수 있듯이, 팔로워십은 리더십에 대응되거나 상대적인 개념으로 설명된다. 리더십이 리더가 구성원에게 영향력을 행사하는 과정이라면, 팔로워십은 구성원이 보여 주는 바람직한 특성과 행동으로 설명된다. 구성원의 바람직한 특성과 행동은 리더가 리더십을 발휘하도록 지원하고, 때로는 건전한 비판을 통해 올바른 리더십을 유도하는 것이다. 따라서 팔로워십은 리더와 구성원의 관계를 일방적인 상하관계가 아닌 상호영향을 주고받는 관계라는 입장에 가깝다고 할 수 있다.

초기연구자들은 팔로워십을 리더십의 하위요소 정도로 취급하였다. 즉, 리더를 따르는 구성원의 역량을 팔로워십의 개념으로 인식한 것이다. 그러나 이러한 인식이 지나치게 구성원을 수동적인 존재로 생각하는 제한된 시각이라고 비판받으면서 팔로워십을 리더십의 하위요인이 아닌 독립요인으로 보기 시작하였다. 이와 관련하여 Kelley(1992)는 조직의 성공에 리더가 기여하는 비율은 약 20% 남짓이고, 나머지 80%는 구성원의 몫이라는 소위 '20:80 법칙'을 주장하면서, 팔로워십의 개념을 '리더와 함께 조직의 목표를 달성하기 위해 비판적인 사고와 능동적 참여를 수행하는 과정'으로 정의하였다. 한편, Kelley(1988)는 좋은 구성원과 나쁜 구성원을 구별하면서 팔로워십의 개념 정립과 후속연구에 많은 영향을 주었다. 예컨대, 팔로워십 연구는 구성원의 특성과 행동이 리더십 효과에 미치는 영향 분석(Hollander, 1992), 구성원에 의해 변화되는 리더십 연구(Meindl, 1995), 임파워먼트를 통한 조직의 성과(Alcorn, 1992), 리더와 구성원의 동일시(Chaleff, 2003) 등으로 논의가 진전되었고, 2000년대 초반부터 주목받고 있는 공유리더십(Pearce & Conger, 2003), 복잡계 리더십(Uhl-Bien & Marion, 2008)에도 영향을 주었다고 할 수 있다. 공유리더십(shared leadership)과 복잡계 리더십(complexity leadership)에서는 모두 구성원을 리더십의 중요한 부분으로 인식하고 구성원의 주도적 행동의 중요성을 강조한다.

2) 팔로워십의 유형

팔로워의 행동 유형은 대표적인 연구자인 Kelley(1992)를 전후하여 각자의 분류기준에 따라 다양하게 제시되었다. Zaleznik(1965)는 '지배-복종과 적극적-소극적 행동'을 기준으로 팔로워 행동 유형을 구분하였고, Steger, Manners와 Zimmerman(1982)은 '자기고양과 자기방어'를 기준으로, Kelley(1992), Potter와 Rosenbach(2006)는 '사고 성향(의존적·무비판적/독립적·비판적)과 행동 성향(수동적/능동적)'을 기준으로 분류하였다. 또한, Kellerman(2008)은 '연계 정도와 행동 정도'를 기준으로 삼았다.

<표 10-1> 팔로워 행동 유형

연구자	행동 유형
Zaleznik(1965)	내성적, 자기학대, 강박적, 충동적
Steger 등(1982)	무관심, 관료적, 게임플레이어, 어리숙함, 자기희생, 일탈, 예술가, 성취가, 슈퍼 추종자
Kelley(1992)	소외적, 수동적, 순응적, 효과적, 실용적
Potter와 Rosenbach(2006)	하급자, 정치적, 공헌, 파트너
Kellerman(2008)	무관심, 방관, 참여, 운동, 완고주의

Kelley(1992)는 구성원의 사고 성향(의존적·무비판적/독립적·비판적)과 행동 성향(수동적/능동적)을 기준으로 다음과 같은 다섯 가지의 팔로워십 유형을 제시하였다. 첫째, 소외적 팔로워(alienated follower)는 독립적·비판적 사고 성향을 갖고 있지만 소극적·수동적인 행동 성향을 보이는 유형이다. 이 유형은 처음에는 모범적이었지만 조직이나 리더로부터 부당한 대우를 받은 경험 등으로 인하여 냉소적인 시각을 갖게 된 경우이다. 소외적 팔로워는 조직이나 리더의 사고방식이나 행동 등에 불만이 있지만 침묵으로 일관하며 자신이 해야 할 업무만 수행하는 소극적인 경향을 보인다. 둘째, 순응적 팔로워(conformist follower)는 독립적·비판적 사고는 부족하지만 문제 해결 행동에 적극적으로 참여하는 유형이다.

Kelley(1988)는 이를 'Yes People'로 표현했는데 흔히 'Yes Man'이라고 불리는 구성원이 이 유형에 속한다. 순응적 팔로워는 리더의 판단에 지나치게 의존적이기 때문에 잘못된 의사결정에도 무조건적으로 복종하는 경향이 강하다. 셋째, 실용적 생존자(pragmatic survivor)는 위험을 회피하고 현상 유지를 선호하는 유형이다. 리더의 의사결정에 크게 비판적이지 않으면서 자신의 입장도 밝히지 않은 채 자신에게 맡겨진 일에만 집중한다. 실용적 생존자는 성과가 확실하게 보장되지 않는 일은 맡기를 꺼리며 혹시라도 발생할 실패 상황에 대비한 해명자료를 준비해 두기도 한다. 넷째, 수동적 팔로워(passive follower)는 독립적 · 비판적 사고 성향이 부족하고 행동성향이 활동적이지 않다. Kelley(1988)는 이 유형을 양(sheep)으로 표현했는데, 이 유형은 조직과 리더에 대해 비판적인 모습을 보이지는 않지만 참여 또한 적극적으로 하지 않는다. 수동적 팔로워는 조직 발전에 대한 관심과 생각이 없기 때문에 책임감이 부족하며 매사에 소극적으로 참여한다. 일반적으로 업무추진 능력도 부족하며 리더의 지시에 따라 수동적으로 움직인다. 다섯째, 효과적 팔로워(effective follower)는 독립적 · 비판적으로 사고하며 문제 해결을 위한 행동에 적극적으로 참여한다. 이 유형은 스스로 사고하면서 솔선수범하는 유형으로 리더의 부족한 부분을 조언하고 도와주며 자신에게 맡겨진 일이 아니어도 모든 면에서 적극적인 모습을 보인다. 효과적 팔로워는 문제 해결과 조직의 발전을 위해 헌신적이며 혁신적인 아이디어도 제시한다.

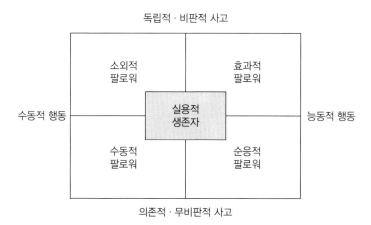

[그림 10-3] 팔로워 유형

출처: Kelley (1988: 145).

3 교육팔로워십의 개념과 연구

1) 교육팔로워십의 개념

교육행정학 분야에서 팔로워십은 매우 제한적으로 논의되었다. 제1장에서 설명한 교육리더십의 개념과 마찬가지로, 교육팔로워십을 어떻게 인식하는가에 따라 그 개념과 성격이 달라질 수 있다. 지금까지 교육팔로워십은 주로 팔로워십의 일반적인 개념에 기초하여 리더와 구성원 간의 양자 관계에서 개념화되었다. 특히 국내 연구자들은 Kelley(1988, 1992) 등이 제시한 팔로워십 구성요인(독립적 · 비판적 사고, 적극적 · 능동적 참여 등)을 교사의 팔로워십에 대입하여 개념을 정립하는 경향을 보였다. 예를 들어, 강경석, 강경수(2006)는 팔로워십을 학교 조직 내에서 교사들이 리더와 정보를 공유하고 조직의 목표를 효과적으로 달성하기 위해 자기관리와 책임을 다하는 헌신과 노력의 과정으로 정의하였다. 이와 유사하게, 이정란, 이윤식(2014)도 교사들이 적극적으로 교장을 인정하고 지지하며, 정보를 공유하고 조직의 목표를 효과적으로 달성하기 위해 비판적인 시각을 갖고 업무를 실행할 수 있는 능력을 발휘하고, 자기관리와 책임을 다하여 헌신하고 노력하는 일련의 과정으로 보았다. 그러나 이러한 개념 정의 방식은 교육리더십 개념과 마찬가지로 교육팔로워십의 일반적인 성격을 설명할 수 있지만 독자적 성격을 나타내는 데에는 한계가 있다. 여기서는 교육팔로워십의 개념을 대응, 결합, 개발과 승계, 대안의 관점에서 설명한다.

(1) 교육리더십과 교육팔로워십 간 대응

이 개념은 교육리더와 교육팔로워(구성원) 간의 상호작용을 의미한다. 따라서 이 개념은 교육리더와 교육팔로워(구성원)라는 양자 관계를 전제 조건으로 정의될 수 있다. 다수의 선행연구에서 확인할 수 있듯이, 교육팔로워십은 교사 팔로워십과 동일한 것(교육팔로워십＝교사 팔로워십)으로 간주하는 경향이 강하다. 또한, 교사의 팔로워십은 학교팔로워십(Crippen, 2012)의 한 형태로 인식되기도 한다.

[그림 10-4] 상호작용 개념

그러나 오늘날 교육리더십의 주체와 대상은 정부 부처, 교육행정기관, 학교, 교실에 이르기까지 광범위하다. 주체와 대상은 상황에 따라 리더가 팔로워가 되기도 하고, 팔로워가 리더가 되기도 한다. 〈표 10-2〉와 같이 단위학교 내에서 전통적으로 교장은 리더의 역할로, 교사는 팔로워의 역할로 규정되지만, 교육청과 학교의 거버넌스 상황에서는 교장이 팔로워십을 발휘해야 하는 역할로 규정되기도 한다. 즉, 조직 내 리더-팔로워의 관계와 조직 간 리더-팔로워의 관계를 생각할 수 있다.

<표 10-2> 교육리더십과 교육팔로워십의 대응

교육리더십	상호작용	교육팔로워십
교육부 장관	⟷	교육감
교육감	⟷	교장
교장	⟷	교감
교장(감)	⟷	교사
교사	⟷	학생

(2) 교육리더십과 교육팔로워십의 결합

이 개념은 교육리더십과 교육팔로워십이 하나의 쌍(pair)을 이루는 것을 의미한다. 리더십은 팔로워십을 제외하고 독단적으로 논의될 수 없다. 따라서 교육리더십과 교육팔로워십도 적절하게 결합되었을 때 비로소 시너지 효과를 낼 수 있다. 이와 관련하여 주현준, 김민희, 박상완(2014)은 교육리더십과 교육팔로워십의 수준에 따라 네 가지 형태의 결합을 제시한 바 있다. 역동성은 높은 교육리더십과 높은 교육팔로워십이 결합된 경우가 가장 성공적인 결과를 예측 가능하게 한다. 반면, 무기력은 낮은 교육리더십과 낮은 교육팔로워십이 결합된 경우는 성공적인 결과를 기대하기 어렵다.

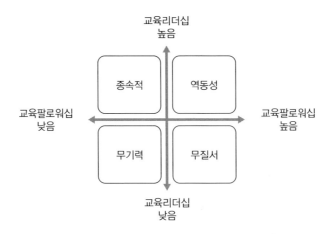

[그림 10-5] 교육리더십과 교육팔로워십의 결합 개념

출처: 주현준 외(2014: 77).

(3) 교육리더십의 개발과 승계

이 개념은 교육리더가 구성원을 개발시키고 성장시켜야 하는 대상으로 보는 관점의 교육팔로워십을 의미한다. 즉, 리더십의 자질과 잠재력을 보유한 구성원을 대상으로 팔로워십을 개발할 기회를 부여함으로써 궁극적으로 성공적인 리더십의 승계 계획을 실천하는 것이다. 교육팔로워는 리더십 개발 과정을 거치면서 성숙한 팔로워로 거듭나게 되고 동시에 미래 교육리더로서의 역량을 준비하게 된다.

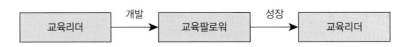

[그림 10-6] 교육리더십의 개발과 승계 개념

이와 관련하여 Ponder와 Crow(2005)는 교육리더십이 단절되지 않고 지속적으로 연계·발전될 수 있도록 노력해야 함을 강조하면서 다음과 같이 교사를 대상으로 하는 교육리더십 개발 프로그램을 제안하였다.

- 교사를 각종 위원회에 참여시켜 잠재적 리더십 기회를 부여
- 교사에게 학교의 기획 업무 및 다양한 사업 참여 기회 부여
- 교사가 학생의 학업성취를 모니터링하고 분석할 기회 부여

- 교사가 학교와 학부모와의 관계에 대한 사례를 발굴할 기회 부여
- 교사가 지역사회와 함께 일할 수 있는 기회 부여
- 동료장학을 통해 수업리더십 기술을 발전시킬 기회 부여
- 교사가 학교효과성, 책무성, 학생의 학업성취 등에 대한 자료를 수집하고 분석할 기회 부여

(4) 교육리더십의 대안

이 개념은 교육팔로워십을 교육리더십의 대안으로 인식하는 것이다. 이는 교육팔로워십을 외부 변화와 요구에 수동적으로 순응하는 것이 아닌 비판적 사고와 능동적 참여를 통해 바람직한 방향으로 재해석하는 것으로 보는 관점이다.

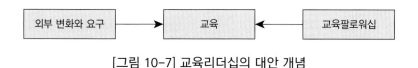

[그림 10-7] 교육리더십의 대안 개념

이와 관련하여, 주현준(2017)은 미래 사회의 변화에 대응하는 교육리더십의 역할 변화를 언급하면서 효과적인 교육팔로워십을 강조한 바 있다. 지금까지의 교육리더십이 미래 사회의 변화를 예측하고 빠르게 따라가는 '패스트 팔로워(fast follower)'로서의 역할에 집중했다면, 미래의 교육리더십은 미래 변화를 비판적 관점과 능동적 참여로 재해석하는 교육팔로워십으로 거듭나야 한다고 주장하였다.

2) 교육팔로워십 연구

지금까지 수행된 팔로워십에 대한 연구는 독자적으로 시작되었다기보다 리더십 연구에서 파생된 것으로 볼 수 있다. 리더십 연구에서 리더에게 쏠렸던 관심이 점차 구성원에게 옮겨 가면서 자연스럽게 팔로워십에 대한 논의가 본격화되었다. 팔로워십에 대한 관심은 리더십 연구에서 구성원의 자율성, 임파워먼트, 팀리더십, 셀프 리더십 등이 강조된 것과 관련된다.

교육팔로워십에 관한 국외 연구(Crippen, 2012; Russell, 2003; Thody, 1994)는 시론적 논의수준에서 수행되었다. Thody(1994, 1997, 2000, 2001, 2003)는 교육행정

과 교육리더십 실제에서의 팔로워십 의미에 대해 지속적으로 논의해 왔다. 또한, Crippen(2012)은 학교팔로워십에 주목하면서 교장 등의 리더십과 교사, 학생 등 구성원의 팔로워십 간 발전적 관계를 제안하였다. 반면, 국내 연구는 실증적 분석에 초점을 두었다. 그러나 교육팔로워십에 관한 국내 연구는 연구 주제, 연구 대상, 연구 방법이 매우 제한적이다. 연구 주제의 측면에서 보면, 교사 팔로워십 측정도구 개발(신보현, 2016)과 같은 일부 연구를 제외하고 다수의 선행연구는 교육팔로워십과 관련 변수 간의 관계를 분석하는 데 치중하였다. 교사 팔로워십에 관한 일부 이론적 연구나 개념 논의가 절대적으로 부족하다. 연구 대상에서는 학생 팔로워십에 관한 일부 연구를 제외하고 주로 교장리더십에 대응하는 교사 팔로워십에 편중되었다. 교사 팔로워십에 관한 국내 연구는 1990년대 후반에 등장(김미연, 1996)하여 최근까지 지속되고 있지만 소수에 불과하다. 그리고 교사 팔로워십에 관한 대부분의 연구는 석·박사 학위논문으로 발표되었고, 상대적으로 학술논문의 비율은 낮은 편이다. 또한, 연구 방법의 측면에서는 통계 분석에 기초한 양적연구가 절대 다수를 차지하고 있다. 선행연구의 주된 연구 대상인 교사 팔로워십은 주로 Kelley(1992)가 제시한 팔로워십 개념을 적용하고 진단도구인 팔로워십 질문지(Followership Questionnaire)[1]를 활용하였다.

(1) 교사 팔로워십 연구

교사 팔로워십에 관한 선행연구는 주로 교장리더십 및 관련 변수와의 관계 분석이 주를 이루고 있다. 일부 선행연구에서 교사 팔로워십은 독립변수(서지영, 2012) 또는 종속변수(권동택, 2007; 김민균, 2012)로 설정된 사례가 있지만, 다수의 연구에서는 주로 매개변수(강경석, 강경수, 2006; 유길한, 2018; 이정란, 이윤식, 2014)로 설정되었다.

① 독립변수 분석

서지영(2012)은 교사의 팔로워십 유형과 교원 성과급의 관계를 분석하였다. 이 연구에서는 교사의 팔로워십을 독립적·비판적 사고와 적극적·능동적 참여로

---

1 〈부록 10-1〉 참고.

규정하였다. 경기도 지역 20개교에 근무 중인 초등학교 교사 400명을 대상으로 설문조사를 실시하고, 회수된 설문지는 분산분석을 실시하였다. 분석 결과, 교사의 팔로워십과 교원 성과상여금 등급과의 관련성이 높은 것으로 보고되었다.

② 종속변수 분석

권동택(2007)은 독립변수인 교장의 리더십과 종속변수인 교사의 팔로워십 간의 관계에서 LMX의 매개효과를 분석하였다. 이 연구에서 교장리더십은 변혁적 리더십과 거래적 리더십으로, 교사의 팔로워십은 독립적·비판적 사고와 적극적·능동적 참여로, LMX는 내집단과 외집단으로 규정되었다. 서울, 경기, 충남, 충북 지역 교원을 대상으로 설문조사를 실시하고, 회수된 478부를 구조방정식모형으로 분석하였다. 분석 결과, 교장의 변혁적 리더십은 LMX 매개효과를 통해 교사의 팔로워십에 영향을 주는 것으로 보고되었다.

김민균(2012)은 독립변수인 교장의 변혁적 리더십과 종속변수인 교사 팔로워십의 관계를 분석하였다. 이 연구는 인천지역 초등학교 교사 400명을 대상으로 설문조사를 실시하고, 회수된 자료를 회귀분석 방법으로 처리하였다. 연구 결과, 교장의 변혁적 리더십이 교사의 팔로워십에 유의한 영향을 주는 것으로 보고되었다.

③ 매개변수 분석

강경석, 강경수(2006)는 교장의 변혁적 리더십과 학교 조직 효과성 간의 관계에서 교사 팔로워십의 매개효과를 분석하였다. 이 연구에서 매개변수인 교사 팔로워십은 독립적·비판적 사고와 적극적·능동적 참여로, 학교 조직 효과성을 교사의 직무만족, 직무성과, 조직적응성, 조직몰입으로 규정하였다. 서울, 경기, 인천 지역 초·중등학교 교사를 대상으로 설문조사를 실시하고 수집된 설문지 1,105부를 구조방정식모형으로 분석하였다. 분석 결과, 교장의 변혁적 리더십과 학교 조직 효과성 간의 관계에 교사 팔로워십의 긍정적인 매개효과가 있음을 보고하였다.

이정란, 이윤식(2014)은 교장의 변혁적 리더십과 학교 조직 효과성 간의 관계에서 교사 팔로워십과 교사 컬리그십(colleagueship)의 매개효과를 분석하였다. 이 연구에서는 교사 팔로워십을 독립적·비판적 사고와 적극적·능동적 참여로, 학교 조직 효과성을 교사의 직무만족, 조직적응, 직무성과로 설정하였다. 인천 지역 초등학교 교사를 대상으로 설문조사를 실시하고, 회부된 1,012부를 구조방정식모형으로 분석하였다. 분석 결과, 교장의 변혁적 리더십은 학교 조직 효과성에 직접적으로 유의한 효과를 주지 못하는 반면, 교사의 팔로워십과 교사의 컬리그십의 매개효과가 큰 것으로 나타났다.

유길한(2018)은 교장의 변혁적-권위적 리더십과 학교효과성 간의 관계 분석에서 교사 팔로워십의 매개효과를 분석하였다. 이 연구에서는 1차 매개변수로 초등교사의 팔로워십을 설정하였는데, 모범적 개인역량 관리, 학교협력, 학교장 지지, 비판적-독립적 사고를 요인으로 하였다. 2차 매개변수는 학교만족, 사회-경제적 만족을 요인으로 하는 초등교사의 개인효과성을 설정하였다. 경남지역의 초등교원 500명을 대상으로 설문조사를 실시하고 구조방정식모형으로 분석하였다. 분석 결과, 교장의 권위적 리더십보다 변혁적 리더십이 교사의 팔로워십에 미치는 영향력이 더 컸고, 교사의 팔로워십은 교사의 개인효과성에 유의미한 영향을 주었으며, 개인효과성은 학교효과성을 높이는 것으로 보고되었다.

(2) 학생 팔로워십 연구

학생 팔로워십 연구는 교사리더십의 연구 차원에서 논의되었다. 대학생을 대상으로 한 학생 팔로워십 연구를 제외하고 초·중등학생을 대상으로 한 팔로워십 연구를 살펴보면 다음과 같다.

① 초등학생의 팔로워십

고현국, 권동택(2020)은 초등학교 담임교사의 변혁적 리더십, 학생의 팔로워십, 학교생활만족 간 구조적 관계를 분석하면서 교사-학생의 LMX의 조절효과를 분석하였다. 이 연구에서는 초등학생의 팔로워십을 '학생이 교사와 함께 학급의 목표를 달성하기 위해 스스로 사고하고 능동적으로 참여하는 과정'으로 정의하고, 교사-학생의 LMX는 교환관계의 질로 규정하였다. 세종특별자치시에 소재한 5개 초등학교 5, 6학년 학생 914명을 대상으로 설문조사를 실시하고, 회수된 설문지는 구조방정식모형으로 분석하였다. 분석 결과, 담임교사의 변혁적 리더십이 학생의 학교생활만족도에 미치는 영향에서 학생의 팔로워십은 부분적으로 매개효과를 보였다. 또한, 담임교사의 변혁적 리더십이 학생의 팔로워십에 미치는 영향과 학생의 팔로워십이 학교생활만족도에 미치는 영향에서 교사−학생의 LMX에 따른 조절효과가 확인되었다.

② 중학생의 팔로워십

최재희(2012)는 중학생이 지각하는 변혁적 리더십과 팔로워십 그리고 무용몰입의 관계를 분석하였다. 이 연구에서는 Kelley의 연구에 기반하여 학생의 팔로워십을 능동성과 독립성으로 구분하였다. 전북과 충남 지역 중학교 2, 3학년 학생 292명을 대상으로 설문조사를 실시하고, 회수된 설문지는 회귀분석을 실시하였다. 분석 결과, 변혁적 리더십과 무용몰입의 관계에서 팔로워십의 매개효과를 확인하였다.

(3) 기타 연구

교육팔로워십의 기타 연구로는 교사 팔로워십 측정도구 개발 등이 있다.

신보현(2016)은 교사의 팔로워십을 측정하기 위한 도구를 개발하였다. 이 연구에서는 선행연구 고찰, 개방형 설문조사, 전문가협의를 통해 구성요인을 탐색하고, 내용 타당도 및 안면 타당도 검증과 1, 2차 설문조사를 통해 문항 개발 및 타당도 검증을 하였다. 이러한 연구 과정을 통해, 8개의 구성요인과 32개 하위요인, 36개 문항으로 구성된 교사 팔로워십 측정도구를 제시하였다.

요약

제4차 산업혁명의 시대라고 명명되는 현대 사회에서 구성원의 역할에 대한 관심이 높아지고 있다. 분산, 협업, 공유의 가치가 부각되면서 리더십 연구의 관심도 리더 중심의 논의에서 구성원으로 이동하였다. 이제 구성원을 리더의 지시나 영향력을 수동적으로 따르는 부하, 추종자, 하급자로 인식하는 시대는 지났다.

지난 반세기 넘게 연구된 교육리더십에서도 리더에게 집중되었던 편향된 시각에서 벗어나 구성원에 대한 관심이 고조되고 있다. 그러나 아직까지 교육리더십 연구에 비해 교육팔로워십에 관한 연구는 활발하지 않다. 지금까지 교육행정학 분야에서는 주로 교장의 리더십에 대응하는 교사의 팔로워십에 주목하였다. 그러나 교사의 팔로워십 연구는 일반 팔로워십 이론을 적용하여 개념화하고, 관련 변수와의 관계를 분석하는 등 연구 주제, 연구 대상, 연구 방법 측면에서 매우 제한적인 수준에 머물러 있다.

제10장 '교육리더십과 교육팔로워십'에서는 팔로워십의 역사적 배경, 개념, 유형을 소개하였다. 역사적 배경으로는 팔로워십과 관련된 호혜적 리더십, 경로–목표 이론, LMX 이론을 설명하였고, Kelley(1988, 1992)가 제시한 개념과 유형을 정리하였다. 또한, 교육팔로워십의 개념과 선행연구를 정리하였다. 교육팔로워십의 개념은 교육리더십과의 상호작용, 결합, 개발과 승계, 대안의 관점에서 정리하였다. 선행연구로는 교사의 팔로워십에 관한 연구, 학생의 팔로워십에 관한 연구, 기타 교사 팔로워십 측정도구에 관한 연구의 주요 내용을 소개하였다.

논의 및 연구 문제

● 교육리더와 교육팔로워의 역할은 어떤 차이가 있는가?

● 효과적인 교육혁신을 위해 교육리더십과 교육팔로워십은 어떤 관계로 설정되어야 하는가?

● 교사리더십의 관점에서 교육팔로워십은 어떻게 해석될 수 있는가?

● 선행연구에서 확인된 교육팔로워십의 연구 주제, 연구 대상, 연구 방법의 한계는 무엇이고 이를 극복하기 위해 어떤 연구가 필요한가?

● 교육팔로워십을 개발하기 위한 방법과 내용은 무엇인가?

참고문헌

강경석, 강경수(2006). 학교장의 변혁적 리더십, 교사 임파워먼트, 팔로워십, 학교장 신뢰 및 학교조직 효과성 간의 관계. 한국교육, 34(3), 73–101.

고현국, 권동택(2020). 초등학생이 인식하는 담임교사의 변혁적리더십, 학생의 팔로워십, 학교생활만족도 간의 구조적 관계: 교사–학생 교환관계의 조절효과를 중심으로. 초등교육학연구, 27(1), 27–52.

권동택(2007). 초등학교조직에서 학교장의 리더십과 교사의 팔로워십 간 관계에 미치는 LMX의 매개효과. 초등교육연구, 20(2), 53–74.

김미연(1996). 교장의 변혁지향적 지도성과 교사의 추종성(followership)에 관한 연구. 서강대학교 교육대학원 석사학위논문.

김민균(2012). 초등교사들이 지각하는 남교장과 여교장의 변혁적 리더십과 교사 팔로워십과의 관계 분석. 인천대학교 대학원 석사학위논문.

서지영(2012). 교사의 팔로워십 유형과 교원 성과급간의 관계. 경인교육대학교 교육대학원 석사학위논문.

신보현(2016). 교사의 팔로워십 측정도구 개발 및 타당화. 인천대학교 대학원 박사학위논문.

신유근(1999). 인간존중의 경영. 서울: 다산출판사.

오점록(1998). 리더십, 팔로워십의 특성과 자기 임파워먼트가 군 조직 유효성에 미치는 영향. 경희대학교 대학원 박사학위논문.

유길한(2018). 초등교사 팔로워십의 매개효과 분석: 변혁적 지도성과 권위적 지도성이 학교효과성에 주는 차이. 교육행정학연구, 36(1), 275–301.

이정란, 이윤식(2014). 교장의 변혁적 리더십과 학교조직효과성 간의 관계에서 교사 팔로워십과 교사 컬리그십의 매개효과. 교육행정학연구, 32(4), 79–107.

주현준(2017). 사회변화와 혁신을 선도하는 미래의 교육리더십에 관한 시론적 고찰. 교육정치학연구, 24(2), 29–50.

주현준, 김민희, 박상완(2014). 교육지도성. 경기: 양서원.

최재희(2012). 중학생이 지각하는 지도자의 변혁적 리더십과 팔로워십 및 무용몰입의 관계. 한국체육과학회지, 21(5), 931-946.

최준원(2015). 팔로워십 척도 개발 및 타당화: 영리기업 구성원의 역량을 중심으로. 서울대학교 대학원 박사학위논문.

Alcorn, D. S. (1992). Dynamic followership. *Management Quarterly, 33*(1), 9-13.

Bass, B. M. (1985). *Leadership and performance beyond expectations.* New York, NY: The Free Press.

Carson, J. B., Tesluk, P. E., & Marrone, J. A. (2007). Shared leadership in teams: An investigation of antecedent conditions and performance. *Academy of Management Journal, 50*(5), 1217-1234.

Chaleff, I. (1995). *The courageous follower.* San Francisco, CA: Berrett-Koehler Publishers.

Chaleff, I. (2003). *The courageous follower* (2nd ed.). San Francisco, CA: Berrett-Koehler.

Conger, J. A., & Kanungo, R. N. (1987). Toward a behavioral theory of charismatic leadership in organizational settings. *Academy of Management Review, 12*(4), 637-647.

Crippen, C. (2012). Enhancing authentic leadership-followership: Strengthening and school relationships. *Management in Education, 26*(4), 192-198.

Dansereau, F., Graen, G. B., & Haga, W. (1975). A vertical dyad linkage approach to leadership in formal organization. *Organizational Behavior and Human Performance, 13*, 46-78.

Evans, M. G. (1970). The effects of supervisory behavior on the path-goal relationship. *Organizational Behavior and Human Performance, 5*(3), 277-298.

Follett, M. P. (1924) *Creative experience.* New York: Longmans Green.

Graen, G. B. (1976). Role-making process within complex orgzanizations. In M. D. Dunnette (Ed.), *Handbook of industrial and organizational psychology* (pp. 1202-1245). Chicago: Rand McNally.

Graen, G. B., & Cashman, J. (1975). A role-making model of leadership in formal organizations: A developmental approach. In J. G. Hunt & L. L. Larson (Eds.), *Leadership frontiers* (pp: 143-166). Kent, OH: Kent State University Press.

Hollander, E. P. (1992). The essential interdependence of leadership and followership. *Current Directions in Psychological Science, 1*(2), 71−75.

House, R. J. (1971). A path goal theory of leader effectiveness. *Administrative Science Quarterly, 16*(3), 321−339.

House, R. J., & Dessler, G. (1974). The path−goal theory of leadership: Some post hoc and a priori tests. In J. Hunt & L. Larson (Eds.), *Contingency approaches in leadership* (pp. 29−55). Carbondale, IL: Southern Illinois University Press.

Kellerman, B. (2007). What every leader needs to know about followers. *Harvard Business Review, 85*(12), 84−91.

Kellerman, B. (2008). *Followership: How followers are creating change and changing leaders*. Boston, MA: Harvard Business School Publishing.

Kelley, R. E. (1988). In praise of followers. *Harvard Business Review, 66*(6), 142−148.

Kelley, R. E. (1992). *The power of followership: How to create leaders person want to follow and followers who lead themselves*. New York: Doubleday Currency.

Liden, R. C., & Graen, G. B. (1980). Generalizability of the vertical dyad linkage model of leadership. *Academy of Management Journal, 23*(3), 451−465.

Meindl, J. R. (1995). The romance of leadership as a follower−centric theory: A social constructionist approach. *The Leadership Quarterly, 6*(3), 329−341.

Northouse, P. G. (2016). *Leadership: Theory and practice* (7th ed.). California: Sage.

Pearce, C. L., & Conger, J. A. (2003). *Shared leadership: Reframing the hows and whys of leadership*. Thousand Oaks, CA: Sage.

Ponder, D., & Crow, G. (2005). Sustaining the pipeline of school administrators. *Educational Leadership, 62*(8), 56−60.

Potter, E., & Rosenbach, W. (2006). Followers as partners: The spirit of leadership. In W. Rosenbach & R. Taylor (Eds.), *Contemporary Issues in Leadership*. Boulder, CO: Westview Press.

Russell, M. (2003). Leadership and followership as a relational process. *Educational Management and Administration, 31*(2), 145−158.

Steger, J., Manners, G., & Zimmerman, T. (1982). Following the leader: How to link management style to subordinate personalities. *Management Review, 82*(10), 22−28.

Thody, A. M. (1994). *School governors: Leaders or followers?*. Harlow: Longman.

Thody, A. M. (1997). Challenge, change and continuity: An exploration of developments in leadership and followership. In T. D'Arbon (Ed.), *Pathways to educational administration*. Melbourne: ACEA.

Thody, A. M. (2000). Followership or followersheep? An exploration of the values of non-leaders. *Management in Education, 14*, 15–18.

Thody, A. M. (2001). Non-leadership and children's leadership skills. Unpublished conference article, Universities' Council for Educational Administration, USA.

Thody, A. M. (2003). Followership in educational organizations: A pilot mapping of the territory. *Leadership and Policy in Schools, 2*(2), 141–156.

Uhl-Bien, M., & Marion, R. (2008). *Complexity leadership*. Charlotte, NC: Information Age.

Weber, M. (1946). *From Max Weber: Essays in sociology*. New York, NY: Oxford University Press.

Yukl, G., & Tracey, J. B. (1992). Consequences of influence tactics used with subordinates, peers, and the boss. *Journal of Applied Psychology, 77*(4), 525–535.

Zaleznik, A. (1965). The dynamics of subordinacy. *Harvard Business Review, 43*(3), 119–131.

<부록 10-1> 팔로워십 질문지(Followership Questionnaire)

	Key:	0	1	2	3	4	5	6	
		전혀 그렇지 않다		보통이다			매우 그렇다		

1. 당신의 일은 당신의 사회적 목표나 개인적 꿈을 성취하는 데 중요합니까?	0 1 2 3 4 5 6
2. 당신의 개인적인 목표는 조직에서 우선으로 하는 목표와 일치합니까?	0 1 2 3 4 5 6
3. 당신은 당신의 일과 조직에 매우 헌신적이고 활력이 넘치게 최고의 아이디어를 제시하고 업무를 수행합니까?	0 1 2 3 4 5 6
4. 당신의 열정은 동료들에게 전파되어 활력을 주고 있습니까?	0 1 2 3 4 5 6
5. 당신은 리더의 지시를 기다리거나 단순히 받아들이는 대신, 조직의 우선 목표를 달성하는 데 가장 중요한 활동이 무엇인지 파악하고 있습니까?	0 1 2 3 4 5 6
6. 당신은 리더와 조직에 더욱 가치 있는 구성원이 되기 위해 중요한 활동에서 차별화된 역량을 적극적으로 개발하고 있습니까?	0 1 2 3 4 5 6
7. 새로운 일이나 과업이 시작될 때, 당신은 리더에게 중요한 과업의 성공 기록을 즉시 작성합니까?	0 1 2 3 4 5 6
8. 리더는 당신에게 최고 품질의 작업으로 마감 시간을 맞추고, '틈을 메울 것'을 알면서 많은 혜택 없이 어려운 과업을 줄 수 있습니까?	0 1 2 3 4 5 6
9. 당신은 당신의 업무 이상의 과업을 찾아 성공적으로 완수하기 위해 주도적으로 행동합니까?	0 1 2 3 4 5 6
10. 당신은 집단 프로젝트의 리더가 아닐 때에도 종종 자신의 일보다 더 많은 일을 하면서 높은 수준으로 기여합니까?	0 1 2 3 4 5 6
11. 당신은 리더 또는 조작의 목표 달성에 크게 공헌할 새로운 아이디어를 독립적으로 생각하고 옹호합니까?	0 1 2 3 4 5 6
12. 당신은 리더가 당신을 위해 문제를 해결해 주기를 기대하기보다 스스로 어려운 문제(기술적 또는 조직적)를 해결하기 위해 노력합니까?	0 1 2 3 4 5 6
13. 당신은 당신의 공로를 인정받지 못한 경우에도 다른 동료들이 인정받도록 도와줍니까?	0 1 2 3 4 5 6
14. 당신은 필요한 경우 악역을 하면서 리더 또는 집단이 아이디어나 계획의 긍정적인 잠재력과 부정적인 위험을 모두 볼 수 있도록 합니까?	0 1 2 3 4 5 6
15. 당신은 리더의 요구, 목표, 제약 사항을 이해하고 이를 총족시키기 위해 열심히 노력합니까?	0 1 2 3 4 5 6
16. 당신은 평가를 회피하기보다 자신의 장점과 단점을 적극적이고 정직하게 인정합니까?	0 1 2 3 4 5 6
17. 당신은 리더가 지시한 대로 하기보다 리더의 결정이 얼마나 지혜로운지 속으로 질문해 보는 습관이 있습니까?	0 1 2 3 4 5 6
18. 당신은 리더가 당신의 직업적 또는 개인적 선호에 반하는 일을 시킬 때 '예'가 아니라 '아니요'라고 말합니까?	0 1 2 3 4 5 6
19. 당신은 리더 또는 집단의 기준이 아닌 자신의 윤리적 기준에 따라 행동합니까?	0 1 2 3 4 5 6
20. 당신은 중요한 문제에 있어 집단과의 갈등이나 리더의 보복이 예상되더라도 당신의 견해를 주장합니까?	0 1 2 3 4 5 6

출처: 'Kelley, R. E. (1992). *The power of followership: how to create leaders person want to follow and followers who lead themselves*. New York: Doubleday Currency.'를 이 책에 맞게 번역하였음.

〈원문〉

Key:	0 1 2 3 4 5 6
	Rarely Occasionally Almost/Always

1. Does your work help you fulfill some societal goal or personal dream that is important to you?	0 1 2 3 4 5 6
2. Are your personal work goals aligned with the organization's priority goals?	0 1 2 3 4 5 6
3. Are you highly committed to and energized by your work and organization, giving them your best ideas and performance?	0 1 2 3 4 5 6
4. Does your enthusiasm also spread to and energize your coworkers?	0 1 2 3 4 5 6
5. Instead of waiting for or merely accepting what the leader tells you, do you personally identify which organizational activities are most critical for achieving the organization's priority goals?	0 1 2 3 4 5 6
6. Do you actively develop a distinctive competence in those critical activities so that you become more valuable to the leader and the organization?	0 1 2 3 4 5 6
7. When starting a new job or assignment, do you promptly build a record of successes in tasks that are important to the leader?	0 1 2 3 4 5 6
8. Can the leader give you a difficult assignment without the benefit of much supervision, knowing that you will meet your deadline with highest−quality work and that you will "fill in the cracks" if need be?	0 1 2 3 4 5 6
9. Do you take the initiative to seek out and successfully complete assignments that go above and beyond your job?	0 1 2 3 4 5 6
10. When you are not the leader of a group project, do you still contribute at a high level, often doing more than your share?	0 1 2 3 4 5 6
11. Do you independently think up and champion new ideas that will contribute significantly to the leader's or the organization's goals?	0 1 2 3 4 5 6
12. Do you try to solve the tough problems (technical or organizational), rather than look to the leader to do it for you?	0 1 2 3 4 5 6
13. Do you help out other coworkers, making them look good, even when you don't get any credit?	0 1 2 3 4 5 6
14. Do you help the leader or group see both the upside potential and downside risks of ideas or plans, playing the devil's advocate if need be?	0 1 2 3 4 5 6
15. Do you understand the leader's needs, goals, and constraints, and work hard to help meet them?	0 1 2 3 4 5 6
16. Do you actively and honestly own up to your strengths and weaknesses rather than put off evaluation?	0 1 2 3 4 5 6
17. Do you make a habit of internally questioning the wisdom of the leader's decision rather than just doing what you are told?	0 1 2 3 4 5 6
18. When the leader asks you to do something that runs contrary to your professional or personal preferences, do you say "no" rather than "yes"?	0 1 2 3 4 5 6
19. Do you act on your own ethical standards rather than the leader's or the group's standards?	0 1 2 3 4 5 6
20. Do you assert your views on important issues, even though it might mean conflict with your group or reprisals from the leader?	0 1 2 3 4 5 6

출처: Kelley, R. E. (1992). *The power of followership: how to create leaders person want to follow and followers who lead themselves.* New York: Doubleday Currency.

제11장

교육리더십 개발과 훈련

교육리더십의 중요성이 강조되면서 좋은 리더를 양성하기 위한 개발과 훈련에 대한 관심이 높다. 이에 교육리더십 개발 및 훈련을 위한 각종 프로그램이 제공되고 있다. 제11장에서는 교육리더십 개발과 훈련의 개념과 역사를 정리하고, '분석-설계-실행-평가'의 단계로 프로그램 모형을 설명하였다. 마지막으로, 교육리더십 개발 및 훈련을 둘러싼 쟁점을 소개하였다.

1 교육리더십 개발과 훈련의 개념과 역사

1) 교육리더십 개발과 훈련의 개념

교육리더십을 발달시키기 위한 목적으로 수행되는 개발 및 훈련은 다양한 용어로 설명된다. 이 장의 제목인 개발(development)과 훈련(training)을 비롯하여 교육(education), 준비(preparation), 개선(improvement) 등이 대표적인 용어이다. 이러한 용어들은 '특정한 지식, 기술, 역량 등을 가르쳐서 발달시킨다.'는 공통된 의미를 내포한다. 그리고 교육리더십 프로그램은 특강, 워크숍 등 짧은 시간에 이루어지는 단기 활동과 자격연수, 대학원 학위과정 등 수개월 또는 수년에 걸친 장기 활동으로 설계된 경우로 구분된다. 따라서 교육리더십 개발 및 훈련을 위한 프로그램은 '참여자가 일정한 목표나 기준에 도달할 수 있도록 의도적으로 계획된 장·단기 활동'이라고 정의할 수 있다.

기본적으로 교육리더십 개발은 '리더십은 후천적으로 개발 가능한 것'이라는 전제 조건에서 시작된다. 즉, 리더십은 '선천적으로 타고나는 것이 아니라 다양한 활동을 통해 후천적으로 개발될 수 있다.'는 주장에 근거한다(Holt, 1993; Hughes, Ginnett, & Curphy, 1993; Pernick, 2001). 그러나 리더십 연구에서 '리더십의 선천성과 후천성 논쟁'은 아직까지 명확하게 증명되었다고 보기 어렵다. 기존 연구에서는 리더십의 후천적 개발 가능성에 대해 상반된 주장을 하거나, 두 가지 입장을 절충하는 의견(박우순, 1999; Arvey, Rotundo, Johnson, Zhang, & McGue, 2006; Burns, 1985; Johnson et al., 1998; Maccoby, 2000)에 머물러 있다. 교육리더십 개발과 훈련에서 '선천성과 후천성 논쟁'은 매우 중요하다. 만약 리더십이 천성적으로 얻어지는 개인의 특성이라면 후천적인 개발과 훈련은 더 이상 무의미하기 때문이다.

한편, '리더십의 선천성과 후천성 논쟁' 이외에도 프로그램의 '형식성과 무형식성'에 관한 논쟁이 있다. 일반적으로 리더십 개발 프로그램은 공식적 훈련, 개발활동, 자습활동 등으로 구분(Yukl, 2002)되거나 이러한 활동들의 상호연계 프로그램이 제안되어 왔다. 그러나 리더십이 의도적으로 계획된 형식적인 프로그램을 통해서만 길러진다고 보기 어렵다는 주장도 있다. 이 주장의 핵심은 리더십 개발이 주어진 환경이나 개인적인 경험 등 의도하지 않은 상황 속에서 자연스럽게 학습되는 무형식적인 형태로 이루어짐을 배제할 수 없다는 것이다. 이와 같은 논쟁이 여전히 명확하게 결론지어지지 못한 상황에도 교육리더십 개발과 훈련에 막대한 투자가 이루어지고 있다는 점은 주목할 만한 현상이다(주현준, 2007).

2) 교육리더십 개발과 훈련의 역사

교육리더십 연구에서 개발과 훈련은 중요하게 다루어진 주제 중 하나이다. 그 이유는 효과적인 교육리더십이 단위학교를 변화시키고 나아가 지역과 국가의 교육개혁을 이룩하기 위한 필수요소라는 인식이 제고되고 있기 때문이다. 또한, 최근 학교 교육에 대한 이해관계자들의 요구가 더 다양해지고 학교를 둘러싼 환경이 급속도로 변화함에 따라 교육리더의 역할과 범위도 변화하고 있기 때문이기도 하다. 이러한 맥락에서 현재에 주체적으로 대처하고 미래를 혁신적으로 이끌어 갈 수 있는 교육리더를 확보하기 위한 교육리더십의 개발과 훈련의 필요성이 부각되고 있다. OECD 국가들은 우수한 교육리더의 확보와 교육리더십 개발을 위한 관련 각종 프로그램을 개발하여 운영하고 있다(박상완, 2018).

전통적으로 교육리더십 개발과 훈련은 교육행정가에 초점을 두었다. 미국과 영국을 중심으로 교육행정가의 리더십을 함양시키기 위한 시도가 지난 19세기에 시작되어 현재까지 활발하게 지속되고 있다. 미국의 경우, 19세기 말에 교육감을 대상으로 하는 훈련 프로그램이 시작되었고(Gregg, 1960: 19), 1879년에는 교장의 리더십 개발을 위한 공식 프로그램이 미시간대학교에 최초로 개설되었다(Callahan & Button, 1964: 73). 1970년대 이후 현재까지 대학을 중심으로 활발한 프로그램이 운영되고 있다. 한편, 영국에서는 19세기에 교사와 교육행정가를 위한 석사학위 제도가 시작되었다(Shanks, 1987: 122). 1960년대에는 London

Institute of Education에 최초로 교육전문가 과정이 개설되었으며, 1970년대에는 CCEAM(Commonwealth Council for Educational Administration and Management)과 BEMAS(British Educational Management and Administration Society) 등과 같은 기관에서 전문적인 교육경영 역량을 개발하기 위한 학위 프로그램이 제공되기 시작하였다(Bush, 1999: 240; Ribbins, 1997: 211). 1990년대에는 역량기반경영관리이론(competency−based management theory)이 교장을 위한 리더십 개발 프로그램의 교육내용과 실행에 상당한 영향을 주었다(Bone, 1992). 역량이론에 기반한 리더십 개발의 대표적인 실천 사례는 NCSL(National College for School Leadership)[1]이 제공하였던 학교장리더십 역량 개발 프로그램이 있다. 2000년 11월에 시작된 NCSL은 2013년 NCTL(National College for Teaching and Leadership)로 변경된 후 2018년 3월 31일자로 폐지되었다(박상완, 2021).

　교육리더의 역할과 범위가 변화함에 따라 교장으로 대표되는 교육행정가에 초점을 두었던 전통적인 관점은 변화되고 있다. 21세기 교육리더십은 다양한 집단 및 관련 조직과의 유기적 연계와 협력을 강조한다. 이와 같이 교육리더의 역할과 범위가 변화됨에 따라 교육리더십 개발과 훈련도 다양한 대상으로 확대되고 있다. 학교 수준에서는 교사, 부장교사, 교감 및 교장에 이르는 경력 단계 전반에 적용되고(Bush, 2008), 지역 및 국가 수준에서도 활발하게 전개되고 있다.

1　NCSL은 학교행정가를 위한 지원과 학교리더십(school leadership) 개발을 위해 설립된 공립 기관이다. 1998년 영국 수상인 Tony Blair가 'New Heads Conference'에서 최초로 언급한 후 2000년 11월에 시작되었다. 7명의 교육전문가로 구성된 'Leadership Team'이 학교장의 리더십 역량을 개발하기 위한 프로그램의 연구과 시행을 주도하였고, 런던 북쪽에 위치한 노팅엄대학교에 본부를 두었다. NCSL은 2013년 4월 1일자로 Teaching Agency와 통합되어 NCTL로 변경된 후, 2018년 4월 1일자로 다시 교육부(Department for Education)와 TRA(Teaching Regulation Agency)로 업무가 이관되었다.

2 교육리더십 개발과 훈련 프로그램 모형

프로그램의 어원은 '칙령' 또는 '포고'라는 의미의 희랍어 'prographein'이다. 'prographein'은 사전을 의미하는 'pro'와 기술을 의미하는 'graphein'이 결합된 용어이다. 오늘날 프로그램은 계획, 행사, 안내, 목차 등과 같은 일상적인 언어로 사용되는 경우가 있는 반면, 교육과정, 코스, 과목, 단원, 수업 등과 같이 교육 분야의 독특한 전문용어로 쓰이는 경우도 있다(김진규, 2002: 9).

프로그램 개발은 '무엇을 어떻게 학습하고 가르칠 것인가'의 문제에 답을 제공하는 활동 중 하나이다(권대봉, 조대연, 2013). 따라서 프로그램을 개발하기 위해서는 사전에 프로그램의 특징, 유형, 종류 등을 철저하게 살펴야 한다. 프로그램 특징은 기본적인 요건인 목적성, 조직성, 계획성, 보증성, 통제성을 의미한다(변창진, 1994). 그리고 프로그램의 유형 및 종류는 구조화의 정도(구조화/비구조화 프로그램), 공인화의 정도(공인/비공인 프로그램), 규모의 크기(소규모/중규모/대규모), 강조의 초점(내용/절차/내용–절차 중심), 내용의 독립성(단일 독립/다수 하위 프로그램), 목적과 용도(교육/훈련–연수/치료/개발/관리/봉사/행사), 구성내용의 영역(인지적/정의적/심동적) 등으로 분류된다(변창진, 1994).

교육리더십(또는 리더십) 프로그램을 개발하는 표준화된 절차가 있다고 보기는 어렵다. 다만 앞서 소개한 프로그램의 특징, 유형, 종류 등을 고려하여 적합한 절차를 구안하게 된다. 프로그램의 개발 절차와 방법을 개념적이고 체계적으로 나타내면서 실제적 상황의 진행을 단순화하여 제시하는 것이 프로그램 개발 모형이다(Finch & Crunkilton, 1999). 프로그램 개발 모형은 교육공학 또는 기업교육 분야에서 주로 탐구되어 왔는데, 교육공학 분야에서는 (교육)프로그램 개발이 교수체제개발(instructional systems development)과 혼용되기도 한다. 교수체제개발은 인간의 교육과 학습의 문제를 해결하기 위하여 체계적이고 체제적인 분석(요구 분석, 학습자 분석, 환경 분석, 직무 및 과제 분석), 설계(수행목표 명세화, 평가도구 개발, 계열화, 교수전략 및 매체 선정), 개발(교수자료 개발, 형성평가 및 수정, 제작), 실행(사용 및 설치, 유지 및 관리)과 평가(총괄평가)의 과정을 통하여 교육훈련 프로그램을 개발하는 것이다(이화여자대학교 교육공학과, 1996). 즉, 교수체제개발은 분석(analysis), 설계(design), 개발(development), 실행(implementation), 평가(evaluation)

의 과정으로 진행되어 'ADDIE 모형'으로 불린다(정재삼, 1998).

한편, 기업교육 분야에서는 성인교육(andragogy)의 원리에 근거하여 프로그램 개발 모형이 제안되었다. 전통적인 모형으로는 Tyler(1949)의 기술–합리 모형, Knowles(1970)의 안드라고지 모형, Houle(1972)의 자연주의 모형, Nadler(1970)의 비판적 모형 등이 있다. 이러한 전통적 모형은 미묘한 차이가 있지만 공통적으로 '기획(요구분석 및 결정)–설계/운영(교수학습 내용 및 활동 계획)–평가(결과 측정 및 효과)'의 절차로 설명된다. 1990년대 중반 이후부터는 전통적 모형의 한계를 비판하면서 정치협상 모형(Cervero & Wilson, 1994), 통합모형(Caffarella, 1998) 등 대안 모형이 제시되었다.

선행연구(김도기 외, 2015; 김이경, 박상완, 김갑성, 2020; 허병기 외, 2011)에서는 일정한 과정과 절차에 따라 교육리더십 개발 및 훈련을 위한 프로그램을 연구하였다. 허병기 등(2011)은 분석(문헌, 현황, 요구도 등) 과정을 거쳐 교장리더십 교육 프로그램을 설계하였고, 김도기 등(2015)은 분석(문헌, 현황, 요구도, 사례 등)을 통해 교장리더십 역량을 도출하고 새로운 교육과정을 제안하였다. 이 장에서는 앞서 소개한 교육공학과 기업교육 분야의 모형에 근거하여 교육리더십 프로그램 모형을 다음과 같이 제시하였다. 1단계 분석은 교육리더십 표준을 개발하는 과정으로 직무표준이나 역량모델링 등을 개발한다. 2단계 설계는 분석 단계에서 개발된 직무표준 또는 역량모델을 기초로 교육내용과 방법 등을 계획하는 단계이다. 3단계 실행은 계획에 따라 실제 프로그램을 운영하는 단계이고, 4단계 평가는 프로그램 결과 및 효과를 측정하는 과정이다.

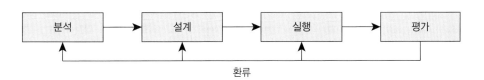

[그림 11-1] 교육리더십 개발 및 훈련 프로그램 모형

1) 분석

교육리더십 개발 및 훈련 프로그램 모형의 1단계는 '분석'이다. 분석 단계에서는 교육리더십 개발 및 훈련 프로그램 설계의 기초가 되는 기준(틀)을 도출한다.

전 세계 모든 국가가 교육리더십 기준(틀)을 필수적으로 제시하는 것은 아니지만, 1990년대 중반 이후 다수의 OECD 국가에서는 교육리더십 개발 및 훈련 기준을 마련하고 있다. 이러한 교육리더십 기준(틀)은 대체로 교장리더십에 초점을 두고 있지만 기본적으로 교육리더가 갖추어야 할 전문성과 역량, 기술을 전반적으로 규정하고 있다(주현준, 김민희, 박상완, 2014).

 교육리더십의 기준(틀)은 이론적 탐색, 현황 분석, 요구 분석, 직무 분석, 사례연구 등 다양한 방법으로 도출된다. 다양한 방법으로 도출된 교육리더십 기준(틀)은 국가마다 상이하다. 예컨대, 미국의 PSEL(Professional Standards for Educational Leaders), 영국의 National Standards for Excellence for Headteacher 2020, 뉴질랜드의 Professional Standard for Primary/Secondary School Principals, 호주의 Australian Professional Standards for Principal/Teacher 등은 국가별 특성과 상황에 따라 다소 차이가 있다. 여기서는 미국의 PSEL을 소개한다.

(1) Professional Standards for Educational Leaders(PSEL)[2]

 2015년 10월 NPBEA(National Policy Board for Educational Administration)는 효과적인 교육리더십의 개념을 규정한 PSEL[3]을 개발하였다. PSEL은 국내에도 잘 알려진 ISLLC(Interstate School Leaders Licensure Consortium)[4] 기준(standards)의 후속 작업으로 진행된 연구에서 도출되었다. CCSSO(Council of Chief State School Officers)는 실증적 연구 결과에 기반하여 1996년 처음으로 ISLLC 기준을 발표하였고, 2008년 한 차례 개정한 바 있다. 1996년과 2008년 ISLLC 기준은 45개 주 이상에서 교육리더십 개발을 위한 기본틀로 사용되었다. 그러나 교육리더가 처한 환경이 급격하게 변화되면서 새로운 시대에 적합한 기준을 마련해야 할 필요에 따라 PSEL이 개발되었다. PSEL은 Adams, Forsyth와 Mitchell(2009) 등 80여 편의 실증적 연구논문을 검토하고, 1,000개 이상의 학교 및 학교구 소속 교육리더를 대상으

---

2 National Policy Board for Educational Administration(2015)과 Council of Chief State School Officers(2016)를 참고하였음.

3 〈부록 11-1〉 참고.

4 〈부록 11-2〉 참고.

로 한 설문조사 및 FGI(focus group interview) 등을 통해 2008년 ISLLC와의 차이점을 확인하였다. 또한, NAESP(National Association of Elementary School Principals), NASSP(National Association of Secondary School Principals), AASA(American Association of School Administrators) 등 각종 단체들과 협력하였고, 최종 기준을 도출하기 위해 두 가지 기준안에 대한 여론조사 과정을 거쳤다. ISLLC와 PSEL의 기준을 비교한 결과는 〈표 11-1〉과 같다.

<표 11-1> ISLLC과 PSEL의 기준(standards) 비교

ISLLC(2008년)	PSEL(2015년)
1. 비전	1. 미션, 비전, 핵심 가치 10. 학교 개선
2. 학교 문화와 수업 프로그램	4. 교육과정, 수업 및 평가 5. 학생 돌봄과 지원의 공동체 6. 학교 인사 관리 역량 7. 교직원들을 위한 전문적 공동체
3. 학교 운영, 관리, 자원 관리	5. 학생 돌봄과 지원의 공동체 6. 학교 인사 관리 역량 9. 학교 운영 및 관리
4. 교직원 및 지역사회 협력	8. 가족 및 지역사회 공동체의 유의미한 참여
5. 윤리	2. 윤리 및 전문적 규범 3. 형평성과 문화적 대응성
6. 정치, 사회, 법, 문화적 맥락	3. 형평성과 문화적 대응성 8. 가족 및 지역사회 공동체의 유의미한 참여

한국의 경우, 개별 연구자 또는 연구기관(한국교육개발원) 차원에서 교장의 직무 표준, 핵심역량, 리더십 역량 등에 관한 연구(김동원, 2012; 김이경, 한만길, 박영숙, 홍영란, 백선희, 2005; 박영호, 2012; 유현숙, 김동석, 고전, 2000; 이차영, 2006; 정일화, 2007; 조경원, 한유경, 서경혜, 조정아, 이지은, 2006; 주삼환, 2005; 주현준, 2007)가 수행되었지만, 국가(교육부) 또는 지역(교육청) 단위에서 공식적으로 교육리더십의 기준(틀)을 개발한 사례는 드물다. 2008년 교육인적자원연수원(현 중앙교육연수원)은 외부 컨설팅 기관에 위탁하여 문헌 분석, FGI, 전문가 협의회, 설문조사 등을 통해

교원(교장/교사) 역량모델을 개발한 사례가 있다(주현준, 2008). 이 모델에서는 교장에게 필요한 역량으로 기반 역량(상호 신뢰, 윤리의식, 원칙 준수, 창의력, 변화주도, 프로세스 개선), 직무 역량(학생고객 이해, 장학능력, 의사결정 능력, 교육계획 수립, 상황대처 능력, 의사소통 능력, 갈등관리 능력), 리더십 역량(공정성, 책임감, 비전제시 및 공유, 긍정적 사고, 솔선수범, 전략적 사고)을 제시하였다. 한편, 교육부 고시(제2019-179호)에서는 정교사, 수석교사, 교(원)감, 교(원)장 자격연수의 표준교육과정을 제시하고 있다. 이 표준교육과정에서는 교원에게 요구되는 영역(기본 역량과 전문 역량), 핵심역량, 정의 및 역량 요소, 주제(예시), 비율을 규정하고 있다. 그러나 이러한 표준교육과정이 어떤 과정을 통해 도출되었는지 명확하지 않다.

국가가 주도적으로 교육리더십 기준(틀)을 규정하는 것에 대한 연구자들의 견해는 다양하다. 교육리더십 기준(틀)의 필요성을 인정하는 입장(Ingvarson, Anderson, Groon, & Jackson, 2006; Pont, Nusche, & Hopkins, 2008)은 교육리더십 기준(틀)이 목표와 가치를 명확하게 제시함으로써 유능한 교육리더를 양성, 선발, 훈련, 평가하는 데 유용하고, 학교와 지역의 특성에 따라 융통성 있게 활용되는 장점을 주장한다. 반면, 교육리더십 기준(틀)은 특정 지식과 가치 체계를 반영하고, 개별 학교나 지역의 특성을 고려하지 못하며, 분산적 리더십과 같은 흐름과도 맞지 않는다는 비판적인 입장(Gronn, 2003; Higham, Hopkins, Ahtaridou, 2007)이 있다. 한편, Leithwood(2001)는 리더십 기준을 효과적인 학교리더에게 '필요하지만 충분하지 않은 것'으로 인식하는 다소 중립적인 입장을 취하였다.

2) 설계

교육리더십 개발 및 훈련 프로그램 모형의 2단계는 '설계'이다. 설계 단계에서는 기본적으로 1단계에서 개발한 기준(틀)을 기초로 목표 설정, 내용 및 방법 결정, 교수전략 수립, 교수자료 개발, 평가계획 준비, 시간, 시기, 일정 조정 등 프로그램 운영에 필요한 전반적인 사항을 결정한다. 이 과정에서는 관련 이론, 기본 원칙, 연구 결과 등이 함께 고려되어야 한다. 교육리더십 개발 및 훈련에 영향을 미친 이론은 성인학습 이론, 평생학습, 행위이론, 구성주의, 공동체 이론 등으로 매우 광범위하다. 또한, 프로그램 설계에서는 기본 원칙이 준수되어야 한다. 이와 관련하여 박상완(2018)은 교육리더십 개발 및 훈련 프로그램에서 고려해야 할 기본 원칙을 〈표 11-2〉와 같이 제시하였다.

<표 11-2> 교육리더십 개발 및 훈련 프로그램 기본 원칙

기본 원칙	주요 내용
프로그램의 목표 명료화	국가의 공교육 목표, 학교 교육의 결과 등을 명확하게 규정하고 정의해야 함
프로그램의 유기적 연계	리더십 발달 단계별 프로그램 간 및 프로그램 제공 기관 간 연계해야 함
전문적 리더십 기술과 조직 기술 간의 조화	일반적으로 적용되는 리더십 기술과 개별적인 상황(다양한 학교 및 지역 맥락)에 적합한 리더십 기술을 동시에 고려해야 함
연구과 이론에 기반을 둔 프로그램 설계	정부 정책, 사회적 요구, 학교 구성원 요구 등을 반영하면서 동시에 이론 및 연구에 토대를 두어야 함

출처: 박상완(2018)을 이 책에 맞게 수정하였음.

박상완(2018)은 앞서 정리한 '교육리더십 개발 및 훈련 프로그램의 기본 원칙' 가운데 '프로그램의 유기적 연계'와 관련하여 교육리더십의 발달 단계에 따라 〈표 11-3〉과 같이 직전교육, 입문교육, 현직교육으로 구분하였다.

<표 11-3> 교육리더십 발달 단계에 따른 교육

교육 프로그램	주요 내용
직전교육	• 정의: 교장 직무수행을 시작하기 전 단계에 실시하는 교육 • 대상: 교장직을 희망하는 교원, 교장으로 선발된 후 직무수행 전 단계에 있는 교사 등
입문교육	• 정의: 교장 경력 초기 단계에 실시하는 교육 • 대상: 초임 교장, 교장 이외 관리자 등
현직교육	• 정의: 교장 직무수행 중 실시하는 현직연수 교육 • 대상: 현직 교장, 교장 이외 관리자 등

출처: 박상완(2018)을 이 책에 맞게 수정하였음.

직전교육, 입문교육, 현직교육은 각 단계의 성격에 따라 교육목표, 교육내용, 교육방법 등을 설계하면서 유기적인 연계를 통해 상호보완적으로 활용될 수 있다.

이와 관련하여, 주현준 등(2014)은 교원의 경력에 따라 단계별로 필요한 리더십 교육을 실시함으로써 미래의 교육리더를 양성하는 방안으로 교육리더십 파이프라인(educational leadership pipeline) 모형([그림 11-2] 참조)을 제시한 바 있다. 이 모형은 학교 조직의 성장과 발전을 위해 내부 구성원의 리더십 역량을 함양하여 교육리더로 성장시키고자 하는 것으로 학교 구성원의 경력이 전환되는 시기에 따라 구분하였다. 제1전환기는 신규 교사로 임용된 이후 부장 교사로 성장하는 단계이다. 이 단계는 자기관리자에서 팀관리자로 변모하는 기간으로 볼 수 있다. 신규 교사는 주어진 업무를 철저하게 완수하는 자기관리의 역할이 요구되지만, 부장급 교사는 자신의 업무뿐만 아니라 부서의 업무까지 책임지는 팀리더의 역량이 필요하다. 제2전환기는 부장급 교사에서 교감으로 성장하는 단계로서 팀리더에서 조직의 리더로 변모되는 시기이다. 마지막 제3전환기는 조직리더로서 교장의 역할을 수행하는 단계이다.

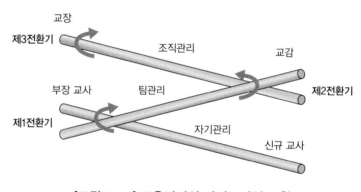

[그림 11-2] 교육리더십 파이프라인 모형

출처: 주현준 외(2014: 76).

교육리더십 개발 및 훈련 프로그램은 국가(지역)에서 설립한 기관, 대학(원), 사설 기관 등을 통해 설계되고 운영된다. 각 기관에서는 프로그램의 목적에 따라 연수과정, 직무과정, 자격과정, 학위과정, 비학위과정 등을 제공한다. 여기서는 국내 사례로 한국교원대학교 종합교육연수원의 '교장자격연수 프로그램'을 소개한다.

(1) 한국교원대학교 종합교육연수원 교장자격연수[5]

한국교원대학교 종합교육연수원의 교장자격연수는 「교육공무원법」 제39조, 「교원 등의 연수에 관한 규정」 제6조 제3항, 「교원 등의 연수에 관한 규정 시행규칙」 제7조 및 별표4에 따라 표준교육과정[6]을 기준으로 설계된다. 2022년도에는 '자율적ㆍ혁신적 학교 운영을 통한 모두를 위한 교육 실현'을 기본 방향으로 설정하고 세부 방향을 다음과 같이 설정하였다.

① 첫째, 학교운영의 혁신(기획과 경영)
- 민주적이고 자율적인 학교운영 능력 배양
- 조직의 동기부여, 성과관리 등 교장리더십 역량 함양
- 합리적 의사소통 능력 및 갈등 조정ㆍ해결 능력 배양

② 둘째, 교육ㆍ행정 관리 역량 제고(교육ㆍ행정 관리)
- 수업혁신 및 구성원 전문역량 제고를 통한 교육역량 강화
- 조직ㆍ인사관리, 재무ㆍ회계 등 행정관리 역량 배양
- 교원ㆍ학생ㆍ학부모ㆍ지역사회 간 협력을 통한 학교운영 능력 배양

③ 셋째, 미래지향적 가치관 및 책무성 함양(성찰ㆍ리더십)
- 미래사회에 대한 교육철학과 교육비전 등 성찰 능력 함양
- 교육윤리, 민주시민, 공동체의식 등 미래지향적 가치관 정립
- 전략적 사고, 변화와 혁신을 통한 관리자 책무성 함양

또한, 교장자격연수 프로그램은 다음과 같은 내용으로 교육부(중앙교육연수원), 시ㆍ도교육청(연수원), 한국교원대학교(종합교육연수원)의 3개 기관이 협업하여 운영하도록 설계되었다.

5　한국교원대학교 종합교육연수원(2022)을 참고하였음.

6　〈부록 11-3〉 참고.

<표 11-4> 교장자격연수 프로그램 구성

구분	연수내용	내용	기간(일)	시간
국가 정책연수 (교육부 중앙교육연수원)	국가정책 연수	• 국가의 주요 교육정책의 이해 • 교육정책의 현장 적용력 강화	2	12
시 · 도 정책연수 (시 · 도교육청연수원)	시 · 도정책 연수	• 시 · 도의 교육정책의 이해 • 시 · 도의 특성화 전략 교육	2	12
본 연수 (한국교원대학교 종합교육연수원)	집합연수 (실시간 온라인/ 원격 콘텐츠 연수 포함)	• 교장의 기본역량 제고 • 교장의 학교경영 등 전문역량 강화 • 성찰리더십 및 사회적 가치 등 • 갈등관리 및 문제 해결방안 모색 • 안전교육 및 의무교육 등	19	116
	체험연수	• 국내 우수 교육 프로그램 체험 • 체험사례 공유 및 적용 방안 모색	6	44
	멘토링 연수	• 학교 현장 이해 • 학교 경영 실습	4	26
	소계		29	186
합계			33	210

그 밖에 교수방법(강의/실습, 토의, 체험, 멘토링 등), 운영계획(집합연수, 원격연수, 체험연수 등), 평가계획(평가영역 및 배점 등) 등 세부사항을 설계하였다.[7]

3) 실행

교육리더십 개발 및 훈련 프로그램의 3단계는 '실행'이다. 실행 단계는 2단계 설계 단계에서 수립된 세부 계획을 실천하는 과정이다. 따라서 실행 단계에서는 프로그램 운영에 필요한 사원 확보, 환경 조성, 유지 및 관리, 홍보 등 총체적인 지원이 이루어진다. 여기서는 영국의 대표적인 프로그램인 NPQs(National Professional Qualifications)를 소개한다. NPQs는 영국 교육부가 교사와 교육리더의 전문성 개발을 지원하기 위해 설계한 자격과정으로, 교장 등을 대상으로 하는 NPQ Senior

---

7 세부 내용은 한국교원대학교 종합교육연수원(2022)을 참고할 것.

Leadership(NPQSL), NPQ Headship(NPQH), NPQ Executive Leadership(NPQEL), NPQ Early Years Leadership(NPQEYL)과 교사 등을 대상으로 하는 NPQ Leading Teacher Development(NPQLTD), NPQ Leading Teaching(NPQLT), NPQ Leading Behaviour and Culture(NPQLBC), NPQ Leading Literacy(NPQLL)로 구분된다.[8]

NPQs는 교육부로부터 공식적으로 승인된 기관들에 의해 실행된다. 2020년 기준으로 승인된 10개 기관은 Ambition Institute, Best Practice Network, Church of England, Education Development Trust, LLSE, National Institute of Teaching, School-Led Network, Teacher Development Trust, Teach First, UCL Institute of Education이다. 교육부의 장학담당부서(Ofsted Inspection)에서는 이들 기관의 질을 평가한다. 여기서는 NPQH 프로그램을 제공하는 런던대학교(University College London: UCL) Institute of Education(IOE) 사례를 소개한다.

(1) UCL IOE의 NPQH[9]

IOE(Institute of Education)는 1902년 10월에 London Day Training College(LDTC)로 시작하여 2014년 12월 UCL(University College London)과 통합하였다. UCL Center for Educational Leadership에서는 NPQH(National Professional Qualification Headship)를 설계하고 제공하고 있다. 전체 18개월이 소요되고, 연수 중에는 수행평가와 사전평가가 실시되고 수료 후에는 최종평가가 실시된다. 〈표 11-5〉와 같이 총 3개의 모듈로 구성된다.

8　각 프로그램의 세부내용은 영국교육부 홈페이지(https://www.gov.uk)를 참고할 것.

9　UCL Institute of Education 홈페이지(https://www.ucl.ac.uk/ioe/departments-and-centres/)를 참고하였음.

〈표 11-5〉 프로그램 구성

모듈	연구/활동		시간
모듈1	1. 자기주도 연구	리더십 감사(leadership audit): 참가자의 요구 및 개별 학습자의 맥락에 따른 학습 형태에 대한 초기 감사	1
	2. 촉진 활동	온라인 오리엔테이션(online induction conference): 전문가 견해, 동료 학습 그룹 및 커뮤니티 네트워킹 소개 등 전반적인 프로그램 소개	4
	3. 자기주도 연구	온라인 자기주도 연구: NPQ 내용과 성찰을 포함한 온라인 자기주도 연구	8
	4. 촉진 활동	집단 학습: 프로젝트 수행과 관련된 연구 활동을 실제로 전환하기 위한 온라인 활동	2
	5. 자기주도 연구	학습 일지: 학습과 형성평가, 동료 학습 활동에 대한 성찰	3
	6. 촉진 활동	면대면 활동: 지적 교류를 위한 전문가 연구, 프로그램 리더, 네트워킹 기회	5
	7. 촉진 활동	멘토 활동: 일선 관리자 멘토링	1
모듈2	1. 자기주도 연구	온라인 자기주도 연구: 학습 감사와 기본 내용을 포함한 온라인 자기주도 연구	8
	2. 자기주도 연구	학습 일지: 자기주도 학습과 동료 학습 활동에 대한 성찰	3
	3. 촉진 활동	집단 학습: 프로젝트 수행과 관련된 연구 활동을 실제로 전환하기 위한 온라인 활동	2
	4. 자기주도 연구	온라인 자기주도 연구: NPQ 기본 내용을 포함한 온라인 자기주도 연구	8
	5. 자기주도 연구	학습 일지: 형성평가	3
	6. 촉진 활동	집단 학습: 프로젝트 수행과 관련된 연구 활동을 실제로 전환하기 위한 온라인 활동	2
	7. 촉진 활동	면대면 활동: 지적 교류를 위한 전문가 연구, 프로그램 리더, 네트워킹 기회	5
	8. 촉진 활동	멘토 활동: 일선 관리자 멘토링	1
모듈3	1. 자기주도 연구	온라인 자기주도 연구: 학습 감사와 기본 내용을 포함한 온라인 자기주도 연구	8
	2. 자기주도 연구	학습 일지: 자기주도 학습과 동료 학습 활동에 대한 성찰	3

3. 자기주도 연구	평가 안내: 최종평가 준비 전반 소개	–
4. 촉진 활동	집단 학습: 프로젝트 수행과 관련된 연구 활동을 실제로 전환하기 위한 온라인 활동	2
5. 촉진 활동	면대면 활동: 지적 교류를 위한 전문가 연구, 프로그램 리더, 네트워킹 기회	5
6. 촉진 활동	멘토 활동: 일선 관리자 멘토링	1

4) 평가

　교육리더십 개발 및 훈련 프로그램 모형의 4단계는 평가이다. 평가는 프로그램의 분석, 설계, 실행, 평가의 모든 단계에 적용된다. 즉, 프로그램의 투입-과정-산출 과정에서 평가가 이루어지게 된다. 마지막 4단계 평가는 일종의 성과(결과) 평가로서 프로그램의 효과 및 결과를 검증하고, 가치를 판단하며 그 결과를 토대로 프로그램을 개선하는 과정이다. 프로그램 평가 모형은 목표달성모형(Hammond, 1969; Provus, 1969; Tyler, 1949), 의사결정모형(Alkin, 1969; Stufflebeam, 1972), 판단중심모형(Eisner, 1975; Scriven, 1972; Stake, 1967) 등으로 매우 다양하다. 이 가운데 4단계의 성과(결과)중심 평가에서는 Kirkpatrick(1994)의 모형(반응-학습-행동-결과), Philips(1997)의 투자대비회수율(Return on Investment: ROI) 모형 등이 주로 사용되었다.

　교육리더십 개발 및 훈련 프로그램은 프로그램 학습자의 개인 수준뿐 아니라 학습자가 소속된 집단 또는 조직 수준에서의 기여도를 평가해야 한다. 개인 수준에서는 반응과 학습에 대한 평가가 이루어지고, 집단 또는 조직 수준에서는 현업적용도 및 조직성과 기여도 등 학습 전이와 결과에 대한 평가도 이루어져야 한다. 이는 교육리더십 프로그램의 개인, 팀, 조직성과에 대한 기여도를 독립적으로 인식하지 않고 상호연계성을 강조한 일종의 체제적 성과(system output) 측정을 의미한다. 여기서는 앞서 소개한 한국교원대학교 종합교육연수원의 교장자격연수 사례를 소개한다.

(1) 한국교원대학교 종합교육연수원 교장자격연수 평가

　교장자격연수의 평가는 연수자 평가와 프로그램 평가로 구분된다. 연수자의 학습에 대한 평가는 다음과 같이 계획하였다. 평가 유형은 지필평가와 수행평가로 구분되며, 그중 지필평가는 역량평가로 논술형으로 시행한다. 수행평가는 학교운 영계획서, 체험연수보고서, 근태평가, 가점 등으로 P/F, 팀별/개별 평가의 방법으로 시행한다. 지필평가와 수행평가는 연수내용의 실천 의지를 함양하고 성실한 참여 유도를 목적으로 하는데, 연수 성격 및 운영 형태를 고려하여 역량 중심의 수 행평가 비중이 높다. 역량평가는 5개 등급('A+'~'C+')으로 구분하고 등급별 인원 비율에 따라 환산점수를 부여한다.

<표 11-6> 평가 영역 및 배점

유형	영역	방법	배점	관련
지필평가	역량평가	논술형	40	본 연수 전 과정
수행평가	학교운영계획서	P/F	20	멘토링 연수
	체험연수보고서	팀별 3등급	30	체험 연수
	근태평가	해당자 가점	10	
	가점	해당자 가점		
계			100	

출처: 한국교원대학교 종합교육연수원(2022).

교장자격연수 프로그램에 대한 평가는 사전자기성장평가, 강사평가, 연수운영 평가, 사후자기성장평가 등으로 구성된다. 사전-사후자기성장평가는 프로그램 이수 전과 후에 나타난 참여자의 변화 정도를 진단하는 평가로 볼 수 있다. 사전-사후자기성장평가는 연수자의 반성적 자체평가로서 자기효능감을 제고하기 위한 목적으로 실시한다. 강사평가는 선택형 3문항(주제충실도, 교수-학습방법, 원고 적 합도)과 서술형 1문항(종합의견)으로 구성되었다. 연수운영평가는 향후 운영에 필 요한 피드백 자료이자 연수의 질을 제고하기 위한 목적으로 활용된다.

3 교육리더십 개발과 훈련 프로그램 주요 쟁점[10]

　지난 2000년대 초반부터 교육개혁과 학교혁신에서 교육리더십의 중요성이 부각되면서 이를 개발하기 위한 각종 프로그램이 증가하였다. 교육리더십 프로그램은 궁극적으로 교육리더가 가진 잠재력을 극대화함으로써 리더로서의 역할을 효과적으로 수행할 수 있도록 성장시키는 데 목적이 있다. 그러나 다양한 프로그램이 만들어지고 운영되면서 여러 쟁점들이 나타나고 있다. 박상완(2018)은 교육리더십 개발 및 훈련 프로그램에 관한 쟁점을 다음과 같이 정리하였다.

　첫째, 프로그램의 내용과 설계에서의 쟁점이다. 우선, 프로그램의 내용 측면에서는 이론과 실제(무) 중 어느 쪽에 비중을 두는 것이 바람직한가에 관한 논쟁이다. 즉, 교육리더십 프로그램의 초점을 명제적 지식(무엇을 아는가)에 둘 것인지, 아니면 절차적 지식(어떻게 하는가를 아는가)에 둘 것인지의 문제이다. 각 국가의 프로그램은 교육적 상황(예컨대, 교육목표, 교육적 요구, 학교자율성 정도 등)에 따라 내용 비중에서 차이를 보인다. 다음으로, 프로그램 설계 측면에서는 표준화와 개별화에 관한 쟁점이다. 이 쟁점은 대상자의 개별적 특성과 요구, 맥락적 요인 등을 어느 정도까지 고려해야 하는지에 관한 것이다. 실제 교육리더십 프로그램은 모든 대상자에게 보편적으로 적용되는 단일화 설계와 경력 단계 또는 리더십 발달 정도에 따른 순차적 설계로 구분된다.

　둘째, 프로그램의 전달 체계(delivery system)에 관한 쟁점이다. 프로그램 전달 방식은 단순히 적절한 교육방법만의 문제가 아니고 프로그램을 제공하는 주체, 환경, 시기 등 포괄적인 문제이다. 이와 관련하여 Mulford(2003)는 리더십 개발 및 훈련 전략은 학습자의 특성과 훈련이 이루어지는 맥락, 환경 및 기대하는 학습 성과 등을 고려하여 개발할 필요가 있음을 지적하였다. 조영하와 주현준(2009)은 미국와 한국의 교육리더십 관련 프로그램을 비교한 결과, 한국의 프로그램이 미국에 비해 상대적으로 강의 위주의 전달방식에 대한 의존도가 높은 반면, 인턴십과 같은 형태의 방법은 적용되지 못한 점을 비판한 바 있다. 그러나 최근에는 한국의 사례에서도 원격학습, 토의토론, 실습, 체험연수, 실행학습, 멘토링 등 다양한 방

---

10 박상완(2018)의 연구를 토대로 작성하였음.

식을 적용하고 있다.

셋째, 프로그램의 책임과 발생하는 비용 부담의 주체에 대한 쟁점이다. 이 쟁점은 프로그램의 의무화에 관련되어 있다. 교육리더십 프로그램을 의무적으로 이수해야 하는 경우에는 중앙정부 또는 지방정부에게 책임이 있고 발생하는 비용도 부담하게 된다. 그러나 북유럽 국가들이나 일부 연방국가들 가운데는 정부 차원에서 교육리더십 프로그램 이수를 의무화하는 것에 반대하는 입장이 있다. 또한, 중간 단계의 교육리더에게 리더십 훈련을 의무화하기보다 금전적인 혜택을 제공하는 등의 유인책을 제공하는 경우도 있다.

넷째, 프로그램의 효과성 검증의 쟁점이다. 효과성 검증은 프로그램 모형의 4단계 '평가'에 해당되는 것으로 검증 가능성, 결과, 내용, 주체 등에 관한 쟁점이다. 리더십 프로그램의 효과성을 평가하는 작업은 매우 어려운 과제이고, 현재까지 리더십 개발 및 훈련 프로그램의 효과성을 경험적 또는 실증적으로 검증한 연구는 매우 미미하다(Davis, Darling-Hammond, La Pointe, & Meyerson, 2005; McCauley & Van Velor, 2003). 그러나 리더십 개발을 위한 프로그램에 대한 투자가 증가하는 상황에서 그 효과를 진단하고 수준을 분석하는 노력이 필요하다. 또한, 효과성 검증 내용이 지나치게 학습자의 개인적 반응(특히 만족도 조사)에 의존하여 현업 적용도와 조직의 성과에 기여한 정도까지는 확인하지 못하고 있다. 마지막으로, 효과성 검증이 프로그램을 제공하는 기관에서 자체적으로 이루어져야 할 것인지, 아니면 제공기관을 관리하는 국가 차원에서 이루어져야 할 것인지에 대한 논쟁도 여전하다.

요약

효과적인 교육리더십이 학교의 변화와 교육개혁의 필수요소로 인식되면서 우수한 교육리더를 확보하기 위한 각종 프로그램의 중요성이 대두되었다. 교육리더십 개발 및 훈련은 19세기부터 현재까지 지속적으로 진행되고 있다. 초기에는 교장을 중심으로 한 교육행정가 위주의 프로그램이었으나 현재는 교사 등 전체 교육리더를 대상으로 하는 프로그램으로 확대되는 추세이다. OECD 국가들은 교육리더의 확보를 위한 교육리더십 개발 및 훈련 프로그램을 운영하고 있다.

제11장에서는 교육리더십 개발 및 훈련 프로그램 모형을 '분석–설계–실행–평가'로 구분하여 설명하였다. 첫째, 분석 단계에서는 이론적 탐색, 현황 분석, 요구분석, 직무분석, 사례연구 등 다양한 방법으로 프로그램의 기초가 되는 기준(틀)을 도출한다. 둘째, 설계 단계에서는 기준(틀)을 기초로 목표 설정, 내용 및 방법 결정, 교수전략 수립, 교수자료 개발, 평가계획 준비, 시간, 시기, 일정 등 프로그램 운영에 필요한 전반적인 사항을 계획한다. 셋째, 실행 단계에서는 설계 단계에서 수립된 계획을 실천한다. 프로그램 운영에 필요한 자원 확보, 환경 조성, 유지 및 관리, 홍보 등 총체적인 지원이 이루어진다. 마지막 평가 단계에서는 프로그램의 효과 및 결과를 검증하고 가치를 판단하며 그 결과를 토대로 개선방안을 도출한다.

마지막으로 교육리더십 개발 및 훈련에 둘러싼 주요 쟁점인 내용(이론과 실무)과 설계(표준화와 개별화), 전달 방식(교수–학습 방법 등), 책임(제공기관과 국가) 및 비용(개인과 기관), 효과성 검증(검증 가능성, 검증 결과의 신뢰성 등)을 소개하였다.

논의 및 연구 문제

● 교육리더십은 선천적으로 타고난 것인가? 후천적으로 개발 가능한 것인가? 이는 증명 가능한 것인가?

● 교육리더십 개발 및 훈련을 위한 기준(틀)은 반드시 필요한가?

● 지금까지 교육리더십의 핵심역량에 관한 연구에서 준거로 활용된 우수 사례, 전문가 또는 기관 추천, 평가 결과 등은 적합한 기준인가?

● 교육리더십의 핵심역량을 도출하기 위한 사용된 사례 분석, 행동사건면접, 델파이 조사 등은 적절한 방법인가?

● 교육리더십 개발 및 훈련의 효과는 검증될 수 있는가? 어떤 기준과 방법으로 검증되는 것이 타당한가?

📖 **참고문헌**

권대봉, 조대연(2013). HRD Essence. 서울: 박영사.

김도기, 홍창남, 주현준, 장봉석, 김대성, 문영빛(2015). 교장 자격연수 교육과정 개발 연구. 한국교원대학교 종합교육연수원.

김동원(2012). 중등 학교장의 핵심 역량 지표 개발 및 역량 수준 분석. 중앙대학교 대학원 박사학위논문.

김이경, 박상완, 김갑성(2020). 초중등 교장 핵심역량 강화를 위한 교장자격연수 개선 방안 연구. 서울특별시교육청 교육연구정보원.

김이경, 한만길, 박영숙, 홍영란, 백선희(2005). 교원의 직무 수행 실태 분석 및 기준 개발 연구. 한국교육개발원.

김진규(2002). 프로그램 평가방법. 서울: 학지사.

박상완(2018). 학교장론. 서울: 학지사.

박상완(2021). 영국의 교장자격제도 및 국가교장기준의 최근 동향과 시사점 분석. 한국교원교육연구, 38(4), 253-280.

박영호(2012). 학교장의 리더십 역량모델 연구. 교육행정학연구, 30(1), 417-443.

박우순(1999). 조직관리론. 서울: 법문사.

변창진(1994). 프로그램 개발. 대구: 홍익출판사.

유현숙, 김동석, 고전(2000). 학교 경영환경 변화와 학교장의 리더십 연구. 한국교육개발원.

이차영(2006). 직무명료화에 기초한 교장 평가제도의 설계. 교육행정학연구, 24(2), 225-250.

이화여자대학교 교육공학과(1996). 교육방법 및 교육공학. 서울: 교육과학사.

정일화(2007). 교장의 직무표준 개발에 관한 연구. 충남대학교 대학원 박사학위논문.

정재삼(1998). 교육 프로그램 개발 모형의 분석: 프로그램 평가를 위한 시사점 논의. 교과교육학연구, 2(2), 80-97.

조경원, 한유경, 서경혜, 조정아, 이지은(2006). 학교행정가 핵심역량강화 프로그램 개발을 위한 요구분석. 교육행정학연구, 24(2), 251-274.

조영하, 주현준(2009). Review of educational leadership preparation programs in Korean higher education: Examination from the US perspective. 비교교육연구, 19(2), 51-78.

주삼환(2005). 미래 사회의 교육지도성 개발 연구. 충청북도교육청 교육정책 보고서.

주현준(2007). 우수 학교장의 지도성 역량 분석. 서울대학교 대학원 박사학위논문.

주현준(2008). 초등학교 교사들의 역량에 대한 교육요구 분석: 경기·인천 지역을 중심으로. 교육학연구, 46(1), 103-123.

주현준, 김민희, 박상완(2014). 교육지도성. 경기: 양서원.

한국교원대학교 종합교육연수원(2022). 제1차 초·중·특수 교장자격연수 안내 책자. 한국교원대학교 종합교육연수원.

허병기, 김인희, 김정원, 김병찬, 김도기, 김민조(2011). 학교장 리더십 강화를 위한 교육 프로그램 개발 연구. 한국교원대학교·한국교육개발원.

황지원, 김영식(2021). PSEL 2015를 활용한 학교관리자 직무역량 개념 도출. 지방교육경영, 24(2), 1-25.

Adams, C. M., Forsyth, P. B., & Mitchell, R. M. (2009). The formation of parent-school trust: A multilevel analysis. *Educational Administration Quarterly, 45*(1), 4-33.

Alkin, M. C. (1969). Evaluation theory development. *Evaluation Comment, 2*(1), 2-7.

Arvey, R. D., Rotundo, M., Johnson, W., Zhang, Z., & McGue, M. (2006). The determinants of leadership role occupancy: Genetic and personality factors. *The Leadership Quarterly, 17*(1), 1-20.

Bone, T. (1992). Changing circumstances in the United Kingdom, In E. Miklos & E. Ratsoy (Eds.), *Educational leadership: Challenge and change.* The Department of Educational Administration. University of Alberta, Edmonton, Alberta.

Burns, B. M. (1985). *Leadership and performance beyond expectations.* New York: Free Press.

Bush, T. (1999). Crisis or crossroads? the discipline of educational management in the 1990's. *Educational Management & Administration, 27*(3), 239-252.

Bush, T. (2008). *Leadership and management development in education.* London: Sage.

Caffarella, R. S. (1998). Planning programs for adults: An interactive process. *Adult Learning, 10*(2), 27-29.

Callahan, R. E., & Button, H. W. (1964). Historical change of the role of the man in the organization: 1865–1950. In D. E. Griffiths (Ed.), *Behavioral science and educational administration* (pp. 73–92). 63rd yearbook of NSSE, Part II. Chicago: University of Chicago Press.

Cervero, R. M., & Wilson, A. I. (1994). The politics of responsibility: A theory of program planning practice for adult education. *Adult Education Quarterly, 45*(1), 249–268.

Council of Chief State School Officers. (2016). The Professional Standards for Educational Leaders (PSEL) 2015 and the Interstate Leaders Licensure Consortium (ISLLC) standards 2008: A crosswalk.

Davis, S., Darling-Hammond, L., La Pointe, M., & Meyerson, D. (2005). *Review of research, school leadership study: Developing successful principals.* Stanford Educational Leadership Institute, Palo Alto, CA.

Eisner, E. W. (1975). *The perceptive eye: Toward the reformation of educational evaluation.* Occasional Papers of the Stanford Evaluation Consortium. Stanford, CA: Stanford University Press.

Finch, C. R., & Crunkilton, J. R. (1999). *Curriculum development in vocational and technical education.* Allyn and Bacon.

Gregg, R. T. (1960). Administration. In C. W. Harris (Ed.), *Encyclopedia of Educational Research* (3rd ed.) (pp. 19–24). New York: Macmillan.

Gronn, P. (2003). *The new work of educational leaders.* London: Sage.

Hammond, R. (1969). Context evaluation of instruction in local school districts. *Educational Technology, 9*(1), 13–18.

Holt, D. H. (1993). *Management: Principle and practice* (3rd ed.). New Jersey: Practice-Hall, Inc.

Houle, C. O. (1972). *The design of education.* San Francisco: Jossey-Bass.

Higham, R., Hopkins, D., & Ahtaridou, E. (2007). *Improving school leadership: Country background report for England.* London Centre for Leadership in Learning, Institute of Education. University of London.

Hughes, R., Ginnett, R. C., & Curphy, G. J. (1993). *Leadership enhancing the lesson of experience.* Burr Ridge: Richard D. Irwin Inc.

Ingvarson, L., Anderson, M., Groon, P., & Jackson, A. (2006). Standards for school leadership: A critical review of the literature. Teaching Australia, Australian Institute for Teaching and School Leadership Ltd, Canberra.

Johnson, A. H., Vernon, P. A., McCarthy, J. M., Molso, M., Harris, J. A., & Jang, K. L. (1998). Nature vs nurture: Are leaders born or made? A behavior genetic investigation of leadership style. *Twin Research, 1*, 216−223.

Kirkpatrick, D. L. (1994). *Evaluating training program: the four levels*. San Francisco, CA: Berret−Koehler Publishers, Inc.

Knowles, M. S. (1970). *The organization and planning of adult education*. New York: State University of New York Press.

Leithwood, K. (2001). School leadership in the context of accountability policies. *International Journal of Leadership in Education, 4*(3), 217−235.

Maccoby, E. E. (2000). Parenting and its effects on children: On reading and misreading behavioral genetics. *Annual Review of Psychology, 51*(1), 1−27.

McCauley, C. D., & Van Velsor, E. V. (2003). *The center for creative leadership handbook of leadership development* (2nd ed.). San Francisco: Jossey−Bass.

Mulford, B. (2003). School leaders: Changing roles and impact on teacher and school effectiveness. a paper commissioned by the Education and Training Policy Division, OECD, for the activity attracting, developing and retaining effective teachers.

Nadler, L. (1970). *Developing human resources*. Houston, TX: Gulf Pub, Co.

National Policy Board for Educational Administration. (2015). Professional Standards for Educational Leaders 2015. Reston, VA: Author.

Pernick, R. (2001). Creating a leadership development program: Nine essential tasks. *Public Personnel Management, 30*(4), 429−444.

Philips, J. J. (1997). *Return on investment: In training and performance improvement programs*. Houston: Gulf.

Pont, B., Nusche, D., & Hopkins, D. (Eds.). (2008). *Improving school leadership*. Volume 2: case studies on system leadership. OECD, Paris.

Provus, M. M. (1969). The discrepancy evaluation model: An approach to local program improvement and development. Pittsburgh: U.S. Department of Health, Education & Welfare Office of Education.

Ribbins, P. (1997). Editorial: Twenty−five years of educational management and administration. *Educational Management and Administration, 2*(3), 211−212.

Scriven, M. (1972). Pros and cons about goal-free evaluation. *Journal of Educational Evaluation, 3*(4), 1-7.

Shanks, D. (1987). The master of education degree on Scotland. *Scottish Educational Review, 19*(2), 122-125.

Stake, R. E. (1967). The countenance of educational evaluation. *Teachers College Record, 68*(7), 1-15.

Stufflebeam, D. L. (1972). The relevance of the CIPP evaluation model for educational accountability. *SRIS Quarterly, 5*(1), 3-6.

Tyler, R. W. (1949). *Basic principles of curriculum and instruction*. Chicago: University of Chicago Press.

Yukl, G. (2002). *Leadership in organization* (5th ed.). New Jersey: Prentice-Hall.

영국교육부. https://www.gov.uk

UCL Institute of Education. https://www.ucl.ac.uk/ioe/departments-and-centres/

<부록 11-1> Professional Standards for Educational Leaders 2015[11]

기준 1: 미션, 비전, 핵심 가치(Mission, Vision, and Core Values)

효과적인 교육리더는 양질의 교육과 개별 학생의 학업 성공 및 웰빙을 위한 공유된 미션, 비전, 핵심가치를 개발 및 지지, 실행하며 다음의 기능을 수행한다.

효과적인 리더는	a) 개별 학생의 학업성취와 복지를 증진하기 위한 학교의 교육 미션을 개발한다. b) 학교 구성원 및 지역사회와의 협력 하에 데이터를 활용하여 개별 아동의 성공적인 학습과 발전, 이의 성공을 촉진하는 교육적 · 조직적 실천에 대한 비전을 개발하고 촉진한다. c) 학교 문화를 정의하고 아동 중심 교육, 높은 기대와 학생 지원, 형평성, 포용성, 사회적 정의, 개방성, 배려, 신뢰, 지속적인 개선 등을 강조하는 핵심 가치를 명확히 표현하고, 지지하며, 구축한다. d) 학교의 비전을 달성하기 위한 조치를 전략적으로 개발, 실행, 평가한다. e) 학교의 사명과 비전을 검토하고, 변화하는 학교에 대한 기대와 기회, 학생의 요구와 상황 변화에 맞춰 이들을 조정한다. f) 학교와 지역사회의 미션, 비전, 핵심 가치에 대한 공통적인 이해 구축을 위해 헌신한다. g) 리더십의 모든 측면에서 학교의 미션, 비전, 핵심 가치를 구조화하고 이를 추구한다.

기준 2: 윤리 및 전문적 규범(Ethics and Professional Norms)

효과적인 교육리더는 윤리적이고 전문적인 규범에 따라 행동함으로써 개별 학생의 학업 성공과 웰빙을 증진시키며, 다음의 기능을 수행한다.

효과적인 리더는	a) 개인의 행동, 타인과의 관계, 의사결정, 학교의 자원 관리, 그리고 학교 리더십의 모든 측면에서 윤리적이고 전문적으로 행동한다. b) 청렴, 공정성, 투명성, 신뢰, 협업, 인내, 학습, 지속적 개선의 전문적 규범에 따라 행동하고 이를 촉진한다. c) 아동들을 교육의 중심에 놓고, 개별 학생의 학업 성공과 웰빙에 대한 책임을 진다. d) 민주주의, 개인의 자유와 책임, 형평, 사회정의, 공동체, 다양성의 가치를 보호 및 촉진한다. e) 대인관계 및 의사소통 기술, 사회 · 정서적 통찰력, 모든 학생과 교직원의 배경과 문화에 대한 이해를 통해 구성원들을 지도한다. f) 학교의 도덕적인 방향을 제시하고 구성원들의 윤리적 · 직업적 행동을 촉진한다.

---

11 '황지원, 김영식(2021). PSEL 2015를 활용한 학교관리자 직무역량 개념 도출. 지방교육경영, 24(2), 1-25.'의 번역을 참고하였음.

효과적인 리더는	기준 3: 형평성과 문화적 대응성(Equity and Cultural Responsiveness)

기준 3: 형평성과 문화적 대응성(Equity and Cultural Responsiveness)

효과적인 교육리더는 교육 기회의 형평성과 문화적 대응성을 제고함으로써 개별 학생의 학업 성공과 웰빙을 증진시키며, 다음의 기능을 수행한다.

효과적인 리더는

a) 개별 학생의 문화와 맥락에 대한 이해와 함께, 이들이 공정하게 대우받고, 존중받을 수 있도록 보장한다.
b) 개별 학생의 강점 및 다양성, 문화를 교수학습에 있어 중요한 자산으로 인식하고, 존중하며 받아들인다.
c) 개별 학생이 효과적인 교사, 학습 기회, 학업 및 사회적 지원, 기타 성공에 필요한 자원에 공평하게 접근할 수 있도록 보장한다.
d) 학생 정책을 개발하고 학생의 부정행위에 대해 긍정적이고 공정하며 편견 없이 대처한다.
e) 인종, 계급, 문화 및 언어, 성별, 성적 지향, 장애 등의 차이로 인한 낮은 기대 등과 관련된 제도적 편견을 직시하고 이를 변화시킨다.
f) 학생들이 생산적으로 생활할 수 있도록 이들의 준비를 촉진하고 글로벌 사회의 다양한 문화적 맥락에 효과적으로 대응할 수 있도록 기여한다.
g) 상호작용, 의사결정 및 실천에 있어 문화적 역량과 대응력을 가지고 행동한다.
h) 리더십의 모든 측면에서 형평성 및 문화적 대응성의 문제에 대해 적절히 대응한다.

기준 4: 교육과정, 수업 및 평가(Curriculum, Instruction and Assessment)

효과적인 교육리더는 지적으로 엄격하고 일관성 있는 교육과정, 수업, 평가를 개발·지원함으로써 개별 학생의 학업 성공과 웰빙을 증진시키며 다음의 기능을 수행한다.

효과적인 리더는

a) 학교의 미션, 비전, 핵심 가치를 증진하고 학생 학습에 대한 높은 기대를 구체화하며, 학업 기준에 부합하고, 문화적으로 대응성이 높은 교육과정, 수업, 평가와 관련된 일관성 있는 시스템을 구현한다.
b) 학생들의 학업성취도, 학습 흥미도, 정체성과 습관, 건강한 자아인식을 촉진하기 위해 학년별 커리큘럼, 지도, 평가 시스템을 조정하고 이에 집중한다.
c) 아동 학습 및 발달에 대한 지식, 효과적인 교육학, 각 학생의 필요에 부합하는 교육적 실천을 촉진한다.
d) 지적으로 도전적이고, 학생 경험에 충실하며, 학생의 장점을 인식하고, 차별화되며 개인화된 교육적 실천을 보장한다.
e) 교육 및 학습 서비스와 관련된 기술의 효과적인 활용을 촉진한다.
f) 학생의 학습과 발달 관련 지식과 측정 표준에 부합하는 타당한 평가방식을 채택한다.
g) 평가 자료를 적절하게 사용하여 학생들의 발달 상황을 모니터링하고 수업을 개선한다.

기준 5: 학생 돌봄과 지원의 공동체(Community of Care and Support for Students)

효과적인 교육리더는 포용적이고 배려하며 지지적인 학교 공동체를 육성함으로써 개별 학생의 학업 성공과 웰빙을 증진시키며, 다음의 기능을 수행한다.

효과적인 리더는

a) 개별 학생의 학업적·사회적·정서적·신체적 욕구를 충족시키는 안전하고 배려하는 건강한 학교 환경을 구축하고 유지한다.
b) 개별 학생이 가치 있고, 신뢰받고, 존중받고, 보살핌 받고, 학교 공동체의 능동적이고 책임감 있는 구성원이 될 수 있도록 장려하는 학교 환경을 조성하고 유지한다.
c) 개별 학생의 학습 욕구를 충족시키기 위해 학업 및 사회적 지원, 서비스, 방과후 활동, 시설 등이 포괄된 체계적인 시스템을 제공한다.
d) 학생들의 학습과 긍정적인 사회 정서적 발전을 중시하고 지원하는 성인-학생, 또래 학생, 학교-사회 관계를 촉진한다.
e) 학교에서의 학생 참여와 긍정적인 학생 행동을 함양하고 강화한다.
f) 학교의 학습 환경에 학교 공동체의 문화와 언어를 불어 넣는다.

기준 6: 학교 인사 관리 역량(Professional Capacity of School Personnel)

효과적인 교육리더는 학교 구성원들의 전문 역량과 실천력을 개발함으로써 개별 학생의 학업 성공과 웰빙을 증진시키며, 다음의 기능을 수행한다.

효과적인 리더는

a) 효과적이고 배려 깊은 교사 및 전문 직원을 모집, 채용, 지원, 개발, 유지하여 교육적으로 효과적인 공동체를 구성한다.
b) 교직원 인사를 계획·관리하며, 신규 인력에 대한 효과적인 지원과 멘토링을 제공한다.
c) 전문적인 성인 학습 및 발달에 대한 이해에 근거하여 학습과 성장을 위한 기회를 제공함으로써 교직원의 전문적 지식, 기술, 실천력을 개발한다.
d) 학생이 설정한 결과를 달성할 수 있도록 개인 및 집단의 역량을 지속적으로 함양한다.
e) 교사와 교직원의 지식, 기술 및 실천 역량 개발을 지원하기 위해 연구 및 평가 시스템을 구축함으로써 교육 및 기타 전문 실무에 대한 실천 가능한 피드백을 제공한다.
f) 교사와 교직원들에게 최고 수준의 전문적 실무와 지속적인 학습 및 개선과 관련된 권한을 부여하고 동기를 부여한다.
g) 교사리더십 함양을 위한 역량, 기회, 지원을 제공하고, 학교 공동체의 다른 구성원들로부터의 피드백을 통해 스스로의 리더십을 개발한다.
h) 교원과 직원의 개인적·직업적 건강, 웰빙, 일과 삶의 균형을 촉진한다.
i) 리더 자신의 학습과 효과성을 제고하며, 일과 삶의 균형을 유지한다.

	기준 7: 교직원들을 위한 전문적 공동체(Professional Community for Teachers and Staff)

효과적인 교육리더는 교사들과 다른 전문 인력들로 구성된 전문적 공동체를 육성함으로써 개별 학생의 학업 성공과 웰빙을 증진시키며, 다음의 기능을 수행한다.

효과적인 리더는	a) 효과적인 전문성 개발, 실행, 학생 학습을 촉진하는 교사 및 기타 전문 인력에 대한 근무 조건을 개선한다. b) 학교의 미션, 비전, 핵심 가치에 따라 개별 학생의 학업, 사회적 · 정서적 · 신체적 욕구를 충족시킬 수 있는 집단적 책임을 교직원들에게 부여하고 위탁한다. c) 모든 학생을 위한 교육, 전문적 업무에 대한 높은 기대, 윤리적이고 공평한 실천, 신뢰와 개방적 의사소통, 협업, 집합적 효능 및 지속적인 개인 · 조직 학습, 개선과 관련된 공유된 비전, 목표에 구성원들의 참여와 헌신을 끌어내도록 전문적 문화를 개발하고 유지한다. d) 개별 학생의 성공과 학교의 효과성에 대해 교원과 직원들의 상호 책무성을 제고한다. e) 리더, 교원, 직원 간의 개방적 · 생산적 · 배려적 · 신뢰적 업무 관계를 개발 · 지원하여 구성원들의 전문적 역량과 실천력 향상을 도모한다. f) 교원 및 교직원들과 협업하여 전문적 학습이 이루어질 수 있도록 직무에 기반한 다양한 기회를 설계하고 실행한다. g) 실습, 공동 피드백, 집단학습에 대한 공동 평가의 기회를 제공한다. h) 교사 주도의 프로그램 및 실습 개선을 장려한다.

	기준 8: 가족 및 지역사회 공동체의 유의미한 참여 (Meaningful Engagement of Families and Community)

효과적인 교육리더는 유의미하고, 상호적이고, 유익한 방법으로 가족과 지역사회를 참여시킴으로써 개별 학생의 학업 성공과 웰빙을 증진시키며, 다음의 기능을 수행한다.

효과적인 리더는	a) 구성원들이 다가가기 쉬우며, 지역사회의 구성원들에게 환영받는다. b) 학생을 위하여 가족 및 지역사회와 적극적 · 협력적 · 생산적인 관계를 형성하고 유지한다. c) 학교 · 학생 · 학교에 대한 요구 및 문제, 성과 등에 대해 가족 및 지역사회와 정기적이고 개방적인 양방향 소통을 실시한다. d) 공동체의 강점과 수요를 이해하고, 생산적인 관계를 발전시키며, 학교를 위해 자원을 투입할 수 있도록 공동체와 관계를 형성한다. e) 가정과 제휴하여 학교 안팎의 학생 학습을 지원하는 수단을 강구한다. f) 학생 학습과 학교 개선을 촉진하기 위해 지역사회의 문화적 · 사회적 · 지적 · 정치적 자원을 이해하고, 가치를 부여하며, 활용한다. g) 학교를 가정과 지역사회를 위한 자원으로 개발하고 제공한다.

h) 학교 및 지역, 가정과 지역사회에 대한 교육 및 학생의 필요와 우선 사항 등을 충족시키기 위해 노력한다.

i) 학생, 가족, 지역사회의 필요와 우선 사항 등을 공개적으로 지지한다.

j) 학교 개선과 학생 학습을 촉진하기 위해 공공 및 민간 부문과 생산적인 파트너십을 구축하고 유지한다.

기준 9: 학교 운영 및 관리(Operations and Management)

효과적인 교육리더는 학교 운영과 자원을 관리함으로써 개별 학생의 학업 성공과 웰빙을 증진시키며, 다음의 기능을 수행한다.

효과적인 리더는

a) 학교의 미션과 비전을 고취하는 운영 및 행정 시스템을 연구, 관리, 모니터링한다.

b) 개별 학생의 학습 요구를 충족시키기 위해 전문적 역량을 최적화하는 역할과 책임과 관련된 인적 자원을 전략적으로 배치하고 관리한다.

c) 교육과정 및 수업, 평가를 지원하기 위한 행·재정 및 기타 자원, 학생 학습공동체, 전문적 교사 공동체, 가족 및 지역사회의 참여 방안을 모색하고, 이를 효과적으로 관리한다.

d) 효과적으로 예산을 책정하고 지출을 관리함으로써 학교 회계에 행정적·윤리적 책무성을 갖는다.

e) 교사와 기타 교직원의 업무와 학습을 방해하는 요인들로부터 이들을 보호한다.

f) 학교 운영 및 관리의 효율성을 향상시키기 위한 기술을 채택한다.

g) 교실과 학교 개선을 위해 실행 가능한 정보를 전달하기 위한 데이터 및 의사소통 시스템을 개발하고 유지한다.

h) 학생 성공을 촉진하기 위해 지역, 주 및 연방 법률, 권리, 정책 및 제 규정 등을 학교 구성원들이 이해하고, 준수하도록 지원한다.

i) 등록 관리 및 교육 과정, 교수학습을 효과적으로 수행하기 위해 타 학교와의 관계를 형성하고 이를 관리한다.

j) 중앙부처 및 학교 이사회와 생산적인 관계를 구축하고 관리한다.

k) 학생, 교원 및 직원, 학교관리자, 가족, 지역사회 간의 갈등을 공정하고 형평성 있게 관리하기 위한 시스템을 개발하고 관리한다.

l) 학교의 사명과 비전을 달성하기 위한 거버넌스 체계와 대내외적 환경을 관리한다.

기준 10: 학교 개선(School Improvement)	
효과적인 교육리더는 지속적인 개선의 주체로 활동함으로써 개별 학생의 학업 성공과 웰빙을 증진시키며, 다음의 기능을 수행한다.	
효과적인 리더는	a) 학생, 교사 및 직원, 가족, 지역사회를 위해 보다 효과적인 학교가 되도록 노력한다. b) 학교의 비전을 달성하고, 미션을 완수하며, 학교의 핵심 가치를 증진하기 위하여 지속적인 개선 노력을 취한다. c) 학교와 지역사회가 개선할 수 있도록 준비하고, 상호 간의 헌신과 책무성을 높이며, 학교 개선을 위한 지식, 기술, 동기를 개발한다. d) 지속적인 학교 개선을 위한 증거 기반 질문, 학습, 전략적 목표 설정, 계획, 실행 및 평가의 지속적인 과정에 지역사회 구성원들을 참여시킨다. e) 상황에 따라 적절한 개선 전략을 채택한다. f) 새로운 교육 동향의 가치와 적용 가능성, 연구 결과 및 개선 사항을 평가할 수 있는 학교 구성원들의 역량을 평가하고 이를 계발한다. g) 학교 외부와의 긴밀한 연계를 통해 데이터 수집, 관리, 분석 및 활용 시스템을 구축하여 계획 수립, 실행, 모니터링, 피드백, 평가 등의 지원을 받을 수 있도록 한다. h) 체제론적 관점을 채택함으로써 시스템 내의 학교 조직, 프로그램 및 서비스 간의 일관성 있는 지속적인 개선 노력을 기울인다. i) 구성원들을 위한 지원과 격려, 효과적인 의사소통의 통하여 학교를 둘러싼 외부의 불확실한 환경을 적절히 관리한다. j) 학교 구성원들 각자의 리더십을 개발하고 촉진한다.

<부록 11-2> ISLLC(Interstate School Leaders Licensure Consortium) 2008[12]

기준 1
교육리더는 이해 관계자들이 공유하고 지지하는 학습 비전을 개발하고 정교화하고, 실행하며 관리함으로써 모든 학생의 성공을 촉진한다.

기능	A. 공통 비전과 임무를 공동으로 개발하고 실행한다. B. 목표를 확인하고 조직 효과성을 평가하며 조직 학습을 증진하기 위한 데이터를 수집하고 활용한다. C. 목표 달성 계획을 만들고 실행한다. D. 계속적이고 지속가능한 개선을 촉진한다. E. 과정을 모니터링하고 평가하며, 계획을 수정한다.

기준 2
교육리더는 학생의 학습과 직원들의 전문적 성장에 도움이 되는 학교 문화와 수업 프로그램을 지지, 육성, 유지함으로써 모든 학생의 성공을 촉진한다.

기능	A. 협동 문화, 신뢰, 학습, 높은 기대를 육성하고 유지한다. B. 종합적이고, 엄격하며 일관된 교육과정 프로그램을 만든다. C. 학생을 위한 개별화된, 동기를 유발하는 학습 환경을 창조한다. D. 수업을 감독한다. E. 학생의 발전을 모니터링하기 위한 평가와 책무성 체제를 개발한다. F. 직원들의 수업 및 리더십 역량을 개발한다. G. 질 높은 수업에 사용하는 시간을 극대화한다. H. 교수와 학습을 지원하기 위한 가장 효과적이고 적절한 기술의 활용을 촉진한다. I. 수업 프로그램의 효과를 모니터링하고 평가한다.

기준 3
교육리더는 안전하고 효율적이고 효과적인 학습 환경을 만들기 위한 조직, 운영, 자원 경영을 보장함으로써 모든 학생의 성공을 촉진한다.

기능	A. 경영 및 운영체제를 모니터링하고 평가한다. B. 인간, 재정, 기술 자원을 획득, 배정, 조정하고 효율적으로 활용한다. C. 학생과 직원의 복지와 안전을 증진하고 보호한다. D. 분산적 리더십 역량을 개발한다. E. 교사와 (학교)조직 시간이 질 높은 수업과 학생의 학습을 지원하는 데 초점을 두도록 한다.

---

12 '주현준, 김민희, 박상완(2014). 교육지도성. 경기: 양서원.'의 번역을 참고하였음.

기준 4
교육리더는 교사, 지역사회 구성원들과 협력하고, 다양한 지역사회의 이익과 요구에 부응하고, 지역사회의 자원을 활용함으로써 모든 학생의 성공을 촉진한다.

기능	A. 교육 환경에 관련된 데이터와 정보를 수집하고 분석한다. B. 지역사회의 다양한 사회적 · 문화적 · 지적 자원의 이해, 존중, 활용을 촉진한다. C. 가정 및 보호자와 긍정적인 관계를 만들고 유지한다. D. 지역사회 파트너들과 생산적인 관계를 만들고 유지한다.

기준 5
교육리더는 진실하고, 공정하며, 윤리적으로 행동함으로써 모든 학생의 성공을 촉진한다.

기능	A. 모든 학생의 학업과 사회적 성공을 위한 책무성 체제를 확보한다. B. 자기인식, 반성적 실천, 명료성, 윤리적 행위의 원리를 모델로 삼는다. C. 민주주의, 공정성과 다양성의 가치를 보호한다. D. 의사결정에 따른 잠재적인 도덕적 · 법적 결과를 고려하고 평가한다. E. 사회정의를 촉진하고 개별 학생의 요구가 학교 교육의 모든 측면에 영향을 미치도록 보장한다.

기준 6
교육리더는 정치, 사회, 경제, 법적, 문화적 맥락을 이해하고, 대응하고, 영향을 미침으로써 모든 학생의 성공을 촉진한다.

기능	A. 아동, 가정, 보호자를 지지한다. B. 학생 학습에 관련되는 지방, 학교구, 주, 국가의 결정에 영향을 주기 위해 활동한다. C. 리더십 전략을 조정하기 위해 새로 떠오르는 경향과 계획을 평가, 분석, 예측한다.

\<부록 11-3\> 교장 · 원장 자격연수 표준교육과정(교육부 고시 제2019-179호)

영역	핵심역량	정의 및 역량 요소	주제(예시)	비율(%)
기본 역량	성찰	• 교원으로서 가져야 할 기본소양과 자질을 이해하고, 자신의 교육활동에 대해 성찰하는 역량 - 교육 철학, 교직 윤리, 자기 관리, 교직 생애 관리, 교직관	• 인문학 소양 • 교육관, 사회관, 교직관 • 생애 주기 자기관리 *성희롱 · 성폭력 예방교육	5~15
	교장 리더십	• 미래 사회 비전 및 국가 교육정책을 이해하고, 교장으로서 교육 환경 변화에 대응하는 역량 - 세계 교육 동향, 교육 정책, 교육 현안, 사회 및 환경 변화 대응	• 미래 사회 및 환경 변화와 교육 • 세계 주요국 교육 동향 • 교육정책 및 교육 현안 • 교육혁신 사례 • 민주시민교육 • 문제 해결을 위한 소통	10~15
	(자율)		• 연수기관 자율 편성	15~20
영역 소계				**30~50**

전문
역량
	교육 기획	• 학교의 비전과 목표를 수립하고, 교육혁신 전략 및 성과를 관리하는 역량
		- 교육혁신, 학교 교육 계획, 성과 관리, 학교 문화 구축
			• 학교 교육 비전 및 목표 관리
			• 국내외 학교 교육혁신 사례
			• 수업혁신 지원 사례
			• 다문화 교육
			• 학교 폭력 예방 및 대응
			• 학생 인권 존중
			  *자살예방 및 위기관리 역량 강화 교육
			  *아동학대 예방 및 신고의무자 교육
			  *장애이해교육(장애인학대 예방 및 신고 교육 포함)
				15~20

전문 역량	조직 · 인사 관리	• 학내 인사 및 조직을 관리 하고, 학내 제반 상황과 분 쟁을 조정 · 해결하는 역량 −인사 관리, 조직 관리, 갈 등 관리, 분쟁 조정	• 교직원 인사 관리 • 학교 조직 관리 • 동기부여 및 조직 혁신 • 학내 갈등관리 • 교육활동 침해 예방 및 대응 *성희롱 · 성폭력 사건처리 역량강화 교육	10~15
	학교 경영	• 학교의 최고 대표자로서 학 교업무를 통합하고 학교 경 영을 혁신하는 역량 −시설 관리, 재무 · 회계 관 리, 교육법 이해	• 학교 사무 관리 • 학교 시설 · 설비 관리 • 학교 재무 · 회계 관리 • 학교 운영 관련 법규 • 학부모 학교 운영 참여 • 지역사회 자원 활용 *안전교육	10~15
	(자율)		• 연수기관 자율 편성	15~20
영역 소계				**50~70**

*는 필수과목

미래의 교육리더십[*]

교육과 사회는 상호영향을 주는 밀접한 관계에 있다. 교육이 사회변화를 견인
하기도 하고, 사회변화에 교육이 변화되기도 한다. 제12장 '미래의 교육리더
십'에서는 교육과 사회변동의 관계를 정리하고, 미래사회와 미래교육의 의미
를 살펴보았다. 또한, 미래교육 연구와 미래 교육리더십 연구를 고찰하고, 사
회변화와 혁신을 위한 미래의 교육리더십을 제시하였다.

---

* 제12장은 '주현준(2017). 사회변화와 혁신을 선도하는 미래의 교육리더십에
관한 시론적 고찰. 교육정치학연구, 24(3), 29-50.'을 참고하여 작성하였음.

1 교육과 사회

1) 교육과 사회변동의 관계

교육과 사회는 밀접하게 연관되어 있다. 이러한 교육과 사회의 관계를 이해하기 위해서는 사회와 사회변동을 먼저 살펴볼 필요가 있다. 흔히 사회는 문화를 공유하고, 유형화된 상호교섭 체제인 사회구조를 가진, 일정 지역에 거주하는 사람들의 집단으로 정의된다. 그리고 사회변동은 일정한 시간 간격을 두고 일어나는 개인 간, 집단 간, 사회 간 관계의 변화 또는 사회조직이나 구조의 특정 측면에서 발생한 차이를 의미한다(오욱환, 2003). 사회는 항상 변동하는데(Calhoun, 1992; Giddens, 1986), 이러한 사회변동을 설명하는 대표적인 이론에는 순환론, 발전론, 구조기능론, 사회심리론 등이 있다. 사회변동을 설명하는 이론들은 복잡하면서 상호 중복되어 명확하게 범주를 구분하기 곤란한 측면이 있다(권오훈, 1990). 사회변동의 주된 동인은 사회의 모순이나 갈등과 같은 내재적인 것에서부터 교육, 환경, 기술, 이데올로기 등 외재적인 것에 이르기까지 매우 다양하다. 또한, 사회변동의 주체를 일부 계층으로 보는 시각과 일반 대중으로 보는 시각이 공존한다.

교육과 사회변동의 관계는 상호 경쟁하는 두 가지 관점으로 정리된다. 하나는 사회의 변화에 적응하는 교육이고, 다른 하나는 교육을 통한 사회의 변화이다(오욱환, 2003). 전자의 관점에서 교육의 역할은 변화하는 미래사회에 효율적으로 적응하는 인력을 양성하는 것이다. 이러한 관점에서 보면, 사회는 자동적으로 주어지는 것이고 존속되는 것이다. 따라서 교육은 '주어진 현재 사회 또는 주어질 미래사회'에 필요한 지식과 기술을 주입하는 방식으로 이루어지게 된다. 또한, 교육은 개인이 사회의 가치, 규범, 역할 등을 습득하여 사회가 유지되도록 하는 사회화 기능을 수행한다. 교육의 순기능을 강조한 기능론적 시각과 교육의 불평등 및 불공정 문제를 주장한 갈등론적 시각은 모두 여기에 속한다. 전통적으로 이러한 관점은 공권력을 가진 국가 또는 소수 지배층이나 일부 엘리트 계층이 교육을 주도한 것으로 보고되었다. 이와 관련하여 김병찬(2017)은 교육이 사회에 영향을 주는 것도 인정하지만 궁극적으로 교육을 변화시키는 것은 사회라고 주장한다. 즉, 사회와 교육과의 관계를 각각 독립변수와 종속변수로 보고, 교육문제를 해결하기 위해서는 사회개혁이 우선되어야 한다는 입장을 취하고 있다. 그리고 사회를 개혁하는 주체는 교육이 아닌 국가, 사회, 정치로 보았다.

반면, 후자는 교육을 사회변동의 동인으로 보는 관점이다. 후자의 관점에서 사회는 의도적으로 변화시킬 수 있는 대상이고 새롭게 창조하고 개척할 수 있는 것이다. 따라서 교육은 사회변화에 참여하고 주도하는 주체적인 인간을 양성함으로써 그들이 새로운 사회를 만들어 갈 수 있도록 하는 역할을 한다. 이러한 관점은 교육받은 모든 일반 대중을 주체적 존재로 보고 이들의 자유의지를 사회변동의 동인으로 간주한다. 후자의 관점에서 이혁규(2015)는 교육을 특정한 사회를 상정하고 이루어지는 것으로 가정하면서, '사회상을 구축하는 변인이면서 현실의 사회상과 미래의 사회상을 함께 구축한다.'고 주장한다. 이는 교육이 사회변화를 견인하기 위해서 사회적 쟁점을 제기하고 미래사회의 모습을 구체적으로 제시하여 확산시킬 수 있다는 주장이다.

경쟁하는 두 관점 중 어느 한쪽이 절대적으로 옳다고 판단하는 것은 불가능하다. 그 이유는 교육과 사회는 모두 미래를 고민하고 준비하는 공동 책무를 갖고 있기 때문이다. 또한, 교육과 사회는 하나의 움직이는 실체이고 이에 영향을 주는 다양한 변인들이 존재하기 때문이다. 따라서 교육과 사회의 관계는 역동적으로 보는 것이 타당하다. 국내외를 막론하고 교육과 사회의 역동적 관계를 말해 주는 사례는 많다. 예를 들면, 플라톤의 전쟁수행 전사교육, 중세시대의 종교교육, 조선시대 선비교육, 해방 이후 반공교육, 근대화 교육 등이 있다. 종합해 보면, 교육은 적응과 혁신이라는 이중적 과업을 수행해야 한다(이혁규, 2015: 26). 전자인 적응은 사회변화에 뒤처지지 않도록 교육의 변화를 꾀하는 노력을 의미하고, 후자인 혁신은 새로운 차기를 창출하여 기존에 없었던 미래를 개척하는 것을 말한다.

<표 12-1> 교육과 사회변동의 관계

구분	사회변동에 적응하는 교육	사회변동을 주도하는 교육
인재상	적응하는 인간	주체적 인간
성격	소극적, 수동적	적극적, 능동적
지식	축적용 지식	의식적 지식
주체	지배층, 엘리트	일반 대중

출처: 오욱환(2003)을 이 책에 맞게 재구성하였음.

　해방 이후 한국 교육은 미래의 사회변화에 적응하는 방식을 고수하였다. 즉, 변화하는 사회에 효율적으로 적응하는 인재양성을 위한 교육을 강조한 것이다. 전통사회에서 산업사회로, 다시 지식정보화사회로 전환되는 시기마다 국가와 일부 교육학자들이 주도하여 시대에 부합하는 교육과정, 교육방법, 교육정책, 교육제도의 도입을 주장하였다. 최근에는 제4차 산업혁명과 코로나19 팬데믹 시대라는 미명 아래 새로운 교육제안들이 등장하고 있다.

2) 미래사회와 미래교육

　사회는 다양한 가치, 문화, 규범, 지식 등이 공존하고 서로 겨루면서 변화된다(이종일, 2016). 교육은 이러한 가치, 문화, 규범, 지식 등을 미래 세대에 전달함으로써 사회를 유지시키는 사회화 기능을 담당하고, 동시에 그것을 혁신하여 변화를 모색하기도 한다. 즉, 교육받은 사회구성원은 사회공동체를 형성하고 사회변화를 주도하는 주체가 되어 이상적인 사회를 만들어 간다. 따라서 미래 세대에게 무엇을, 어떻게 가르칠 것인가는 바람직한 사회변화를 위해 매우 중요하다. 사회변화의 속도가 느렸던 전통사회에서는 미래 예측이 용이하여 다음 세대에 전달할 교육내용과 교육방법이 분명하였지만, 사회변화가 급속도로 진행되는 오늘날에는 불확실성이 증대되어 미래사회에 필요한 교육을 가늠하기조차 어렵다. 세계 각국은 일찌감치 자국에 처한 특수한 상황과 전 세계적인 변화의 흐름에 대처하는 미래교육을 계획하여 실천하고 있다.

　한국에서도 지난 1980년대부터 미래교육에 대한 논의와 연구가 지속적으로 이루어졌다. 미래교육에 관한 논의는 크게 국가와 사회 전반에 걸친 개혁과제 중 하나의 영역으로 교육이 포함된 경우와 교육 분야에만 집중된 경우로 구분해 볼 수 있다. 전자에 해당되는 사례는 경제인문사회연구회(2006)의 「한국의 중장기 국정과제」, 대통령 자문 정책기획위원회(2006)의 「사회비전 2030」, 정부·민간 합동작업단(2006)의 「함께 가는 희망 한국 VISION 2030」, 국민경제자문회의(2006)의 「동반성장을 위한 새로운 비전과 전략」 등이 있다. 한편, 후자의 경우 국가수준 또는 지역수준에서 미래교육의 비전과 실천과제를 수립하였다. 국가수준에서는 교육부를 비롯하여 교육개혁심의회, 교육정책자문회의, 교육개혁위원회, 국가교육회의 등과 한국교육개발원 등 관련 연구기관이 참여하였고, 지방수준에서는 시·도교육청 및 산하 연구소가 주도하여 미래 교육비전과 교육발전을 구상하였다. 예컨대, 교육개혁위원회(1996)의 「5.31교육개혁안」, 교육인적자원부(2008)의 「미래 전략적 국가 인적자원정책의 방향성과 주요의제」, 한국교육개발원(김영철 외, 1996; 김희규 외, 2011; 박재윤, 이정미, 2010; 이혜영, 강영혜, 박재윤, 김태은, 한준, 2007)의 「한국교육비전 2020」 「교육비전 중장기 계획 연구」 「미래 교육비전 연구」 「2020 대구교육의 비전과 전략」, 경기도교육연구원(김기수 외, 2018)의 「경기미래교육 비전과 전략 연구」, 서울특별시교육청(2022)의 「서울미래교육 2030」 등이 있다. 또한, 미래사회에 대비한 학제개편 방안(박재윤 외, 2007), 미래 인재 양성을 위한 핵심 역량 교육과 학습 생태계 구축(최상덕 외, 2013), 2021년도에 한국교육개발원에서 발간한 미래교육체제 수립을 위한 유형별 주요 의제 분석 시리즈 등 특정 영역과 주제도 탐구되었다.

미래교육에 관한 논의는 공통적으로 한국 교육에 영향을 주는 정치, 정책, 사회, 경제, 국제 등 다양한 분야의 변화를 주시하면서 저출산·고령화·다문화, 계층의 양극화, 노동시장의 구조, 첨단화된 기술 발전, 통일된 한국 사회, 글로벌 교육환경 등에 주목하였다. 최근에는 4차 산업혁명에 대한 본격적인 논의와 함께 코로나19로 인한 미래교육의 변화에 대한 주장이 한층 목소리를 높이고 있다. 인공지능(AI), 빅데이터 등으로 시작된 논의는 메타버스, 온라인 비대면 학습 등으로 이어지고 있다. 그러나 미래교육에 관한 논의는 일관되게 미래사회의 변화에 대응하기 위한 교육을 제시하는 작업에 몰두한 측면이 있다. 앞으로 다가올 미래사회에 적응하기 위해 필요한 교육을 제시하는 데 집중한 나머지 이상적인 미래사회에 대한 구상과 바람직한 사회를 만들기 위한 교육의 역할과 기능에 대한 탐색에는 소홀하였다.

2 미래교육과 미래 교육리더십 연구

1) 미래교육 연구

미래교육에 관한 선행연구에서는 통계적 추정, 문헌 분석, 델파이, 전문가 집담회, 시나리오 분석 방법 등을 주로 사용하였다. 이러한 연구 방법은 미래학 (Futurology)에서 주로 사용하는 기법이다. 미래를 연구하는 학문을 뜻하는 미래학이라는 용어는 1944년 Ossip Flechthem이 미래 예측에 관한 학문적인 체계를 규명하며 처음으로 사용하였다(하인호, 2009: 23). 그 이후 1966년에 세계미래회의 (World Future Society)가 창립되는 등 현재까지 활발하게 연구가 진행 중이다.

미래학은 변화를 연구하는 학문으로 무속 신앙의 예언(foretelling)과 다르게 체계적으로 추론하는 예측(forecasting)에 근거한다. 미래의 변화를 예측하는 연구 방법은 외삽식 예측(extrapolative forecasting), 이론적 예측(theoretical forecasting), 직관적 예측(intuitive forecasting), 시나리오 기법(scenario technique) 등으로 구분된다.

(1) 외삽식 예측

외삽식 예측은 과거와 현재의 데이터를 근거로 미래를 투사하는 방법이다. 과거부터 현재까지 이어지는 경향을 파악한 후 그 경향이 일정 시점의 미래까지 지속된다는 가정하에 미래를 예측하는 방법이다. 이는 '과거-현재-미래'가 하나의 연속선상에 있다고 가정하는 일종의 귀납적 추론이다. 외삽식 예측은 미래의 근사치를 예측하는 데 유용하지만, 미래 변화에 미치는 새로운 변수가 언제든 발생할 가능성이 있기 때문에 실패할 가능성도 내재되어 있다.

(2) 이론적 예측

이론적 예측은 검증된 이론을 기반으로 유사한 상황에서의 미래를 인과관계에 따라 예측하는 방법이다. 이는 '과거-현재-미래'를 연속성으로 상정한다는 점에서 외삽식 예측과 유사하지만, 귀납적 추론이 아닌 연역적 추론이라는 점에서 차이가 있다. 즉, 변수들의 함수적 연속성이 아닌 변수들의 체계를 파악하여 미래에 가능한 범위를 확인하는 일종의 시뮬레이션 방법이다.

(3) 직관적 예측

외삽식 예측과 이론적 예측이 주로 객관적 자료와 모형을 토대로 하는 반면, 직관적 예측은 주관적 전망이나 의견과 같은 판단에 의존한다. 직관적 예측의 대표적 방법으로 전문가들의 판단을 반복적으로 집계하는 델파이 기법을 들 수 있다.

(4) 시나리오 기법

외삽식 예측과 직관적 예측을 결합한 시나리오 기법도 종종 활용된다. 시나리오 기법은 불연속성과 비결정성까지 고려한다는 점에서 앞서 소개한 연속성에 의존한 기법과 차이가 있다. 여기서 불연속성은 특정한 추세가 지속되기보다 어떤 계기를 통해 급격하게 현상이 변화될 가능성을 의미하고, 비결정성은 특정 변인 간 관계가 아니라 주체적인 선택에 의한 변화를 의미한다. 즉, 시나리오는 과거와 현재를 거쳐 미래로 이어지는 실현될 가능성이 있는 미래에 대한 구체적인 묘사이다.

2) 미래 교육리더십 연구

미래 리더십은 미래사회의 특징을 불확실성과 다양성으로 예상하고 이에 적절하게 대응하는 차원에서 논의되었다(류석진, 조홍식, 박길성, 장덕진, 최동주, 2015; 박재호, 2013; 장현규, 2013; 정우일 외, 2017; Genovese, 2016; Pearce, 2004). 다수의 논의에서 미래 리더가 갖추어야 할 리더십 역량으로 적응력, 비전, 포용력, 예측력, 자기인식, 민첩성, 협력, 연결성, 소통 등이 제안되었다. 최근 맥킨지그룹 (Mckinsey & Company)에서는 제4차 산업혁명 시대에 미래 리더가 갖추어야 할 역량으로 민첩성, 변혁성, 연결성, 증폭성, 보편성을 제시하고, 이를 기준으로 과거 리더십과 미래 리더십을 구분한 바 있다. 그러나 이는 기존 논의와 차이를 확인하기 어렵고 필요한 역량을 추가로 제시한 수준이라는 한계를 노정한다.

<표 12-2> 제4차 산업시대의 리더십 변화

구분	과거	미래
민첩성	경험에 근거한 방향 제시, 강력한 추진력	변화에서 기회 포착, 빠른 의사결정

변혁성	효율성 극대화를 통한 성장	혁신적 접근으로 새로운 구상
연결성	제한적 네트워크	광범위한 네트워크
증폭성	권위를 바탕으로 지휘	구성원 능력 극대화
보편성	자신의 스타일 고수	세대와 지역을 아우르는 영향력

출처: 맥킨지그룹(http://www.mckinsey.com)을 이 책에 맞게 수정하였음.

한편, 리더십 개발의 측면에서도 다양한 전략이 제안되었다(McCauley & Van Velsor, 2004; Murphy & Riggio, 2003; Petrie, 2014). Petrie(2014)는 복잡하고, 급변하며, 예측하기 어려운 현재의 환경이 미래에 더욱 심화될 것으로 예상하고 적응력을 높이기 위한 리더십 개발의 필요성을 강조하였다. 이 연구에서는 리더십 개발이 내용중심에서 방법중심으로, 수평적 방식에서 단계적 방식으로, 획일적 교육훈련에서 개인 맞춤으로, 개인 리더십에서 집단 리더십 개발로 전환되어야 한다고 주장하였다. 〈표 12-3〉은 리더십 개발에 관한 관점 변화를 정리한 자료이다.

〈표 12-3〉 리더십 개발의 관점 변화

과거	미래
내용	내용과 방법
수평적 개발	수평과 수직(단계적) 개발
획일적 교육훈련/자기계발	개인 맞춤 개발
개인 리더십	집단 리더십

출처: 주현준(2017: 34).

미래의 교육리더십에 관한 논의(English, Papa, Mullen, & Creighton, 2012; Gunter & Fitzgerald, 2008; Heck & Hallinger, 2005; Honig & Louis, 2007; Murphy, 2006; Murphy & Hallinger, 1989)도 활발하게 진행되었다. Gunter와 Fitzgerald(2008)는 효과적인 교육리더십이 정책 전략의 산물로 인식되는 현상을 비판하면서 이를 극복하기 위한 미래의 교육리더십 연구의 대안적인 방향을 제시하였다. 대안적인 방향으로 교육의 공공성에 대한 보수적 시각을 유지하면서 공적 지식인으로서의 역할을 강조하였다. 또한, English 등(2012)은 미래 교육리더십의 방향을 '교육학 중심의 교육리더십'으로 제안하고 있다. 교육학 중심의 교육리더십은 정치, 경제, 사회, 기술, 인구변화 등을 고려한 공통의 목표와 관련된 모든 사람이 연계하는 소위 에코시스템(eco system) 방식을 의미한다. 이와 관련하여 대학에서 제공하는 교육리더십 준비 과정이 반드시 협력적인 파트너십 관계에 기반해야 한다고 주장하였다. 또한, 교사, 교육행정가, 교수 간 기존의 피상적인 파트너십에서 탈피한 깊은 유대관계의 중요성을 강조하였다.

국내에서는 2000년 이후 관련 학회를 중심으로 미래 교육리더십을 성찰하는 기회가 마련되었다. 대표적으로, 한국교원교육학회의 2005년 춘계학술대회와 한국교육행정학회의 2013년 제168차 추계학술대회를 들 수 있다. 우선 한국교원교육학회(2005)는 '미래 사회의 교육지도성 개발'이라는 주제로 미래형 학교 조직의 특성과 교육리더십을 논의하였다. 이 학술대회에서는 교육리더십을 교사리더십, 교장리더십, 교육전문직리더십으로 구분하였고, 교육리더십을 개발하기 위한 프로그램의 구성과 운영도 논의하였다. 그리고 한국교육행정학회(2013)는 '한국 교육리더십에 대한 성찰과 미래 방향'이라는 주제로 창의 · 인성교육과 교육리더십의 미래 방향을 탐색하였다. 이러한 학술적 논의를 통해 일반적인 리더십 이론의 흐름에 맞추어 미래 교육리더십을 교육행정가 일변도에서 교사를 포함한 다양한 교육주체로 확대하는 계기가 마련되었다. 그러나 과거부터 현재까지 한국 교육리더십이 갖고 있는 한계와 그로 인해 발생한 교육과 사회의 문제에 대한 냉철한 분석과 비판이 수반되지는 않았다. 또한, 연구 방법상의 오류를 직접적으로 언급하지 못하고 전반적인 연구 동향을 소개하는 수준에 머무르는 한계를 보였다.

■3■ 사회변화와 혁신을 위한 미래의 교육리더십

1) 교육리더십의 변화

교육리더십의 개념은 사회의 변화와 시대적 흐름에 따라 다르게 정의되어 왔다. 특히 교육과 관련된 내 · 외부 환경에 영향을 받으면서 교육리더십의 구성요소(목적, 주체와 대상, 영향력 등)와 성격요소(가치, 관계, 권한 등)가 변화되었다. 교육리더십의 구성요소와 성격요소를 기준으로 과거와 현재의 개념 변화를 정리하면 〈표 12-4〉와 같다. 첫째, 교육목적은 전체에게 동일하게 적용되는 가치지향에서 개별적인 가치를 인정하게 되었다. 이는 과거 공식적인 권한을 가진 교육행정기관이나 교육행정가들이 전체에 적용되는 통일된 교육목표에만 가치를 부여하였던 것에서 하위 교육기관 또는 학교 구성원의 개별적인 목표를 인정해 주는 것으로 변화한 것을 의미한다. 둘째, 교육리더십의 주체와 대상은 상하의 수직적 관계에서 수평적 관계로, 특정 지위에 따른 관계에서 상호 신뢰 관계로 변화하였다. 특히 우리나라에서는 전통적으로 교육리더십을 교장의 리더십(서정화, 이윤식, 이순형, 정태범, 한상진, 2003; 이홍우, 1994)으로 규정하던 시각에서 교사, 교장, 교육감, 교육부 장관의 리더십(김병찬, 2005; 서정화, 2013)으로 확대되고 있다. 이는 교육리더십의 주체와 대상의 관계를 지위 중심의 권력관계에서 역할에 따른 신뢰관계로 이해하고 있음을 의미한다. 마지막으로, 권한은 일방적으로 특정 개인인 리더에게 집중된 것에서 벗어나 교육리더십의 주체와 대상 간 호혜적으로 분산되고 있다. 즉, 상위 교육행정기관 또는 특정 행정가에 집중된 시각에서 구성원에게 위임, 공유되는 형태로 변화된 것이다.

〈표 12-4〉 리더십 개발의 관점 변화

구성요소-성격요소	과거	현재
교육목적-가치	전체/현재	개별/미래
주체와 대상-관계	수직/지위	수평/신뢰
영향력-권한	일방/집중	양방/분산

출처: 주현준(2017: 39).

지금까지 한국교육은 국가주도의 교육리더십이 강하게 작동해 왔다. 교육부는 교육개혁과 교육혁신이라는 이름으로 많은 조치들을 단행함으로써 명실공히 한국교육의 리더를 자임해 왔다. 또한, 교육부가 추진했던 교육정책과 교육제도의 정당성을 뒷받침하는 연구활동에 참여했던 일부 교육학자들도 교육리더의 주체로서 역할을 수행했다. 그러나 교육부와 일부 교육학자들은 검증되지 않고 합의되지 않은 각종 정책과 제도를 전달하고, 시·도교육청과 학교가 그 방향으로 움직이도록 강제하는 관료적 리더십을 행사한 측면이 강했다. 그 결과, 교육개혁과

340

교육혁신이 성공적이었다고 평가하는 집단은 교육행정 당국이나 정부 정책을 앞장서 창도한 일부 교육학자 이외에는 별로 없어 보인다(정범모, 2012). 다양한 개혁정책들이 학교 현장을 변화시켰는가에 대해서는 회의적 시각이 지배적이다(김정현, 2011: 1). 이와 같이 특정 사람이나 집단이 주체가 되는 리더십은 구시대의 산물이다. 특히 불확실성이 증가하는 미래에 이러한 형태의 리더십은 적절하지 않다. 앞서 교육리더십의 변화에서 확인한 바와 같이, 이제는 다양한 교육주체가 자신의 자리에서 리더십을 발휘하고 서로 협력하는 집단 리더십이 필요하다.

2) 교육리더의 역할 변화

앞서 확인한 바와 같이 교육과 사회는 역동적 관계에 있다. 즉, 교육이 사회변동을 주도할 수 있고, 반대로 사회변동이 교육에 영향을 주기도 한다. 따라서 사회의 변화와 혁신에 있어서 교육리더의 역할은 다음과 같이 두 가지로 설정할 수 있다. 첫째, 교육리더는 교육을 매개로 사회를 변동시키는 교육리더십을 발휘한다. 이는 교육이 사회변동에 영향을 준다는 가정에 근거한 것으로, 교육리더가 교육을 통해 이상적인 미래 사회를 만드는 데 기여하는 것을 의미한다. 이때 교육리더십은 사회적으로 합의된 새로운 가치를 창출하고 그 가치를 실현할 미래 세대를 교육함으로써 바람직한 사회를 만들어 가는 것에 기여한다. 둘째, 교육리더는 사회변동에 따라 교육을 재해석하는 교육팔로워십을 발휘한다. 이는 사회가 교육에 영향을 준다는 가정에 따른 것으로, 사회의 변화와 혁신을 교육의 맥락에서 재해석하는 효과적인 교육팔로워십을 의미한다. 진정한 교육팔로워십은 다가올 미래 사회를 예측하여 대비하는 단순한 변화관리 혹은 변화가 예측되는 미래를 재빠르게 따라가는 패스트 팔로워(fast follower)와 같은 과거의 방식에서 벗어날 수 있어야 한다. 즉, 교육팔로워십은 사회변화와 혁신에 그대로 순응하지 않고 비판적 사고를 토대로 적극적으로 상호작용하는 것이다.

[그림 12-1] 교육리더 역할 변화

교육리더십 및 교육팔로워십과 관련하여 한국의 교육거버넌스에 관한 논의에 주목할 필요가 있다(고전 외, 2016). 문민정부 이후 정부 내 여러 부처가 유기적 관계를 형성하고, 다양한 내·외부 관련 주체와 협력하는 교육거버넌스가 강조되었다. 이러한 맥락에서 교육부의 축소 또는 폐지와 같은 조직개편, 교육부의 권한 시·도교육청에 이양, 시·도교육청과 학교의 자율권 보장 등이 제시되었다. 그러나 국가, 지역, 단위학교 수준에서도 교육리더십과 교육팔로워십이 결실을 거두지 못하였다. 교육부와 교육청, 교육청과 교육지원청, 교육지원청과 단위학교, 단위학교 내에서 내실 있는 협업과 공유가 이루어지지 않았다. 그 이유는 교육리더들은 교육팔로워를 존중하고 인정하는 데 인색했고, 교육팔로워들은 비판적 사고가 부족하고 능동적 참여에 소홀했기 때문이다. 또한, 표면적으로 내세웠던 거버넌스에도 불구하고, 교육의 방향은 외부 변화에 순응하였고, 교육정책은 교육부에 의해 독점되었으며, 교육행정은 권위주의적 행태가 지속되었기 때문이다. 그리고 독점 방지를 위한 명목으로 만들어진 각종 위원회도 원만한 합의에 도달하지 못하였고 제 기능을 다하지 못하였다.

3) 미래의 교육리더십

지금까지 미래사회를 대비하는 교육리더십은 다음과 같은 부정적인 측면이 있었다. 첫째, 교육리더십은 미래사회에 적응하는 방식으로 일관되게 전개되었다. 표면적으로 이상적인 교육의 본질을 주장하였지만 실제에 있어서는 주어진 사회에 적응하는 데 주력해 왔다. 둘째, 교육리더십은 교육혁신에 이르지 못한 변화관리 수준이었다. 교육개혁이라는 슬로건과 함께 표면적으로 단행된 많은 조치들은 구성원의 공감을 얻지 못했고, 실제적인 문제 해결력도 없었다. 셋째, 교육리더십은 시대 흐름에 뒤처진 과거의 개념을 여전히 고수하고 있었다. 교육계의 리더들은 리더십의 분산과 협력을 강조했지만 여전히 독점적이고 권위적인 방식을 취하고 있었다. 특정 리더들이 주도하는 방식은 리더십의 바람직한 변화에 역행한 것으로 교사를 포함한 모든 교육구성원들이 교육리더십을 갖춘 주체적 존재로 성장하는 것을 방해하였다.

이상과 같이 교육리더십은 소극적이고 수동적으로 교육의 변화를 시도했고, 기존 체제를 기반으로 개선하는 점증적 방식을 취하였다. 이러한 방식은 변화의 속도와 규모가 빠르고 엄청난 불확실성이 증대되는 미래사회에 유효하지 않다. 따라서 미래의 교육리더십은 지금까지의 실패를 교훈삼아 과감하고 파격적으로 변모해야 한다. 기존의 한계를 극복하고 사회의 변화와 혁신을 선도하기 위해 미래의 교육리더십은 다음과 성격을 지녀야 한다.

첫째, 미래의 교육리더십은 개념적(conceptual) 성격을 지향해야 한다. 즉, 미래의 리더는 수동적으로 미래에 적응하는 실행 역량이 아닌 미래를 개척하는 개념 역량을 갖추어야 한다. 개념 역량은 교육철학이자 교육목적인 교육이념을 창출하는 것에서 시작된다. 지금까지 교육은 추구해야 할 가치가 무엇인지, 도달해야 할 지점이 어디인지에 대한 사회적 논의 없이 미래만을 이야기해 왔다. 그리고 특정 교육방법과 교육내용, 당 시대에 유행하는 교육제도를 도입하고 지우는 실수를 반복했다. 이 과정에서 교육의 고질적 문제는 더 심각한 국면으로 빠져들었다. 이러한 교육리더십은 사회변화에 뒤처지지 않고 따라가는 데에는 적합하지만 진정으로 원하고 바라는 이상적인 사회를 만들 수는 없다. 따라서 미래의 교육리더십은 미래사회가 어떻게 변할 것인지를 예측하여 대응하는 변화관리의 리더십에서 탈피하여 역발상에 기반을 둔 개념 역량을 갖추어야 한다.

둘째, 미래의 교육리더십은 혁명적(evolutionary) 성격으로 탈바꿈해야 한다. 리더십의 혁명성은 현재의 국가체제를 전복하는 과격하고 급진적 의미의 행위가 아니라 이상적인 사회를 만들기 위해 각 주체가 자신의 역할에 충실하는 것이다(Van Vugt, 2006). 이것은 리더십을 리더와 구성원으로 양분하는 이분법적 사고에서 벗어나는 것에서 시작될 수 있다. 지금까지는 교육리더를 자임했던 국가, 일부 교육행정가, 소수의 교육학자들이 교육의 목표, 방향, 흐름을 주도하였다. 그리고 교사를 포함한 각 교육주체들은 그들에게 암묵적으로 리더의 자리를 내주면서 그들이 결정해 주는 대로 따르는 수동적인 역할에만 충실했다. 변화의 속도가 급격하고 불확실성이 높아지는 미래사회의 교육리더십이 국가나 일부 교육행정가 또는 소수 교육학자의 전유물이 되어서는 곤란하다. 미래사회는 점점 복잡해지고 불확실해지며, 해결하기 어려운 난제들이 출현하기 때문이다. 미래의 교육리더십은 교육의 각 주체가 하나의 교육리더로서 책임의식을 갖고 자신의 역할을 다하고 함께 고민하고 협력하는 체제에 기반해야 한다. 따라서 미래의 교육리더십은 특정 집단이 주도하는 구조를 과감하게 해체하고, 광범위한 주체가 수행하고 각 주체 간 협력이 가능한 방식으로 전환되어야 한다. 이를 위해 교육리더십은 다양한 전략을 가지고 유연하게 대처하며, 광범위한 네트워크를 지향해야 한다. 또한, 미래의 교육리더십은 다양한 교육주체가 자신의 위치에서 리더십을 발휘할 수 있는 구조와 풍토를 마련해 주고, 함께 협력하는 형태를 인정하는 자세가 필요하다.

셋째, 미래의 교육리더십은 계몽적(enlightening) 성격을 추구해야 한다. 이는 교육리더십을 통해 교육에 대한 왜곡된 인식을 계몽하고, 교육주체들의 주체성을 일깨우는 영감적인 혁신(Hargreaves & Shirley, 2009)을 의미한다. 이러한 계몽성은 주체적인 시민과 교육주체를 등장시켜 이상적인 사회를 지혜롭게 만들어 갈 수 있게 해 줄 수 있다. 우선 교육리더는 구성원에게 교육의 본질인 행복한 삶과 자아실현의 진정한 가치를 깨닫게 해 줄 수 있어야 한다. 즉, 교육의 목적이 개인의 잠재력을 개발하고 전인적으로 성장시키는 것을 목적으로 하고, 교육받은 개인이 앞으로 행복하게 살도록 도와주는 데 있음을 알려 주어야 한다. 그리고 개인의 사적 욕망을 충족하기 위한 수단으로 학교 교육을 왜곡하지 않도록 설득할 수 있어야 한다. 동시에 개별 교육주체에게 국가 또는 소수집단이 주도하는 교육개혁이 잘못된 고정관념이라는 사실을 깨닫게 해 주어야 한다. 이러한 영감적 계몽을 통해 모든 교육주체가 리더로서 책임의식을 갖고 적극적으로 참여하도록 할 수 있다.

요약

미래 세대에게 어떤 교육을 할 것인가는 바람직한 사회변화를 위해 반드시 필요한 질문이다. 사회변화의 속도가 느렸던 과거에는 미래 예측이 용이하여 다음 세대에 전달할 교육내용과 교육방법이 분명하였다. 그러나 급속도로 변화하는 오늘날의 사회에서 미래사회에 필요한 교육은 가늠하기조차 어렵다. 이러한 불확실한 상황에서 분명한 미래의 교육비전과 방향을 제시해 줄 수 있는 교육리더십의 역할은 더욱 중요하다.

지금까지 교육리더십은 미래사회에 적응하는 변화관리 차원에서 논의되었다. 즉, 교육리더십이 교육을 통한 미래사회의 변화를 시도하지 않은 채 교육혁신을 주도하여 구성원의 공감대를 얻지 못했고, 실제적인 문제 해결도 하지 못하였다. 따라서 미래의 교육리더십에 관한 논의는 이러한 한계를 극복하는 것에서 시작되어야 한다.

제12장 '미래의 교육리더십'에서는 교육과 사회의 관계를 설명하는 두 가지 경쟁 이론을 소개하고, 미래사회와 미래교육과 관련된 문헌을 고찰하였다. 또한, 미래학에서 주로 사용하는 연구 방법인 외삽식 예측, 이론적 예측, 직관적 예측, 시나리오 기법을 설명하고, 미래 교육리더십에 관한 선행연구를 정리하였다. 마지막으로 사회변화와 혁신을 주도할 수 있는 미래의 교육리더십을 개념적 · 혁명적 · 계몽적 성격으로 규정하였다.

논의 및 연구 문제

- 사회변화에 대응하는 교육이 아닌 교육을 통한 미래사회의 변화는 가능한 것인가? 만약 가능하다면 교육리더십은 어떤 역할을 해야 하는가?

- 지금까지 추진된 교육혁신과 교육개혁에서 교육리더십은 어떻게 발휘되었는가?

- 미래교육과 미래 교육리더십에 관한 선행연구의 한계는 무엇이고, 향후 어떤 연구가 필요한가?

- 교육리더십은 이상적인 사회 구현을 위해 구성원들의 사적 욕망을 변화시킬 수 있는가?

📖 참고문헌

경제인문사회연구회(2006). 한국의 중장기 국정과제.

고전, 김민조, 김왕준, 박남기, 박상완, 박종필, 박주형, 성병창, 유길한, 윤홍주, 전제상, 정수현, 주현준(2016). 초등교육행정의 이론과 실제. 경기: 양성원.

교육개혁위원회(1996). 신교육체제 수립을 위한 교육개혁방안(3). 1996.8.20. 제4차 대통령보고서.

교육인적자원부(2008). 미래 전략적 국가 인적자원정책의 방향성과 주요의제.

국민경제자문회의(2006). 동반성장을 위한 새로운 비전과 전략.

권오훈(1990). 한국사회의 구조와 변동. 서울: 한나라.

김기수, 김위정, 박혜진, 김아미, 김혜정, 김성기, 김승보, 임재일(2018). 경기미래교육 비전과 전략 연구. 경기도교육연구원.

김병찬(2005). 교사 지도성 개발에 관한 시론적 논의. 제43차 교원교육학회 춘계학술대회 자료집.

김병찬(2017). 왜 핀란드 교육인가. 서울: 박영사.

김성기, 김위정, 박혜진, 김아미, 임재일(2018). 경기미래교육 비전과 전략 연구. 경기도교육연구원.

김영철, 박덕규, 박재윤, 박영숙, 김혜숙, 김홍주, 이명준(1996). 한국교육비전 2020. 한국교육개발원.

김영철, 정찬영, 양승실, 김종엽(1998). 한국교육비전 2020: 교육전략. RR98-20. 한국교육개발원.

김정현(2011). 학교개혁의 동인과 의미에 관한 질적 사례 연구. 서울대학교 대학원 박사학위논문.

김희규, 김민희, 주현준, 서지영, 서정하, 우정귀, 엄준용(2011). 2020 대구교육의 비전과 전략. CR2011-58. 한국교육개발원.

대통령 자문 정책기획위원회(2006). 사회비전 2030.

류석진, 조흥식, 박길성, 장덕진, 최동주(2015). 미래사회의 리더십과 선진국가의 엘리트 생성 매커니즘. 서울: 아시아.

박재윤, 윤종혁, 김태은, 김성기, 김용남, 황준성, 박진아(2007). 미래사회에 대비한 학제 개편 방안(II). 한국교육개발원.

박재윤, 이정미(2010). 미래 교육비전 연구. RR2010-08. 한국교육개발원.

박재호(2013). 미래창조 리더십. 카오스북.

서울특별시교육청(2022). 서울미래교육 2030. 서울특별시교육청.

서정화(2013). 창의인성교육과 교육리더십에 대한 성찰과 미래 방향. 제168차 한국교육 행정학회 추계학술대회 자료집.

서정화, 이윤식, 이순형, 정태범, 한상진(2003). 교장론. 교육행정학전문서 14. 한국교육행 정학회.

오욱환(2003). 교육사회학의 이해와 탐구. 서울: 교육과학사.

이종일(2016). 정전 논쟁의 사회사적 고찰. 사회과교육, 55(4), 63-83.

이혁규(2015). 한국의 교육 생태계. 서울: 교육공동체 벗.

이혜영, 강영혜, 박재윤, 김태은, 한준(2007). 교육비전 중장기 계획 연구. RR2007-02. 한 국교육개발원.

이홍우(1994). 교육의 개념. 서울: 문음사.

장현규(2013). 미래 리더십: 세상을 바꾸는 키워드. 서울: 책과나무.

정범모(2012). 다시 생각해야 할 한국교육의 신화. 서울: 학지사.

정부·민간 합동작업단(2006). 함께 가는 희망 한국 VISION 2030.

정우일, 박선경, 박희봉, 배귀희, 양승범, 이영균, 이희창, 하재룡, 하현상, 황성수(2017). 리더와 리더십(3판). 서울: 박영사.

주현준(2017). 사회변화와 혁신을 선도하는 미래의 교육리더십에 관한 시론적 고찰. 교육 정치학연구, 24(3), 29-50.

최상덕, 서영인, 황은희, 최영섭, 장상현, 김영철(2013). 미래 인재 양성을 위한 핵심 역량 교육과 학습 생태계 구축(I). 한국교육개발원.

하인호(2009). 미래학이란 무엇인가. 서울: 일송북.

한국교원교육학회(2005). 미래 사회의 교육지도성 개발. 2005년도 춘계학술대회 자료집.

한국교육행정학회(2013). 한국 교육리더십에 대한 성찰과 미래 방향. 제168차 추계학술 대회자료집.

Calhoun, C. (1992). Social change. In E. F. Borgatta & M. L. Borgatta (Eds.), *Encyclopedia of sociology* (Vol 4, pp. 1907-1912). New York: Macmillan.

English, F., Papa, R., Mullen, C., & Creighton, T. (2012). *Educational Leadership at 2050: Conjectures, challenges, and promises*. Lanham, MD: Rowman and Littlefield Education.

Genovese, M. A. (2016). *The future of leadership: Leveraging influence in an age of hyper-change*. Routledge.

Giddens, A. (1986). *The constitution of society: Outside of the theory of structuration*. Berkeley and Los Angeles: University of California Press.

Gunter, H. M., & Fitzgerald, T. (2008). The future of leadership research?. *School Leadership and Management, 28*(3), 261-279.

Hargreaves, A. P., & Shirley, D. L. (Eds.). (2009). *The fourth way: The inspiring future for educational change*. Corwin Press.

Heck, R., & Hallinger, P. (2005). The study of educational leadership and management: Where does the field stand today?. *Educational Administration Quarterly, 33*(2), 229-244.

Honig, M., & Louis, K. S. (2007). A new agenda for research in educational leadership: A conversational review. *Educational Administration Quarterly, 43*(1), 138-148.

McCauley, C., & Van Velsor, E. (2004). *The center for creative leadership handbook of leadership development*. San Francisco, CA: Jossey-Bass.

Murphy, J. (2006). A new view of leadership. *Journal of Staff Development, 27*(3), 51-64.

Murphy, J., & Hallinger, P. (1989). A new era in the professional development of school administrators: Lessons from emerging programmes. *Journal of Educational Administration, 27*(2), 22-45.

Murphy, S. E., & Riggio, R. E. (2003). *The future of leadership development*. New Jersey: Lawrence Erlbaum.

Pearce, C. L. (2004). The future of leadership: Combining vertical and shared leadership to transform knowledge work. *Academy of Management Perspectives, 18*(1), 47-57.

Petrie, N. (2014). *Future trends in leadership development*. Center for Creative Leadership.

Van Vugt, M. (2006). The evolutionary origins of leadership and followership. *Personality and Social Psychology Review, 10*, 354-372.

맥킨지그룹. http://www.mckinsey.com

찾아보기

내용

저자 소개

주현준(Joo, Hyun-Jun)
경희대학교 국어국문학과(학사)
미국 미시간주립대학교 대학원 교육행정(K-12) 전공(교육학 석사)
서울대학교 대학원 교육학과 교육행정 전공(교육학 박사)
현 대구교육대학교 교육학과 교수

<주요 경력>
서울대학교 입학관리본부, 대외협력본부 근무
서울특별시 인재개발원 근무
중부대학교 원격대학원 전임강사

<대표 저·역서>
교육행정 및 교육경영(공저, 형설출판사, 2008)
교장의 리더십: 교장리더십에 관한 다섯 사례와 해석(양서원, 2010)
교육과 행정(공저, 가람문화사, 2014)
교육지도성(공저, 양서원, 2014)
장학과 수업 리더십(공역, 아카데미프레스, 2016)
성공하는 교사들의 9가지 습관: 교사의 역량 향상을 위한 실제적 지침서(공역, 학지사, 2018)

교육리더십: 이론과 연구
Educational Leadership: Theory and Research

2023년 2월 17일 1판 1쇄 인쇄
2023년 3월 2일 1판 1쇄 발행

지은이 • 주현준
펴낸이 • 김진환
펴낸곳 • (주) **학지사**
　　　　04031 서울특별시 마포구 양화로 15길 20 마인드월드빌딩
대표전화 • 02)330-5114　　팩스 • 02)324-2345
등록번호 • 제313-2006-000265호

홈페이지 • http://www.hakjisa.co.kr
페이스북 • https://www.facebook.com/hakjisabook

ISBN 978-89-997-2854-9 93370

정가 22,000원

출판미디어기업 **학지사**
간호보건의학출판 **학지사메디컬** www.hakjisamd.co.kr
심리검사연구소 **인싸이트** www.inpsyt.co.kr
학술논문서비스 **뉴논문** www.newnonmun.com
교육연수원 **카운피아** www.counpia.com